Ludwig Bechstein

# Aus dem Sagenschatz der Thüringer

Herausgegeben
von
Wolfgang Möhrig

Husum

Umschlagbild: Eisenach um 1850. Lithographie von G. Heisinger

Die Deutsche Bibliothek – CIP-Einheitsaufnahme

**Aus dem Sagenschatz der Thüringer** / Ludwig Bechstein. Hrsg. von Wolfgang Möhrig. – 3. Aufl. – Husum: Husum, 2000
(Husum-Taschenbuch)
ISBN 3-88042-265-6
NE: Bechstein, Ludwig [Bearb.]; Möhrig, Wolfgang [Hrsg.]

3. Auflage 2000

Satz: Fotosatz Husum GmbH
Druck und Verarbeitung: Husum Druck- und Verlagsgesellschaft
Postfach 1480, D-25804 Husum – www.verlagsgruppe.de
ISBN 3-88042-265-6

# 1. *Der Thüringer und Sachsen Herkunft und Streiten*

Alte Sagen gingen, ein Volksstamm sei von fernher, aus dem Ostland, auf zwölf Schiffen in die Gegend gekommen, darin heute Lübeck liegt. Dies Volk habe sich Petreoli, Kieselinge, genannt und die Thyrigeten, die in selber Gegend seßhaft waren, vertrieben. Deren Männer haben sich töricht zum Streite gestellt, und deshalb seien sie Törlinge genannt worden, sie selbst aber nannten das streitbare Volk, das sie von seinen Wohnsitzen wegtrieb, Saxen. Da habe ein Saxenjüngling um goldne Hals- und Armringe, die er trug nach der Sitte der Urzeitvölker, eine Handvoll Erde von einem Törling gekauft, und der habe aus Gutheit ihm den ganzen Schoß mit seiner Erde gefüllt und des klugen Handels sich erfreut – jener aber die Erde zu seinem Volk getragen, und da sei sie fein gerieben und damit ein großes Gebiet umsäet worden. Und so besetzten und besaßen die Saxen das Land der Törlinge und bebauten es und trieben jene Ureinwohner über den Harz hinüber und setzten sich fest an der Unstrut bis zur Saale und bis zur Elbe und bis zur Werra, wo sie das heutige Eichsfeld umfließt, und die Döringer wichen zurück weiter westwärts und besaßen immer noch ein schönes und reiches Land, das durch acht Worte, die mit W stabten, sonderlich genannt und bekannt ward. Diese acht Worte und Wohllaute waren: Wiesen und Weiden, Wässer und Wälder, Waid und Wein, Wolle und Weizen. Insonderheit war die goldne Aue, darinnen heute die Städte und Orte Frankenhausen und Sangerhausen, Heldrungen und Gehofen, auch Allstedt und Wallhausen und Tilleda, die alten Kaiserpfalzen, und mancher andere namhafte Ort liegen, gar ein gesegneter Strich Landes, den einst ein Graf Botho von Stolberg, welcher aus Jerusalem heimkehrte, viel höher pries als ganz Palästina. Darum bauten die alten Duringer im Unstruttale eine Grenzfeste gegen die Ostmark, daß sie geschieden seien gegen Saxen und Sorben, und nannten sie Schidinge, das ist Scheidungen, darauf saßen ihre Führer und herrschten allda gleich Königen. Ein solcher Herrscher war Merovig, aus fränkischem Königsstamme, der Sohn von des Frankenkönigs Chlodio Gemahel, die ihn, am Meere badend, von einem Meerwunder empfangen. Der erbaute im Lande Duringen manchen festen Ort und in der Nähe von Erfurt sich selbst auch einen Herrschersitz, die Merwigsburg, heute noch Möbisburg geheißen, wo man den Ort der alten Burgfeste noch zeigt. Unter Merovig kam der Hunnenkönig Attila in das Land

Duringen, die Geißel Gottes, und wütete darin. Man sagt, daß er zu Isenach Hof und Hochzeit gehalten und bei Tonndorf gefischt und geweidwerkt, wo noch eine Stelle der Königstuhl heißt. Merovig hatte einen Sohn, der hieß Childerich, der nutzte nicht viel und wurde auch nicht König, sondern die Thüringer hatten sich einen andern Gebieter erwählt, der hieß Basinus. Zu diesem Basinus kam Childerich und entlockte ihm sein Weib. Basinus hinterließ, da er starb, drei Söhne, die hießen Balderich, Berthar und Irmenfried, die teilten das weite Reich, und Irmenfried ward Thüringen als Erbe zuteil. Er erkor sich zur Gemahlin die Schwester oder Schwestertochter des Ostgotenkönigs Theoderichs, Amalberga, die ebenso schön als stolz war. Sie deckte einstmals ihres Gemahls Tisch nur halb, weil er nur ein halbes Reich habe, und reizte ihn an, seiner Brüder Tod herbeizuführen. Dann gab sie im Bunde mit einem treulosen Rat, der Iring hieß, ihrem Gemahl falsche und verkehrte Anschläge ein, welche zur Folge hatten, daß Theoderich, sein eigner Schwager, ein Frankenheer gen Thüringen und gegen Irmenfried führte. Das hörten die Saxen gern und verbanden sich mit den Franken gegen die Thüringer. Da sind harte Streite geschehen und ward aus der goldnen Aue eine blutige, und die Unstrut stemmte sich von Leibern der Erschlagenen, über welche die Franken gleichwie über eine Brücke gingen, und Irmenfried entfloh mit den Seinen nach Burg Scheidungen, dem festen Wohnsitz, und Theoderich mit Franken und Saxen folgte ihm nach, und den letzteren verhieß Theoderich, wenn Scheidungen gewonnen werde, so solle alles Land jenseit der Unstrut das ihre sein und ewiglich bleiben. Und da griffen die Saxen furchtbar an, und die Franken verwunderten sich über deren starke Leiber und Gemüter, über ihr langes Haar, ihre groben Gewande, großen Schilde, mächtig starken Spieße und langen Messer, die sie an den Seiten trugen und Sax nannten. Und sie hatten auch ein Banner oder Feldzeichen, darin war ein Löwe, ein Aar und ein Drache. Der in Scheidungen bedrängte König Irmenfried sandte heimlich einen Vertrauten in das Lager zu seinem Schwager, der flehte um Gnade für Amalberga und ihre Kinder, und Theoderichs Räte murrten über die Saxen und das ihnen gegebene Versprechen, und so ward heimlich Friede geschlossen in dem Sinne, daß die Gegner sich vereint der in das Land gerufenen Sachsen entledigen wollten. Da geschah es, daß ein Sachse einen Falken fing, der einem Thüringer gehörte; um diesen Falken wiederzuerlangen, offenbarte der Thüringer der Sachsen heimlichen Anschlag; den trug der Sachse schnell in das Lager, und da berieten die Fürsten und Hauptleute, was zu tun sei. Einige rieten zum schleunigen Abzug in aller Stille, aber ein greiser Führer, Herr Hagk (andere sagen Hadegast), ergriff das Banner, widerriet den Abzug, riet zum Angriff, und zwar zu plötzlichem, zur Überrumpelung im Schlafe. Solcher Anschlag ward ausgeführt, mit Not entkam der König mit den Seinen im Schlachtgetümmel, die Unstrut wurde abermals ein Blutstrom, und die Sachsen waren nun Herren des Landes und teilten sich in dasselbe und nannten den Siegestag Communio, das ist Teilnehmung, weil jeder sein Teil nahm. Da hat der alte Sachsenführer Hagk die Sachsenburg erbaut und zuerst bewohnt. Es wird auch noch bis heute die zwiefache Ruine der Sachsenburg (Ober- und Unterburg) die Hakenburg vom Volke genannt und geht die Sage, daß auf ihr Karl der Große der Sachsen urältestes Landesrecht, den Sachsenspiegel, ihnen gegeben habe. Viele andere Burgbaue sind damals entstanden, aber das alte Königreich Thüringen ging unter.

## 2. *Die Bonifaziuspfennige*

In das Land an der Unstrut ist hernachmals der heilige Bonifazius, der Thüringer Apostel, gekommen, das war in der Zeit, als die Hunnen die deutschen Länder gleich Heuschreckenschwärmen überzogen und verheerten, und Bonifazius half den Thüringern durch sein Gebet zum Siege, daß sie der Hunnen viele Tausende erschlugen, so daß die Unstrut sich weithin mit Blut färbte, dann ließen die Thüringer sich taufen und glaubten an den eingebornen Sohn Gottes. Eine Sage geht, an der Sachsenburg sei der heilige Bonifazius einmal von den heidnischen Thüringern verhöhnt worden. Sie wollten Geld und Gut von ihm, keine Lehren, und warfen mit Steinen nach dem Bekehrer. Da verwünschte der heilige Mann alles Geld im Lande zu Stein, und augenblicklich schrumpfte jeder Pfennig zu einer steinernen Linse zusammen. Davon findet man immer noch an der Sachsenburg und an der Arnsburg über dem Dorfe Seeg, auf der Hainleite, welche der Bonifaziusberg genannt wird, und nennt sie Bonifaziuspfennige. – Als Bonifazius die Thüringer zum Christentum bekehrt hatte, freute sich darüber Kaiser Karl der Große über die Maßen und sandte einen Boten ins Land, der sie seines Schutzes und seiner Hilfe versichern mußte.

## *3. Ludwig mit dem Barte und sein Stamm*

Kaiser Konrad II. sandte einen Verwandten in das Thüringer Land, der hieß Ludwig und trug einen langen Bart, darum nannten ihn die Thüringer den Grafen im Barte, und gewannen ihn lieb, weil er leutselig war und guten Rat erteilte, und wählten ihn hernachmals zu ihrem Richter. Als solchen bestätigte Kaiser Konrad den Grafen im Barte gern, verlieh ihm Güter und machte ihn zu einem Vizedom in Thüringen und zu einem Landrichter, und Konrads Nachfolger bestätigte ihn in allen Besitzungen und Würden. Darauf erbaute Ludwig sich eine Burg auf einem hohen Berg über Friedrichsrode, und als er sie vollendet sah, rief er freudig aus: Nun schaue, welch eine Burg! Davon ward sie Schaueinburg genannt, hernach Schauenburg. Graf Ludwig im Barte vermählte sich mit Cäcilie, einer jungen Witwe, die brachte ihm Sangerhausen, die Stadt, zu, nebst vielem Reichtum an Geld und Gut, Land und Leuten, und bekam von ihr einen Sohn, auch Ludwig genannt, der ward getauft in der Kirche auf dem Altenberge, wo der heilige Bonifazius mit zu allererst den Thüringern das Evangelium gepredigt, die hatte Graf Ludwig erbaut, und ließ sie weihen in die Ehre Sankt Johannis des Täufers am Tauftage seines Erstgebornen durch Bardo, den Erzbischof zu Mainz, und waren viele Fürsten, Grafen und Herren aus Thüringen und den Nachbarlanden Zeugen. Nachderhand bekam Graf Ludwig im Barte durch sein Gemahel noch zwei Söhne und drei Töchter. Ein Sohn hieß Beringer, der empfing von der Mutter Erbe Sangerhausen mit Zubehör, doch starb er bald nach dem Vater. Ein Sohn, den Beringer hinterließ, hieß Konrad, der erbaute Hohnstein am Harz, weil sein Bruder Ludwig ihm Sangerhausen abkaufte, und ward der Grafen von Hohnstein Ahnherr; Ludwigs dritter Sohn hieß Heinrich, der war gar still und ruhig, und die Leute gaben ihm den Zunamen Rape. Der hat Rapenberg erbaut und bewohnt. Dreißig Jahre lang hat Ludwig im Bart im Lande Thüringen gewohnt und gewaltet und ihm treulich vorgestanden. Er starb auf einer Fahrt nach Speyer zu Kaiser Heinrichs III. Begräbnis, auf der Rückreise in Mainz, und ward alldort in Sankt Albans Kirche begraben. Am Nikolaitorturm zu Eisenach steht noch verwittert sein steinern Bild mit langem Bart. Er ward der Ahnherr aller Landgrafen von Thüringen.

# 4. *Die Frau von Weißenburg*

Ludwig, des bärtigen Ludwig Sohn, freite eine Tochter Herzog Ulrichs zu Sachsen, war aber gar übel mit ihr zufrieden und sandte sie wiederum dahin, woher sie gekommen war; darüber zergrämte sie sich, denn sie hatte ein stolzes Herz, und starb noch selben Jahres. Nun zog Graf Ludwig, noch jung und wieder ledig, im Lande umher und besuchte den Pfalzgrafen Friedrich zu Sachsen, der saß auf Schloß Weißenburg, der hatte ein über die Maßen schönes Weib, Adelheid geheißen, und sie gefiel auch gleich über die Maßen dem Grafen Ludwig, und er höfelte um sie her und tanzte mit ihr, und er gefiel ihr und durfte sie heimlich besuchen. Da faßten sie einen Rat, der nicht gut war. Als eines Tages der Pfalzgraf im Bade saß, hörte er Rüdengebell und Hörner, vielleicht fühlte er auch bereits welche, und fragte, wer so freventlich in seinen Wildbann breche, und da sagte man ihm, wer es sei; manche berichteten, Frau Adelheid selbst habe es ihm unter Stachelreden gesagt, und da wurde der Pfalzgraf wild und fuhr aus dem Bade, warf nur leichtes Gewand über und jagte auf einem Renner dem Grafen Ludwig nach. Das war es gerade, was dieser wollte. In einem Gehölz, die Reuse genannt, erwartete Ludwig den Pfalzgrafen, und da dieser ihn nicht mit Honigworten begrüßte, sondern ihn anschalt als einen Gauch und ehrlosen Wicht, so drehte Ludwig sich um und stieß den Pfalzgrafen mit seinem Speer tot vom Rosse. Von dieser sehr untreuen Tat ist viel in den Landen geredet und gesungen worden. Des Pfalzgrafen Witib auf Weißenburg stellte sich gar kläglich an, als sie ihres Herrn und Gemahls Tod vernahm, betrauerte selbigen auch ein züchtig Jahr, und dann heiratete sie ihren geliebten Freund, den Grafen Ludwig, und beging mit ihm fröhliche Hochzeit auf der Schauenburg. Der lebte mit ihr lange Zeit ganz glücklich, mehrte sein Land, erbaute ihm feste Schlösser und Trutzburgen und befestigte seine Städte, so Freiburg an der Unstrut und die Neuenburg darüber, aber da die Verwandten des durch ihn gemordeten Pfalzgrafen Rache heischten und er sich der Ladung des Kaisers nicht stellte, so ließ der Kaiser allenthalben auf ihn fahnden und stellen, wie auf einen schlimmen Vogel, und so sehr Graf Ludwig auf seiner Hut war, so kam er endlich doch im Erzstift Magdeburg in Haft und ward als Gefangener auf die feste Burg Giebichenstein unweit Halle geführt und allda festgehalten.

## 5. *Der Sprung vom Giebichenstein*

Graf Ludwig saß lange auf Giebichenstein, denn der Kaiser war außer Landes, und niemand anders konnte und durfte den Grafen richten wie der Kaiser selbst, obschon sich von diesem nicht viel des Guten in dieser Sache zu versehen war. Zwei Jahre und acht Monate waren schon über dieser Haft dahingegangen, und der Gefangene blickte kummervoll aus einem Turmgemache, darinnen ihn sechs Ritter täglich bewachten, in den Saalgrund, über welchem, auf steil emporgegipfelte Felsen gebaut, Burg Giebichenstein sich erhob. Da nun Graf Ludwig vernahm, der Kaiser wolle ihn hinrichten lassen ob seiner Tat am Pfalzgrafen, ward ihm bange, und er begann sich für krank auszugeben und bat, daß sein Schreiber zu ihm gelassen werde, er wolle sein Seelgeräte aufrichten und sein Haus bestellen, auch einen Diener forderte er, den an sein Gemahl Frau Adelheid zu entsenden. Und als ihm dies gestattet wurde, gebot er heimlich dem Diener, an einem gewissen Tage, wenn er das Seelgeräte abzuholen komme, zu bestimmter Stunde mit seinem weißen Hengst, der Schwan genannt, drunten am Saalufer zu harren, auch das Roß wie zur Schwemme in den Saalstrom zu reiten. Hierauf klagte sich der Graf ernstlich krank, das währte mehrere Tage, und er machte auch sein Testament und ließ sich sein Sterbehemde bereiten und mehrere Mäntel bringen, dieweil ihn friere; in diese hüllte er sich und wankte am Stabe im Zimmer auf und ab, während seine sechs Wächter sich die Zeit mit dem Brettspiel vertrieben. Da es im Steingemache noch sehr kühl war, draußen aber die Sommersonne des Augustmonats warm schien, so lehnte sich der kranke Graf in das große Bogenfenster, das er geöffnet, und wärmte sich – und da er drunten den Diener zu Roß nebst seinem Schwan in die Saale einreiten sah, auch zwei Fischernachen, die mitten im Strome hielten, so war er plötzlich nicht mehr krank, sondern mit einem Satz im Fenster und mit einem zweiten außerhalb des Turmes und mit wenigen Schritten ganz vorn am Felsenvorsprung, und mit dem Rufe: Jungfrau Maria! Hilf deinem Knechte! sprang er vom Felsen gerade herab in den Strom. Die Mäntel umgaben ihn wie ein Rad, die Kähne ruderten herbei, der Landgraf gewann einen Kahn, gewann den Schwan, und als droben die Brettspieler erschreckt emporfuhren und zum Fenster hineilten, sahen sie schon den kühnen Springer das Ufer gewinnen und westwärts reiten.

# 6. *Sankt Ulrichs Kirche*

Da Landgraf Ludwig von Thüringen, der Springer zubenamt, sich durch seinen kühnen Sprung aus dem Turm und vom Fels hinter Giebichenstein in die Saale aus langer Haft errettete, rief er noch einmal im Fliegen: Hilf deinem Knecht, Jungfrau Maria!, und als er nun auf seinem Schwan entrann, nahm er den Fluchtweg nach Sangerhausen zu, wo seine Adelheid weilte, und rief unterwegs Sankt Ulrich an, seinen Schutzpatron, daß der ihn ferner rette und schirme, und gelobte ihm ein stattliches Gotteshaus. Und bevor noch der Landgraf eine Bußfahrt gen Rom vollbracht, erfüllte er treulich sein Gelübde und ließ die Kirche in Marien und Sankt Ulrichs Ehre erbauen und weihen und in einen Stein die Worte graben: Suscipe servum, virgo Maria! – welche Worte er ausgerufen, da er von Giebichenstein entsprang. Noch ist Sankt Ulrichs des Helfers und des Landgrafen Steinbild in dieser Kirche zu sehen, und viele fromme und gläubige Seelen haben durch so viele Jahre in derselben ihre Andacht zu Gott dem Herrn und dem heiligen Mittler verrichtet. Zu einer Zeit aber ist es zu Sangerhausen geschehen, daß der Teufel eine Schar Leute berückte, Männer, Frauen und Kinder, die kamen alldort heimlich in einem Hause zusammen, den Teufel anzubeten, der ihnen, wie behauptet ward, in Gestalt einer Hummel vor das Maul flog, und dann löschten sie die Lichte aus und trieben ganz abscheuliche Unzucht durcheinander, recht hummeltoll. Ein Schmied offenbarte dieser frömmelnden Wollüstler arges Unwesen dem Grafen, der damals, 1454, über Sangerhausen gebot; dieser glaubte nicht an die unerhörte Mär, aber der Schmied führte den Grafen verkappt in die Versammlung, damit er den argen Frevel mit eigenen Augen sehe und höre, und da sah und hörte der Graf sein blaues Wunder, ließ alsbald die Rotte einziehen und Gericht über sie halten. Darauf sind sie samt und sonders zum Feuertod verurteilt und verbrannt worden.

## 7. *Werke der Buße*

Da Ludwig, Graf von Thüringen, den sie den Springer nennen, Sankt Ulrich zu Sangerhausen das getane Gelübde erfüllt hatte, ergriff ihn und seine Frau Adelheid die Reue über die begangene Untat am Pfalzgrafen Friedrich. Eines Karfreitags setzte sie ihm Fleischspeisen vor, und als er sie darüber befragte, warum sie ihn am heiligen Tage, wo sich zieme zu fasten, zur Sünde des Fleischessens verlocken wolle, da erinnerte sie ihn schmerzlich an die genossene noch sündlichere Fleischeslust, um derentwillen ein Meuchelmord begangen worden, und da weinte er mit ihr und gelobte eine Bußfahrt gen Rom, da solle der Papst ihn büßen und auch sie, und seinem Ausspruch wollten sie Folge leisten. Solches geschahe, und Papst Stephan fand auf der Welt keine bessere Buße, als die Ehegatten zu scheiden, ihren Kindern einen guten Teil ihres Erbeteiles zu entziehen und selbiges zum Bau und zur Ausstattung zweier Klöster – möglichst weit voneinander – verwenden zu lassen. So begründete Graf Ludwig das Kloster Reinhardsbrunn in einem Thüringerwaldtale und Adelheid das Kloster Oldisleben, beide für Mönche; die letztere verwandelte auch ihre Burg Scheiplitz in ein Jungfrauenkloster und wurde dessen erste Äbtissin, in Oldisleben aber ruht ihre Asche.

Zu Oldisleben fiel 1136 ein Stein vom Himmel, so groß wie ein Menschenkopf. Gespenstige Mönche spuken dort, und rächende Grabsteine bestrafen frevelnde Unbill an ihnen durch Erteilung fünfzeiliger Diplome ins Gesicht von unsichtbarer Hand. Von Schätzen im Kloster Oldisleben ist nicht minder die Rede als von solchen im Kloster Sittichenbach, der alten Zisterzienserabtei, und in Göllingen, wo der heilige Günther begraben liegt.

## 8. *Kaiser Friedrich*

Auf dem Kyffhäuserberge steht weit sichtbar ein alter Turm, die Warte der Kaiserburg, welche dieser Berggipfel trug, und deren Trümmer eine Strecke unter dem Turm noch erblickt werden; diesen Turm nennt alles Volk in der goldnen Aue den Kaiser Friedrich. Da der wirkliche Kaiser Friedrich, zubenamt der Rotbart, vom Papst in den Bann getan ward, so schlossen sich ihm alle

DER KYFFHÄUSER

Kirchen und Kapellen, kein Priester durfte ihm Messe lesen. Da legte der edle Held ein Gewand an, das ihm aus India verehrt worden, nahm ein Fläschchen mit duftendem Wasser zu sich, bestieg sein Leibroß und ritt in einen dunkeln Wald tief hinein. Wenige seiner Getreuen durften ihm folgen, aber auch ihnen entschwand er, denn in dem tiefen Walde drehte er ein wunderbares Fingerlein und wünschte sich aus ihrem Angesicht. Alsbald entschwand er der Herren Blick und ward von ihrer keinem mehr gesehen, und so war der hochgeborene Kaiser verloren. Alte Bauern haben ausgesagt, er lasse sich noch bisweilen als Waller erblicken und habe verkündigt, er werde einst noch auf römischer Erde gewaltig werden und die Pfaffen stören und das Heilige Grab wieder in die Gewalt der Christen bringen, daß nimmer wieder ein Schwert darum gezogen werde; dann werde er seinen Schild hangen an den Ast eines dürren Baumes und guten Frieden aufrichten im Lande und auf den Festen. Das gleiche Recht werde er allen bringen, die heidnischen Reiche sich unterwerfen, die Kraft und Macht der Juden niederwerfen, daß sie nimmer wieder aufkommen, die Nonnen verehelichen und zur Arbeit leiten. Wann das geschähe, so kämen uns gute Jahre, und der dürre Baum werde wieder ergrünen.

So klangen Sage, Lied und Prophezeihung aus grauer Zeit, und die darauffolgende Zeit schmolz Kaiser Friedrich I., des Rotbart, Heldenbild mit dem Bilde Kaiser Friedrich II. zusammen, denn auch dieser hatte sein Deutschland verlassen, kehrte nimmer wieder, und ob er tot war, so glaubte doch das treue Volk, er lebe, und harrte ohn Ende seiner Wiederkehr. Und da er nicht wiederkehrte, so sagte es, Kaiser Friedrich habe sich mit seiner Tochter, mit all seinem Hofgesinde, mit seinen Wappnern und Zwergen tief in den Schoß der alten Kaiserfeste Kyffhäuser verwünscht, und da sitze er schlummernd, mit langem Bart, der um seinen steinernen Tisch gewachsen, erst zweimal herum, wann aber der Bart das drittemal herumlange, dann werde der Kaiser wiederkehren und das Reich wieder behaupten. Um den Berg, darunter der Kaiser verzaubert im Halbschlummer sitzt, fliegen fort und fort die Raben, und nur alle hundert Jahre sendet der Kaiser einen Zwerg herauf, daß er frage und schaue, ob die Raben noch fliegen. Und wenn er nun rückkehrt und kündet, daß sie noch immer fliegen, da neigt der Kaiser trauriger denn vor sein greises Haupt und zwickert wieder mit den Augen im halben Schlummer.

## 9. *Kaiser Friedrichs Gaben*

Viele haben den Kaiser Friedrich sitzen sehen in seiner unterirdischen Halle, bald allein, bald im Kreise seiner Wappner, bald mit der Prinzessin, seiner Tochter. Manchem Schäfer erschien ein Zwerg, manchem die Tochter selbst. Ein Schäferknabe pfiff auf seiner Schalmeie ein höfisches Lied, da hob sich hinter ihm ein ehrwürdiges Greisenhaupt und fragte mit milder Stimme: Wem hat dies Lied gegolten, Knabe? – Und der Knabe rief kecklich: Kaiser Friedrichen hat es gegolten! – Und da winkte der Greis dem Knaben, daß er ihm folgte, und der Knabe ward hinabgeführt von dem Greise, und drunten, wo alles voll Schätze lag, standen die Wappner und neigten sich tief vor dem Alten. Da sah der Schäfer erschreckend, wer sein Führer war, und der Kaiser sprach: Dieser Knabe hat uns geehrt!, zeigte ihm der unterirdischen Halle Pracht und Glast, brach von einem Gefäß einen Fuß und gab den dem Knaben und sprach: Gehe und künde es droben: wann die Zeit sich erfüllet, daß Gott der Herr aus diesem Bann uns löset, dann soll das Deutsche Reich frei werden. Der Schäferknabe kam herauf, er wußte nicht, wie ihm geschehen. Des Kaiser Friedrich Gabe in seiner Hand war von purem Golde.

Ein anderer Hirte, aus Sittendorf, stand droben an dem Kaiser-Friedrich-Turm, voll Kummer, denn er hatte ein Liebchen, das er nicht heiraten konnte, weil er zu arm war. Da sah er eine schöne blaue Blume im Winde nicken, die pflückte er und steckte sie auf seinen Hut. Da schaute aus des Turmes Mauerspalte ein Gezwerg, das winkte dem Hirten, und er kroch ihm nach. Drunten sah er viele schöne Steine, von denen hob er welche auf, und überm Bücken entfiel ihm die Blume. Im Zwielichtdämmer sah er in der Tiefe der Bergeshöhle den Kaiser Friedrich sitzen, aber es grausete ihn, und er wandte sich zurück. Vergiß das Beste nicht! rief der Zwerg ihm zu, doch der Hirte enteilte. Droben stand er wieder, außen am Turme, und wieder rief der Zwerg aus dem Gemäuer: Wo hast du die Blume? – Der Hirte nahm den Hut ab und sah, daß die Blume fehlte. Ach – verloren! sprach der Hirte. – O du großer Tor! rief der Zwerg, mehr als der Kyffhäuser und die Rothenburg war die Blume wert!, und verschwand. Am Abend kam zu seinem Mädchen der Hirte und erzählte ihm, was ihm begegnet – an die Steine dachte er – er zog sie aus der Tasche, und o Freude! sie waren klingendes Gold.

Einem armen Schäfer, der gar schön auf seiner Flöte blies, erschien am Kaiser Friedrich ein Zwerglein und fragte ihn, ob er wohl den verwünschten Kaiser sehen und ihm ein Stücklein aufspielen wolle. Der Schäfer sagte ja und kam in die Tiefe und blies. Da hob der Alte sein Haupt aus dem Schlummer und fragte: Fliegen die Raben noch um den Berg? – Sie fliegen noch, antwortete der Schäfer. – Da erseufzete der Kaiser Friedrich und sprach traurig: Aberhundert Jahre schlafen!, und nickte ein. Darauf hat der Zwerg den Schäfer wieder emporgeführt und ihm gar nichts gegeben, und dachte der Schäfer bei sich, hier unten ist auch Dürrhof, gerade wie droben; der Geber ist gestorben, der Schenker ist verdorben. Um den Turm lag des Schäfers kleine Herde. Klein? Wie war sie doch so zahlreich! Hatte wohl ein guter Kamerad seine größere Herde auch herzugetrieben? Wo war er denn? Es war kein anderer Hirte da. Der Schäfer zählte und zählte, von eins zu zehn und mehr, zwanzig bis fünfzig, und immer mehr, hundert Stück mehr als heraufgetrieben, die waren sein, die waren für das Flötenstücklein Kaiser Friedrichs Gabe.

Ein Kornfuhrmann aus Reblingen im Ried, der Getreide nach Nordhausen fahren wollte, ward durch einen Zwerg veranlaßt, das Korn in den Kyffhäuserberg zu fahren, aber nicht mehr von dem im Gewölbe in zahlreichen Fässern offen stehenden Golde zu nehmen als den Marktpreis und -wert. Er tat's und brachte uraltes Geld mit heraus. Ein anderer, aus Gehofen, dem das gleiche unter gleicher Bedingung begegnete, sackte sich die Taschen mächtig voll, der hatte, als er zu Tage kam, nur alte verwitterte Münzen von Blei, rannte wieder auf die Burg, rief nach dem Zwerge, bat, ihm doch nur zu geben, was seine Ware wert, aber es ließ sich kein Zwerg mehr sehen. Da begann das Bäuerlein zu fluchen und zu wettern, was das für eine Tausendteufelslumpenwirtschaft sei, daß man hier das Korn um bleierne Plapperte kaufe und auf den alten Kaiser los die Leute beschuppe, und der Donner solle das ganze kaiserliche Geld in den Erdboden verschlagen! – aber das bekam dem Bäuerlein noch schlechter, dieweil es von unsichtbaren Händen noch viel mehr Maulschellen als zuvor Münzen empfing.

Kinder und Erwachsene fanden in den Ruinen oder am Wege hingebreitete Flachsknotten, bisweilen selbst zur Winterzeit – Musikanten, die in Winternächten am Kyffhäuser vorüber spielend zogen, empfingen grüne Zweige – wer solche Dinge fand oder erhielt, ihrer nicht mißachtete, dem wurden sie zu Gold. Durstenden wurde Getränk beschert. Einer Burschenschar, die fröhlich bei ihrem Bier Kaiser Friedrichs Gesundheit trank, erschien ein kleiner Kellner mit goldenem Becher und zwei Flaschen besonderen Weines und traktierte sie alle und schenkte dem, der die Gesundheit ausgebracht, den Becher. Glückliche

Neujahrsänger und Choradjuvanten fanden auf dem Berge mitten im Winterschnee eine Kegelbahn und Männer, die sich mit Kegeln vergnügten; sie empfingen einen Kegel, und als sie ihn herabbrachten, war er ganz Gold. Einer Maid ward im Pfänderspiel scherzend aufgegeben, sie solle auf den Kyffhäuser gehen und Kaiser Friedrichen drei Haare aus dem langen roten Barte ziehen. Die Dirne ging und kam nach einer Stunde wieder und hatte drei lange Haare, brennend rot. Alles staunte. Sorglich bewahrte sie dieselben in Papier gewickelt auf. Als sie ein Jahr später über ihre Lade kam und das Papier in die Hand nahm, war es so schwer, so schwer. Sie öffnete es – die drei Haare waren in drei zolldicke Goldstangen verwandelt.

Und solcher Sagen von des Kaiser Friedrich Gaben ließen sich allein ein Buch vollschreiben.

## *10. Bergentrückung*

In Tilleda dicht am Fuße des Kyffhäusers, wo eine der alten Kaiserpfalzen der goldnen Aue stand, lebte ein armes braves Brautpaar, das wollte Hochzeit machen, es mangelte ihm aber an Küchengeschirr, da es doch einige Gäste geladen hatte, und der Vater des Mädchens sprach, halb im Scherz: Geht doch auf den Kyffhäuser hinauf und borgt euch von der Prinzessin, was ihr braucht. Das Pärchen ging hinauf, und droben wartete schon die Prinzessin, die zeigte ihnen lange viele schöne Sachen und gab ihnen Hausrat, so viel sie wollten, und sie trugen ganz schwer daran, als sie wieder herunter nach Tilleda schritten. Doch seltsam kam ihnen alles vor. Der Weg war noch der alte, aber wo des Brautvaters Hütte gestanden hatte, da lag jetzt ein großer Ackerhof. Sie sahen auch lauter fremde Gesichter, veränderte Tracht und verwunderten sich darüber, wie sich die Menschen über sie verwunderten. Da sie gar niemand kannten, so suchten sie den Pastor auf, der war ihnen aber auch fremd, doch fragte er freundlich: Wer seid ihr denn, ihr guten alten Leute? Wo kommt ihr denn her? – Ei, vom Kyffhäuser kommen wir, antworteten die jungen Liebenden, und dünkte ihnen wunderseltsam, daß der Pfarrer sie alte Leute nenne. Sind vor zwei Stunden hinaufgegangen. Und sagten ihre Namen. Der Pfarrer schüttelte den Kopf und schlug im Kirchenbuche nach, und siehe, da fand er ihre Namen; sie waren zweihundert Jahre in den Berg entrückt gewesen. Da ließen diese Uralten sich einsegnen, setzten sich auf den Kirchhof, auf die Gräber, und weinten, denn auf Erden hatten sie keine Stätte. Und da fielen ihre Leiber in Asche.

Ähnliches trug sich zu mit Peter Klaus, dem Ziegenhirten von Sittendorf, der folgte einer Ziege nach, die von der Herde weg ins Gemäurig sich verkrochen; endlich fand er sie, Hafer fressend, der durch ein Loch in das Gewölbe fiel, und über sich hörte er Pferdegestampfe. Hernach hat er sich weiter umgesehen und ist zu Rittern gekommen, die Kegel spielten, und hat aufsetzen müssen, und hat aus einer Kanne voll Wein, die niemals leer wurde, trinken dürfen, bis ihm der Schlaf kam. Als er wieder aufgewacht war, da hat er draußen in der Ruine gelegen, unter hohem Gras, und unter Bäumen, die er vorher nicht gesehen. Klaus pfiff seinen Hund, es kam kein Hund; er sah sich nach den Ziegen um, und da waren keine Ziegen mehr da. Verdrießlich ging er in sein Dorf herab; am Hirtenhaus, das fast verfallen war, lag ein magerer Hund, der knurrte ihn garstig an, und ein Junge schrie: Heda! Was will der alte Lump? – Er fragte einige Leute, sie sahen ihn von der Seite an, ganz neugierig, gaben aber keinen Bescheid. Wo wohnt Kurt Steffen? fragte er endlich. – Ho Alter! rief ein Mütterchen, der wohnt schon seit zwölf Jahren nicht mehr hier, der ist nach Oldisleben unter der Sachsenburg gezogen! – Der Velten Steier? – O je! schrie eine andere, der liegt schon fünfzehn Jahre auf dem Kirchhof. – Jetzt ward Klaus eines jungen Weibes ansichtig, die trug auf dem Arme ein Kind und führte an der Hand ein vierjährig Mädchen, und alle drei Gesichter glichen Klausens Frau. Da fragte Klaus diese: Wie heißt Ihr und Euer Vater? – Marie! antwortete die junge Frau, und mein Vater hieß Klaus, Gott habe ihn selig! Er ist vor zwanzig Jahren auf den Kyffhäuser gegangen; Hund und Herde kamen ohne ihn ins Dorf, er kam nimmer wieder, und wir fanden ihn nicht, ob wir Tag und Nacht nach ihm suchten. – Ach Gott! seufzte Peter Klaus, meine Tochter, meine liebe Marie! Ich bin es ja. Kennst du deinen Vater nicht mehr? So hätte ich zwanzig Jahre droben mit Kaiser Friedrichen verträumt? Und dünket mich doch nur ein paar Stunden!

Einem andern Hirten, der Schweine am Kyffhäuser hütete, verlief sich auch ein Stück seiner Herde, wie jenem die Ziege. Erst nach drei Tagen fand er es wieder und sah es aus einer Kluft in der Burg sich herauszwängen, was schwer hielt, denn es war in der Zeit eine rechte Fetzensau geworden, vorher war sie mager, und jetzt war sie so feist, daß sie schwabbte. Sie war im Berge gewesen und in kurzer Zeit dick und fett geworden. Als das Gerede davon unter die Leute kam, wollte der Graf von Schwarzburg gern wissen, ob daran etwas Wahres, und ließ einen auf den Tod Gefangenen in das Bergloch einkriechen, der sollte schauen, was es drunten gebe, und tat es denn auf Gefahr seines Lebens. Der ist nun hineingekommen auf dem Sauwege und hat den Kaiser gesehen, und der hat ihn sehr ernst angeblickt, ihm einen goldnen Ring gegeben und gesagt: Bringe diesen Ring dem Grafen. Er solle nicht wieder dahin schicken und blicken lassen, allwo er nichts zu schaffen und zu suchen hat. – Der Bote brachte Ring und Gruß dem Grafen, der erste war schöner wie der zweite, und durfte frei von hinnen gehn.

## *11. Kaiser Friedrichs Hofgesinde*

Gar vielerlei Volk und Einzelpersonen nennt die Sage, welche Kaiser Friedrichs unterirdischen Hofstaat bilden helfen. Die vornehmste Person nach ihm ist die Prinzessin, seine Tochter, eigentlich nur Nichte; ihr dienet eine Schar Edelfräulein, und reiten mit ihr zur Nachtzeit auf weißen Rossen und in weißen Kleidern über den Kamm des Kyffhäusergebirges, gesellen sich auch wohl dem wilden Heer und den Hörseelbergerinnen. Weiter eine Schar von Rittern, Mönchen und Zwergen, des Kaisers Hofgesinde, allzumal mit in den Bergesschoß hinabverwünscht. Endlich weilt auch drunten der Schmied von Jüterbog, des Kindermärchens Held, zu dem sich Sankt Petrus in eigner Person bemühte, drei Wünsche ihm schenkte, die der Schmied töricht genug tat, doch auch wirksam genug, mit ihnen den Tod zu bannen und dem Teufel das Leder so arg zu versohlen, daß dieser, als der Schmied gestorben war und nicht in den Himmel eingelassen ward, weil er sich nicht die ewige Seligkeit gewünscht, und auf die Hölle zumarschiert kam, sich so sehr fürchtete, daß er die Hölle alsbald verbarrikadieren ließ und in Belagerungszustand erklärte. Da konnte nun der arme Schmied von Jüterbog nicht in den Himmel und nicht in die Hölle, und im Fegefeuer mochte er gar nicht bleiben, es war ihm darin zu heiß, da suchte er das Kühle und ging hinunter unter die Kyffhäuserburg, und da ist er noch und beschlägt des Kaisers Pferde und die der Prinzessin und der Luftreiterinnen mit Hufeisen von blankem Golde. Wenn sie nicht immer in der Luft ritten, würden sie manchmal eins verlieren, so aber ist auf solchen Fund nicht zu hoffen. Venetianer, Steinsucher, Schatzgräber und Teufelbanner haben auf, im und am Kyffhäuser schon hundertfach ihr Wesen getrieben, auch davon gibt es viele Sagen und Geschichten; manchesmal sind sie durch Wesen, die dem unterirdischen Hofhalt angehörten, arg geschreckt worden. Auf der Rothenburg fand man auch das angebliche Götzenbild, den weitberufenen Püsterich, der in Sondershausen noch vorhanden ist und über den auch ganze Bücher voll zusammenfabuliert worden sind. Der Büchlein, Artikel und Aufsätze über den Püster sind, genau gezählt, netto vierundneunzig, und dies ist der fünfundneunzigste.

## *12. Der Tanzteich*

Beim Dorfe Sachswerfen an der Straße von Nordhausen nach Ilfeld, dicht unter einem abschüssigen Gipsfelsen, liegt ein Teich, der über sechs Morgen im Umfang hat. Einst stand an dessen Stelle ein Wirtshaus, darinnen ward alle Sonntag getanzt; das wäre nicht sündlich gewesen, aber die Tanzlust der Menschen wuchs so sehr, daß sie auch unter der Kirche schon zu hüpfen und zu springen begannen. Als es das erstemal geschah, kam ein Gewitter und schlug in einen Baum ein; beim zweiten Male erbebte die Erde, daß alle Balken krachten; beim dritten Male, da sich die Tanzenden nicht durch diese Anzeichen irren und warnen ließen, schickte der Herr ein Wetter und ein Erdbeben zugleich; das Wetter schlug in das Haus ein, und das Erdbeben machte es mit allen Musikanten und Tänzern in die Tiefe versinken. An des Hauses Stelle trat ein tiefer Teich, der bis heute der Tanzteich heißt. Im Teiche sollen viele und darunter uralte Fische sein. Vor Jahren hat sich in diesem Teiche ein rätselhaftes Tier blicken lassen, das niemand kannte. Da man aber Anstalten machte, es zu fangen, tauchte es unter und kam niemals wieder zum Vorschein. Das Wasser des Tanzteiches sieht schwarz und grausenhaft aus. Man erzählt, daß Kähne, auf denen der Teich befahren wird, zu tanzen beginnen. Nahe dabei ist eine Höhle, das Ziegenloch, dahinein soll das Wasser strudeln.

# 13. *Der letzte Graf von Klettenberg*

Die Grafen von Hohenstein, Lohre und Klettenberg waren ein besitzungenreiches Geschlecht im Harzgebirge, zwei Städte, Ellrich und Bleicherode, gehörten ihnen und viele Ortschaften, Burgen, Gehöfte und Mühlen. Der letzte, vielleicht ein Enkel jenes Ernst, der dem Bauernhänsel zu Walkenried eine so treffende Antwort gab, war Graf Ernst VII. Dieser wackere Degen war in seinen jungen Jahren, zu alten kam er leider nicht, ein guter Zechbruder und tapferer Trinker. Einst war zu Ellrich auf des Grafen Kemnate daselbst eine schöne Zahl von Harzgrafen und Rittern versammelt; die Humpen kreisten fröhlich in der Runde, und in heiterer Weinlaune setzten die lustigen Kumpane eine goldne Kette zum Preise aus für den, der ihnen allen obsiegen und noch stehen werde, wenn sie alle unter den Tisch getrunken wären. Der Kampf ward hitzig und lange geführt; fort und fort wurde der kreisende Pokal geleert, bis endlich die Köpfe schwer wurden und die Helden sanken. Nur zwei hielten sich noch, zuletzt aber ergriff der eine die Goldkette, fast schon im Sinken, und hing sie dem Sieger lallend um. Dieser Sieger war Graf Ernst, der edle. Derselbige fühlte, da er im Trinksaale nichts mehr zu tun fand, ein Bedürfnis nach frischer Luft, denn es war nichts Kleines, als Sieger im Weinlanzenbrechen über so vielen tapfern Grafen und Rittern zu stehen, die alle unterlegen waren. Im Schmuck der glorreich errungenen goldenen Kette bestieg der Graf sein bereitstehendes Roß und trabte durch Ellrich, doch war ihm etwas schwül, und die frische Luft machte ihn im Sattel wanken und schwanken, wenn es nicht neben der frischen Luft etwas anderes war. Es war gerade Sonntag, und aus der offenstehenden Sankt-Niklas-Kirche klang erbaulich Orgel und Gesang. Nun war Graf Ernst VII. von Hohenstein, Herr zu Lohre und Klettenberg, gar ein frommer Held, auch Administrator des Stiftes Walkenried, und da dünkete ihm, man müsse dem lieben Gott nicht ausweichen, lenkete sanft sein Rößlein nach der Kirche und vergaß nur eines, nämlich abzusteigen, er ritt ganz wohlgelaunt in seligem Taumel mitten durch die Gemeinde, stracklich auf den Altar zu, daß jedermänniglich erschrak und die Geistlichen sich kreuzigten und segneten. Aber siehe da, das Stampfen und Schlagen der Rosseshufe, das mit der ganzen Erscheinung die Andacht mächtig störte, nahm plötzlich ein Ende, denn durch ein Wunder des über den Frevel erzürnten Gottes entsanken plötzlich den Füßen des Pferdes alle vier Hufeisen zugleich, da dasselbe soll selbst samt dem Reiter niedergesunken sein, mindestens auf die Knie. Darauf trabte Graf Ernst ganz geräuschlos wieder aus der Kirche, die vier Hufeisen aber wurden zum Wahrzeichen an deren Türe genagelt, wo sie lange blieben, bis ein Brand die Kirche zerstörte, dann sind sie auf das Rathaus gekommen.

Graf Ernst, welcher solchen gewaltigen Fehden, wie diese für ihn so siegreiche war, wohl häufig beiwohnen mochte, brachte sein Leben nur auf vierunddreißig Jahre, vier Monate und zweiundzwanzig Tage, doch war er zweimal vermählt. Er starb als ein frommer Christ und erhielt zu Walkenried seine Ruhestätte, und zwar in der jetzigen Klosterkirche, dem früheren Kapitelhause, und wurden sein gräfliches Wappen wie seine Siegel und sein Degen mit ihm begraben, es ward ihm eine gar schöne Parentation gehalten und ein stattliches Denkmal errichtet, darauf er in seiner Rüstung in Lebensgröße kniend zu erblicken ist, über seine Brust weit herabhängend die bewußte goldne Kette mit wertem Kleinod. Sieht Ritter Götzens von Berlichingen Grabmal sehr ähnlich.

## *14. Die Kelle*

Von der Kelle, einer viel besuchten Gipshöhle, die früher viel anders und schöner sich darstellte als jetzt, nachdem sie allmählich in sich zusammengebrochen, geht manche Sage. Der ursprüngliche Name ist Kehle, soviel als Schlund, und die Sage will, daß dieser schöne, aber auch schaurige Schlund alljährlich ein Menschenleben zum Opfer fordere. Um ihn zu versöhnen, zog in der früheren Zeit ein Priester aus Ellrich mit voller Prozession der Gemeinde, mit Kruzifix, Kirchenfahnen und Heiligenbildern nach der Sankt-Johannis-Kapelle in der Nähe der Höhle und dann nach dieser selbst, senkte ein Kreuz in den eisigkalten Wasserspiegel und zog es wieder daraus hervor, und dann rief er:

Kommt und guckt in die Kelle,
So kommt ihr nicht in die Hölle.

Auch wohnt in der Kelle eine Nixe, und diese besonders hat es an der Art, Menschen in ihr Wasser zu locken, das kalt und giftig ist. Selbst ein Frosch, den einer hineinwirft, wird gleich starr und steif, was soll da erst ein Mensch tun, der kein Frosch ist!

An jenem Tage, der Lissabon durch ein entsetzliches Erdbeben zerstörte (1. Nov. 1755), ward im Kehlholze über der Kelle ein seltsames unterirdisches Getöse vernommen, und in Ellrich hörte man ein langanhaltendes Krachen, wie von fernem Donner, auch zeigten die Müller an, daß das Wasser urplötzlich mit ungewöhnlicher Gewalt auf die Mühlen geschossen sei. An demselben Tage ist gleicherweise der Salzunger See in heftige Bewegung geraten, das Wasser ist in die Tiefe hinab wie in einen Trichter gestrudelt und dann wieder mit Rauschen und Brausen hervorgebrochen, so daß es die Ufer überflutet hat. Das hat in den zwanziger Jahren noch ein alter glaubhafter Mann erzählt, der es selbst gesehen, dennoch haben es Neugescheite verlacht und für Fabel erklären wollen.

## *15. Geheul und Geschrei*

Zu Frankenhausen, der alten Salzstadt, deren Quellen die Franken behaupteten, als in den frühen Zeiten Sachsen, Franken und Thüringer in diesen Gegenden blutige Kämpfe miteinander hatten, und die von den Franken ihren Namen trägt, ist noch ein Rest der alten Schirmfeste gegen die Sachsen im Hausmannsturm, der Altenburg oder dem alten Frankenhause zu erschauen. Dort war auch ein Zisterziensernonnenkloster zu Sankt Georg, und in dessen Kirche stand ein Wunderbild der heiligen Jungfrau Maria. Selbiges Bild zeigte ein liebliches Engelantlitz und war sanft gerötet, holdselig zu erblicken in guter und glückseliger Zeit. So aber trübe Zeiten herannaheten, verblich des Bildes Farbe und lieblicher Schimmer, und also geschahe es auch im Jahre 1525, da der wilde Schwarmgeist die Bauern zu hellem Aufruhr nötigte, da sie Burgen und Klöster brachen, ausplünderten und einäscherten. In jener Zeit sind die Klöster Ilfeld, Walkenried, Volkenrode, Kelbra, Sittichenbach, Oldisleben und andere mit ihren herrlichen Kirchen ganz verwüstet worden, bis die Zuchtrute wie ein Wetter des Herrn auf die Raubrotten niederschlug. Das war die Zeit, wo Thomas Münzer den Agitator spielte und das Volk aufwiegelte und seine Regenbogenfahne wehen ließ und deren etwa fehlendes Rot mit dem Blut der gemeuchelmordeten Abgesandten der Fürsten ersetzte. Dem Bauernheer waren aus Frankenhausen und allen Dörfern der Umgegend die Weiber und Kinder der Gideonstreiter, die in ihrer Verblendung dem Münzer folgten, auch nachgefolgt, die bargen sich in einem Walde, von wo aus sie den Berg über der Stadt sehen konnten, auf dem das Bauernlager aufgeschlagen war. Da nun die Schlacht mit den Herren der gegen das Bauernheer herangezogenen verbündeten Fürsten, dem Kurfürsten Johann und Herzog Georg zu Sachsen, dem Herzog Heinrich zu Braunschweig, Landgraf Philipp zu Hessen, den Harz- und andern Grafen, nachdem die zu gütlichem Vergleich entsandten Botschafter ermordet worden waren, entbrannte, Thomas Münzers lügnerisches Maulwerk, womit er die armen Bauern betört und verrückt gemacht hatte, sich als ein klarer und barer Trug erwies und über siebentausendfünfhundert Bauern mit ihren blutigen Leibern die Walstatt deckten, der ganz in Büffelleder eingenähte Held aber, wie die meisten solcher Maulhelden, in der schimpflichsten Flucht vom Schlachtfelde wich und sich in oder unter ein Bette verkroch, da erscholl von jenem Walde her ein entsetzliches wehklagendes Geheul und Geschrei der unschuldigen Weiber und Kinder jener durch die Aufruhrgelüste des Münzer verführten Bürger und Bauern, die zusahen, wie ihre Väter, Söhne, Brüder, Bräutigame und Freunde ohne Gnade hingeschlachtet wurden. Darnach wurde jenem Wald der Name Geheul und Geschrei und jenem Berge der Name Schlachtberg auf alle Zeiten. Das geschah am Montage nach dem Sonntag, da man in den Kirchen Cantate sang. Die Bauern sangen auch vor der Schlacht, gar ein schönes Lied: Nun bitten wir den Heiligen Geist! – aber der Heilige Geist war ihrem Tun und Treiben so fern, wie fern der Himmel von der Hölle ist, und konnte ihre Bitten nicht erhören.

## *16. Der heilige Günther in Göllingen*

Zwischen Frankenhausen und Sondershausen lagen im Wippertale zwei Klöster, die in den Gauen umher besondern Rufes sich erfreuten, das waren Sankt Gertrudis zur Kapellen, insgemein Kapellen genannt, das lag unter der Arnsburg zwischen Seege und Günzerode, und Sankt Wippert in Göllingen. Kapellen soll der Ort gewesen sein, wo im Jahre 1197 die deutschen Fürsten Philipp von Schwaben zum deutschen Kaiser kürten. In Göllingen lebte im elften Jahrhundert der heilige Günther, welcher ein reicher thüringischer Gaugraf war, der zur Buße seiner Jugendsünden in Hersfeld geistlich wurde und seinen Gau dem heiligen Wippert zum Eigen schenkte und nur Göllingen zum Aufenthaltort sich vorbehielt. Dieser Graf Günther soll ein Sohn des Markgrafen Ekkard gewesen sein und ein Urahnherr der Grafen von Käfernburg und Schwarzburg, deren Nachkommen noch heute Sondershausen und Frankenhausen besitzen und den Namen Günther stets in ihrem Geschlechte fortführen. Günther hatte das Gelübde getan, nimmer Fleisch zu essen, da derselbe nun einst bei einem mächtigen Herrscher zu Gast war und dieser ihm nötigend zusetzte, von einem aufgetragenen gebratenen Pfau zu essen, so rief der fromme Mann Gott an, ihn aus dieser Verlegenheit zu ziehen, und siehe, da bekam der gebratene Pfau in seiner Schüssel Federn, wurde lebendig und flog auf und davon. Dieser fromme Mann und Wundertäter ist fern von Thüringen, im Lande Böhmen, gestorben und hat noch nach seinem Tode viele Wunder getan. Die beiden Klöster im Wippertale hielten gute Freundschaft und Nachbarschaft miteinander und führten heimliche Gänge unter der Erde von Kapellen nach Göllingen, die gegenseitigen Besuche unsichtbar zu machen, welche die Mönchlein und die Nönnlein einander abgestattet haben sollen, wie die Sage geht.

## *17. Ursprung der Grafen von Schwarzburg*

Viele wollen den Ursprung und die Abkunft der alten Grafen von Schwarzburg vom heiligen Günther nicht gelten lassen. Ein Verwandter und Heerführer des großen Sachsenherzogs Wittekind, genannt Wittekind der Schwarze, soll deren Ahnherr gewesen sein, ebenso jener der Grafen von Gleichen; nach andern sollen wieder jene Brüder von Gleichen, welche die Burgen bei Göttingen hatten und, von dort vertrieben, nach Thüringen kamen und Schloß Gleichen neben Mühlberg und Wachsenburg erbauten, die Stammväter der heutigen Schwarzburger Fürstenhäuser gewesen sein. Noch ein Stück höher hinauf in den nachtdunkeln Schwarzwald der Urgeschichte rückt besagter Ursprung ein dritter Chronist, nämlich bis in die Zeit, da Dietrich von Bern lebte und die Thüringer heftig mit Sachsen und Franken zu streiten kamen. Da habe ein Graf eine Kohlbaude und Meilerstätte auf einem Berge angetroffen und habe auf diesem schwarzen Berg eine Burg erbaut, siehe, da war die Schwarzburg fertig. Nach andern habe Kaiser Lothars sechster Sohn, Gundar, das ist Günther, geheißen, der habe Schloß Käfernburg bei Arnstadt erbaut, und der sei der wahre Stammvater des hohen Geschlechtes, das sich frühzeitig zur Blüte hob und durch die Reihe der Jahrhunderte fortpflanzte, berühmte Klöster gründete, auch Deutschland einen Kaiser gab. Alle Welt weiß von dem Raub der sächsischen Prinzen durch Kunz von Kauffungen, weit minder aber bekannt ist der Raub zweier junger Grafen von Schwarzburg durch Jost Hake, welcher gar ein tapferer Kriegsmann war und im Schmalkaldischen Kriege auch den Grafen Hugo von Mansfeld aus dessen eignem Schlosse zur Nachtzeit gefangen hinwegführte. Erst nach zwei Jahren gab er ihn um tausend Goldgulden wieder frei.

## *18. Die Auswanderung der Heiligen*

Zwischen Sondershausen und Mühlhausen in Thüringen lag das Zisterzienserkloster Volkenrode, früher Folcodesrode geheißen. Darin lebte ein frommer Abt, der hatte einen Traum von drei Jungfrauen aus dem Gefolge der elftausend, die mit Sankt Ursula in Köln begraben liegen, zog hin, fand deren Leichname auf und führte sie nach seinem Kloster, wo die heiligen Leiber großer Verehrung teilhaft wurden. Da aber eine Zeit großer Kriegsunruhen kam, so wurden die Kirchenschätze heimlich verborgen, und die drei Jungfrauengerippe bekamen ihre Stelle unterm Dach und wurden vergessen. Solche Vernachlässigung mißfiel aber den heiligen drei Jungfrauen – sie hatten im Leben Theumata, Eleumata und Christantia geheißen – höchlich; sie klopften einigemal stark an ihren Schrein, in dem sie lagen, allein es ward überhört; darauf erschienen sie dem Küster und mahnten ihn, sie an einen schicklicheren Ort als unters Dach zu Katzen und Mäusen zu bringen; allein der Küster verdämmerte den Befehl zu wiederholten Malen. Darauf geschahe es in der Nacht, als die Mönche mit dem Abt im Chor die Matutine sangen, daß drei Jungfrauen in die Kirche traten, gegen den Altar sich verneigten, dann gegen den Abt, dann gegen die Konventualen und dann durch eine Türe in der Kirche, welche stets fest verschlossen gehalten wurde, mitten hindurchgingen. Jeder Mönch glaubte, diese Erscheinung allein erblickt zu haben, und dann offenbarte sich, daß alle sie zugleich gesehen hatten, und da kamen sie auf den Gedanken, ob das nicht die drei Ursulinerinnen gewesen, und gingen auf den Kirchboden hinauf, da lag wohl noch unversehrt der heilige Reliquienschrein, aber ohne die jungfräulichen Gebeine. Da fuhr der Abt gen Köln zur Frau Äbtissin des Klosters und Stifts der heiligen Ursula, und da fanden sich die Körper der Jungfrauen wieder auf derselben Stelle, allwo man sie ausgegraben, und wie zuvor ein Traum dem Abt von Folcodesrode gezeigt, und da wollte der Abt sie wiederhaben, aber die Frau Äbtissin sprach: Nein, hochwürdigster Herr Abt; die lieben Herrinnen sind uns gar sehr willkommen. Hättet Ihr sie besser gehalten, würden sie wohl bei Euch in Thüringen geblieben sein. Als nun der Abt über solch abschlägigen Bescheid sehr bekümmert war, faßte die Frau Äbtissin ein christlich Mitleiden und suchte ihm aus dem Knochengerümpel ein etwas schadhaftes Jungfrauenhaupt, das gab sie ihm als Ersatz, und er zog damit traurig heim.

## *19. Der braune Bühel*

Auf dem Wege von Nordhausen und vom Harze her im Eichsfelde nach Duderstadt liegt ein zuckerhutförmiger Hügel, der das Ansehen hat, als sei er von Menschenhand also pyramidal aufgetürmt, den nennen die Einwohner der umliegenden Dörfer den brunen Büdel – braunen Beutel – hat aber wohl ursprünglich Bühel gelautet, und die Vornehmen nennen ihn den Riesenhügel. Einst stand ein Riese da oben, der sah hinunter in die goldne Mark nach Duderstadt, und gefiel ihm baß, nur drückte ihn etwas in den Schuhen, und schüttete es aus, da war's der Sand, der Bühel. – Andere sagen spöttlich dem brunen Büdel nach, er stamme unmittelbar vom Himmel, denn derselbe sei einstmals ausgekehrt und durch ein kleines Loch der Kehricht herabgeworfen worden, und das sei der Büdel.

Vom Riesenhügel und seinen Nachbarbergen, dem Sonnenstein und dem Ohmberge, übersieht man einen guten Teil des Eichsfeldes mit vielen alten Burgen, Städten, Dörfern, Klöstern und Kapellen, den Harz- und den Thüringerwald, einen Teil der Rhön, ja selbst bei hellem Himmel in dämmernder Ferne den Teutoburger Wald. Über Duderstadt hinaus schweift der Blick nach jenem Seeburg, von welchem die Graf-Isang-Sage erzählt.

## 20. *Die wilde Kirche*

Auf den Ohmberg im Eichsfeld kam auf seinem Bekehrungsgange durch Thüringen auch der heilige Bonifazius und zerstörte dort eine heidnische Opferstätte auf einem Felsen, der noch jetzt der große Stein heißt. Dort pflanzte er ein Kreuz auf und predigte von einem grausam steilen Felsen, der, vom Ohmberge abgerissen, ganz einzeln sich erhebt, fast wie der erst spät wieder zugänglich gemachte Bonifaziusfels beim Schlosse Altenstein, und dieser Fels und Ort heißt noch heute die wilde Kirche. An des Berges Fuß gründete Bonifazius ein Kloster, das hieß zu den drei Annen. Als einstens eine furchtbare Pest das Eichsfeld verheerte und die Geistlichen dahingerafft hatte, sollen neugeborne Kinder zur wilden Kirche getragen und allda von einem Einsiedler getauft worden sein. Es ist dort nicht so recht geheuer; manche haben schon wundersamen Glockenklang vernommen, und eine Frau erblickte selbst die Glocke, silberhell in offner Glockenstube hängend über einem auch offnen überherrlichen Dome, darinnen die Kerzen brannten und ein greiser Bischof das heilige Amt hielt. Ganz erstaunt eilte das Weib, ihren Mann zu rufen, als sie ihn aber endlich gefunden hatte und zur Stelle führte, war die Kirche verschwunden, gleich der Geisterkirche am Ochsenkopf und auf Burg Waldstein.

## 21. *König Dagobert heil*

Des Eichsfeldes Hauptstadt heißt Heiligenstadt, und über das ganze Land weht es wie Weihrauchduft, klingt es wie Klosterglocken. Der Stadt und dem Lande webt die Sage manch goldnen Heiligenschein. Das rührt aus frühen, frühen Zeiten her. Der Frankenkönig Dagobert ward in seinem Alter von schlimmer Krankheit befallen, dem Aussatz, übertrug die Regierung seinem Sohne und treuen Räten und zog mit seiner Gemahlin in die Ferne, zu suchen, ob er Heilung fände. Da kam er auf das Eichsfeld und lebte allda verborgen vor dem Auge der Menschen in einer Einöde, erbaute sich da einen Wohnsitz und diente Gott in einer Kapelle, die er der heiligen Jungfrau und Sankt Petrus weihte. Die Zeit, die König Dagobert nicht im Gebet zubrachte, vertrieb er sich mit der Jagd, und auf einem seiner Jagdgänge ward er von so großer Müdigkeit befallen, daß er sich in das Gras niederlegte und alsbald entschlief. Da der König erwachte, fand er das Gras stark betaut, aber alle Teile seines Körpers, welche der Tau benetzt hatte, waren zu seiner großen Freude heil vom Aussatz und rein wie die Haut eines jungen Kindes. Da eilte er fröhlich zu seiner Gemahlin und kündete ihr das Wunder, und sie riet ihm, sich noch öfters an jener Stelle in das taufeuchte Gras zu legen, und so wurde er ganz heil. Und da sprach er: Wahrlich, hier ist der Heilung und der Heiligen Statt! Und darauf ward dem König durch einen Traum offenbart, daß an jener Stelle die Heiligen Aureus und Justinus begraben lagen. Diese Heiligen waren zu des König Etzel Zeiten zu Mainz gefangen worden, durch göttliche Hilfe aber entkommen und hatten ihren Weg nach dem Eichsfeld zu genommen. Ein Präfekt des Attila folgte ihnen nach, fing sie zu Rusteberg und tat ihnen alle erdenklichen Martern an, um sie zum Rückfall in das Heidentum zu bewegen. Das war aber vergebens. Stachelschuhe verletzten die standhaften Christen nicht, glühend gemachte und ihnen aufgesetzte Helme fielen kalt zu Boden. Wilde Tiere schonten die mit Ketten an Bäume Gefesselten, denn es brannten Kerzen vor ihnen und stiegen Engel vom Himmel, die mit ihnen beteten. Endlich ließ der Präfekt die frommen Märtyrer enthaupten und ihre Leiber im Walde verscharren. König Dagobert ließ nun an der Stätte seiner Heilung ein Münster erbauen und ordnete einen Propst und zwölf Chorherren hinein, nannte den Ort Heiligenstadt und ordnete das Münster dem Bischofsitz Mainz unter, unter welchem auch die nach und nach entstehende Stadt dieses Namens beständig blieb. Noch heißt die Stätte, wo Dagobert gewohnt hat, die alte Burg.

# 22. *Maria im Elende*

Tief im Harzgebirge führte ein Fuhrmann zur Winterszeit eine Last Weines, und an unwegsamer sumpfiger Stelle blieb sein Wagen stecken, ja es drohten Schiff und Geschirr im Schnee und Morast gar zu versinken. Da rief er, in tiefer Waldeinsamkeit sich von aller menschlichen Hilfe verlassen sehend, Gott und die heilige Jungfrau an, ihn aus diesem Elende zu retten, und siehe, es erschien ihm die Königin der Himmel und rettete ihn. Da sie ihn nun fragte, welche Fracht er geladen habe, und er antwortete: Wein!, so wünschte sie den Wein zu kosten. Dazu war der Fuhrmann gleich willig und bereit, allein er klagte, daß er keinen Becher habe. Da rührte Maria an einen Dornenstrauch, und alsbald sproßten Rosen aus dem Strauche, welche Maria brach und zu einem Becher formte, den sie dem Fuhrmann gab. Dieser ließ Wein in den Rosenbecher fließen, und siehe, der zarte Pokal hielt den Wein, wie aber der Fuhrmann nun den Wein seiner Retterin reichen wollte, so war sie verschwunden, und sein Blick suchte sie vergebens ringsumher. Leicht zogen jetzt die Pferde die Last des Wagens, bis sie an ein einsames Kirchlein kamen, das schon zu des Bonifazius Zeiten in diesen tiefen Waldeinöden erbaut sein sollte. Der Fuhrmann erkannte darin, daß seine Pferde am Kirchlein anhielten, den Wink des Himmels, hier zu danken, er trat hinein und erstaunte, als er in dem darin aufgestellten Marienbilde ganz das holdselige Frauenbild wiedererkannte, das ihm helfend und rettend erschienen war. Dankend kniete er nieder und stellte das wundersame Gefäß, den Blumenkelch, auf den Altar und erzählte allen Menschen, die er traf, das hohe Wunder. Da strömten aus Nähe und Ferne bald die Gläubigen herbei, die Wunderkraft der hilfreichen Maria im Elende anzurufen; es begründete sich, wie dort zu Grimmenthal im Henneberger Lande, ein Wallfahrtsort und ein Hospital; es mußten neue und viele Türen in die Mauerwände der Kirche gebrochen werden, und die Wände bedeckten sich mit Krücken der Lahmen und Brüchigen, die geheilt von dannen gingen. Ein Nonnenkloster enstand, eine neue herrliche Kirche ward erbaut und die Rosenkirche genannt, weil ein Kreuz von vierundsiebenzig steinernen Rosen ihr Gesimse zierte. Auch ein Haus für sechs Kanoniker ward erbaut, und große Schätze wurden gesammelt, welche noch dort vergraben liegen sollen, nachdem schon längst der Glanz und aller fromme Wunderglaube dahin ist. Als die Zeit der Verwüstung gekommen war und das hilfreiche Marienbild beseitigt wurde, hat es sich erhoben und ist nach Heiligenstadt gewandelt, wo es noch bis heute der Verehrung gläubiger Christen sich erfreut.

## 23. *Des Teufels Kanzel*

Unter den vielen Kanzeln, deren Besitzes der Teufel sich erfreut, ist eine der schönsten im Eichsfeld gelegen, und zwar unweit der Ruine des uralten Berg- und Stammschlosses Hanstein in der Germarmark. Der Teufel feierte einer Zeit die beliebte Blocksbergnacht und war guter Dinge, hielt auch der Hexenvolksversammlung auf dem Brocken eine übertreffliche, will sagen unübertreffliche Rede auf breitester Grundlage, trotz einem Reichsparlamenter, und rühmte sich seiner großen Kräfte, durch die er nun schon so manches Jahrtausend an der Spitze der Opposition gegen den Absolutismus des alten Weltmonarchen die Rechte der äußersten Linken wirksam vertrete, von denen geschrieben stehe, daß sie als Böcke ihm, dem Ur-Stinkbock, und seinen Engeln für ewige Zeiten angehören sollten. Da nun nach gehaltener Predigt von der Teufelskanzel der Becher kreiste, so fragten einige der Sprecher im Ausschuß den Präsidenten, ob er, da er so großer Kräfte sich rühme, wohl auch einen Felsblock ebensogroß wie seine Kanzel auf den Meißner in Hessen tragen könne, denn dort fehle es noch daran. Der Teufel sah sich den Felsblock auf dem Blocksberg an und meinte, das sei ihm ein leichtes, welches ihm aber nicht so obenhin geglaubt wurde, ging daher eine Wette um einige Faß Wein ein, packte den Block auf und wanderte oder flog flugs nach dem Hessenlande. Der Weg war aber sehr harschelig und uneben, besonders im Eichsfeld, und es ging dem Teufel gerade wieder, wie es ihm ergangen war, da er die Sanddüne am Meeresstrande gen Aachen schleppte; er ärgerte sich, daß er der Narr gewesen, dem Volkswillen Rechnung zu tragen und sich ihm aufzuopfern, und als er in die Nähe der Burg Hanstein kam, war es alldort so still und menschenleer, daß er dachte, hier sieht dich niemand, hier kannst du ein Eckchen ausruhen. Legte sich daher in das hohe weiche Gras und pflegte der Ruhe. Es dauerte aber gar nicht lange, so kam ein hübsches Hexchen auf seinem Besenstiel vom Blocksberg dahergefahren, das sah den Teufel liegen, so lang er war, und rief spöttisch:

Junker Hans, was machst du?
Schläfst du oder wachst du?
Greinst du oder lachst du?

Blitz! fuhr da der Teufel empor, dem Hexchen nach und fing sich's, führte es hinunter nach Witzenhausen zum Wein und zeigte ihm, was er machte. Die Felsenkanzel ließ er liegen, wo sie lag, nahm dafür gleich einige Stückfässer Witzenhäuser Wein als Rückfracht mit auf den Blocksberg und bezahlte damit seine Wette. Die Gäste schauderten, als sie selben Wein tranken, und das Ansehen des Präsidenten erlitt eine Schwankung.

## *24. Der Mönch von Reifenstein*

Im Eichsfeld zwischen Worbis und Mühlhausen lag ein Kloster des Namens Reifenstein, das war uralten Ursprunges. Ein Kriegsobrist des Hunnenkönigs Attila, welcher Rive hieß, kam in diese Gegend, ersah sich einen Berg und baute eine Burg darauf, die er Rivestein nannte. Noch ist ihre Stätte gekannt und heißt die alte Burg, der Wald um sie her wird der Burghagen genannt. In später Zeit erwarben die Grafen zu Gleichen und Tonna, denen auch die nahe Burg Gleichenstein gehörte, den Reifenstein, und einer dieser Grafen namens Ernst, welcher söhnelos war, gründete im Tale unter dem Burgberge ein Zisterziensermönchskloster, dazu er Mönche aus dem Kloster Volkenrode nahm und es reich begabte. Damals war das Land umher noch kaum bebaut, nur ein Dörflein, Alblderode, lag in der Nähe. Durch gute und schlechte Zeiten brachte Kloster Reifenstein sich hin, bis die allerschlechteste ihm kam, die Zeit des Bauernkriegs. Da war im Kloster ein nichtsnutzer Mönch des Namens Heinrich Pfeifer, eigentlich Schwertfeger, dem gefiel es nicht in der Kutte und in der Zucht, war tückischen, verschlagenen, boshaften Wesens, mußte oft wegen seiner schlechten Aufführung Pönitenz tun, und da er dies satt hatte, entsprang er aus Reifenstein, zog die Kutte aus und mit ihr den Christen, ja den Menschen. Er warf einen tödlichen Haß auf alle Klöster, vor allem aber auf Reifenstein, rannte nach Mühlhausen und begann dort sein aufwieglerisches Treiben, brachte Verwirrung und Zwietracht zwischen Rat und Gemeinde, verband sich mit dem von Altstadt entlaufenen Pfarrer Thomas Münzer und wiegelte unter Vorwand und Larve der Berechtigung aus göttlichem Wort das gemeine Volk auf, dem nichts lieber war, als nicht zu arbeiten und Korn und Tuch den Reichen aus christlichem Recht abzufordern, denn Christus habe geboten, sagten diese Kommunisten von 1525, mit den Dürftigen zu teilen. Wer da nicht willig gab, dem ward das Seine mit Gewalt genommen. Als der Pfeifer sich sicher sah in einer Rotte aufwieglerischen Gesindels, da hatte er einen schönen Traum – die Rottführer solcher Art haben immer schöne Träume – wie er eine große Herde Mäuse in den Sack jagte, das deutete er also, daß er, der Pfeifer, den ganzen Adel und die Klerisei auf dem Eichsfeld und im Thüringer Lande zu vertilgen und aufzureiben von Gott berufen sei, unternahm daher, trotz Münzers Widerraten, einen Raubzug ins Eichsfeld, brach und verbrannte Klöster und Burgen, während der Schwarmhaufe von Langensalza die Klöster Schlotheim und Volkenrode verwüstete und den Raub nach dem Dorfe Germar nahe Mühlhausen führte; dorthin kam die Bande Pfeifers mit neun Wagen voll Glocken, Haus- und Kirchengerät und Geschmeide. Da empfing sie der Münzer freudiglich als echt christliche Brüder und hielt ihnen vom Pferd herab eine Predigt von der Freiheit und Brüderlichkeit und teilte den Raub. Dann wurden die Schlösser Ebeleben und Almenhausen geplündert und verbrannt, andere Klöster auch heimgesucht und wurde nochmals in das Eichsfeld eingefallen und vor Heiligenstadt gerückt. Da ging es, wie es zu allen Zeiten geht, daß die Bürger teils im Herzen schon dem Aufruhr zugeneigt sind, teils das Herz selbst in der Kniekehle haben und, statt den Raubbanden mit festem Mut entgegenzutreten und ihnen ihr schmutziges Handwerk zu legen, sie einlassen und um die Spitzbuben scherwenzeln. Heiligenstadt nahm die neuen wunderlichen Heiligen mit Karst und Dreschflegel im Dreckkittel so freundlich auf, wie es kaum die lieben Gottesheiligen aufgenommen, wenn solche hätten kommen mögen, und was noch nicht von Klöstern und Schlössern geplündert und verwüstet war, das ward es nun. Ein gewisser Michael Zimmermann lief nach Bartloff, holte Feuer allda und steckte damit Reifenstein in Brand. Als der unsinnige Aufruhr seinen Gipfelpunkt erreicht hatte, setzte Thomas Münzer den trefflichen Pfeifer zum Statthalter in Mühlhausen, und als das Bauernschlachten bei Frankenhausen erfolgt war, entwich auch dieser Held schimpflich zu heimlicher Nachtzeit, wurde verfolgt, eingeholt, gefangen und ihm hernach am Hohlweg nach Buttstädt zu der Kopf abgeschlagen. Er zeigte keine Reue und erlitt den Tod mit trotzigem Gemüte. Für sich selbst hat er nichts erlangt, auch nichts gewollt, aber über die Stadt Mühlhausen brachte er nachhaltiges Weh, schwere Sühne und den lastenden Druck der verbundenen rächenden Fürstenmacht über des Reiches freie Stadt.

## *25. Des Königs Abenteuer*

In der Sankt-Georgen-Kirche zu Mühlhausen erblickt man noch manch altertümliches steinernes Bildwerk, das wird gedeutet auf der Stadt Mühlhausen Ursprung, und haben sie dort darüber eine gar verwunderliche Sage.

Vorzeiten war ein König in Thüringen gesessen, der fuhr einstmals auf die Jagd, und da sprangen seine Winde im Dickicht um einen Baumstrunk herum und wollten sich davon nicht wegbringen lassen. Da mußte einer von des Königs Dienern auf den Baumstrunk klettern, der von obenhinein hohl war, und sehen, was darinnen stecke, dieweil die Rüden also bellten. Da fand sich ein kleiner wilder Mann darinnen, den holten sie heraus, und der König freute sich seines Abenteuers, ließ den wilden Mann zu sich in den Wagen sitzen und Jagd Jagd sein. Er nannte seinen eingefangenen wilden Mann Noah, tat ihn in ein Gewölbe und wartete und pflegte sein selbst. Eine Zeit aber, da der König verreisen müssen, spielte sein Sohn Georg den Ball im Schlosse, und der Ball fiel durch ein Loch in das Gewölbe hinab. Da rief der kleine Königssohn hinunter: Wilder Mann Noah, gib mir mein Bällchen heraus! – Darauf antwortete der wilde Mann: Dein Bällchen kann ich dir nicht herausgeben, denn würfe ich's hinauf, so würde es so weit fliegen, daß du es nimmer wiederfändest. Gehe aber hin in deines Vaters Gemach, hole den Schlüssel und öffne mir, so will ich es dir herausgeben. – Da holte der Prinz im Gemach seines Vaters den Schlüssel, denn niemand konnte sonst das Gewölbe öffnen. Er öffnete es, und der wilde Mann kam heraus, gab ihm das Bällchen und sprach: Du hast mir aus meiner Not geholfen, und wenn du einmal in Not kommst, so komme in den Wald und rufe mich, so will ich dir auch heraushelfen. – Bald darauf kam der König nach Hause, und sein erster Gang war, sein Abenteuer zu besuchen. Aber wie erschrak er, da er das Gewölbe leer fand, und sein Verdacht, den wilden Mann herausgelassen zu haben, fiel sogleich auf seinen Prinzen. Er ließ ihn vor sich rufen und fragte: Georg, du hast wohl den Schlüssel genommen, das Gewölbe eröffnet und den wilden Mann Noah herausgelassen? – Der kleine Prinz gestand offenherzig, daß er solches getan. Da verstieß der König im Zorn seinen Prinzen, denn sein Abenteuer war ihm lieber als alles. Traurig schied der Prinz aus seines Vaters Hause und irrte als ein armer Knabe umher, bis ihn endlich ein Schäfer zu sich nahm. Dieser Schäfer vermutete bald, daß der Knabe aus keinem geringen Stande sei, und behielt ihn bei sich. Er erzog ihn so weit, daß er ihn bei der Herde brauchen konnte. – Da nun der Schäferknecht Georg die Jünglingsjahre erreicht hatte, fügte es sich, daß er bekannt wurde mit einem hübschgebildeten Mädchen, das er zu seiner Braut ernannte. – Damals hauste in der Gegend ein ungeheuerliches Tier, welches man den Lindwurm nannte, und diesem Lindwurm mußte alle Jahre ein Mensch geopfert werden. Nach alter Meinung war dies Tier eine Verwünschung. Wenn es sein Opfer nicht auf den Tag empfing, brüllte es gleich einem Donnerwetter, welches dem Lande Verderben drohte. Nun kam wieder die Zeit, daß das Volk zusammengerufen ward und das Los geworfen; wen es betraf, mußte das Opfer des Lindwurms werden. Das Los traf gerade die Braut des Schäfers Georg. Da fiel ihm ein, was ihm der wilde Mann versprochen hatte. Er trat vor und bat um Aufschub der Opferung, er wolle den Lindwurm töten oder sich für seine Braut dem Ungeheuer opfern – lief eilend in den Wald und rief den wilden Mann Noah um Hilfe und Beistand an. Da kam der wilde Mann und gab ihm ein Schimmelpferd und ein Schwert und sagte ihm, er solle ein weißes Gewand anziehen, sich auf das weiße Pferd setzen, das Schwert an dem Kopfe des Pferdes herabführen und gerade auf das Ungeheuer losreiten. Dieses würde begierig seinen Rachen weit aufsperren; dann solle Georg das Schwert dem Tiere gerade zum Rachen hineinrennen. – Dieses alles geschah, und so wurde die Braut Georgs wie auch das ganze Land von dem Ungeheuer befreit. Großer Jubel entstand unter dem Volke, und Freude vernahm man überall, so daß Georg zum Ritter geschlagen wurde. Da man nun nach Georgs Herkunft forschte, da gestand er, daß er des Königs Prinz sei, und erzählte sein Schicksal. Da wurde ihm gesagt, sein Vater sei gestorben und er könne sicher nach Hause gehen und das Reich übernehmen. So war aus des Königs Sohn ein Schäferknecht geworden, aus dem Schäferknecht ein Ritter und aus diesem wieder ein König.

Als nun Georg das Königreich übernommen, reiste er im Lande herum, sein Reich zu besehen und kennenzulernen, auch selbst Abenteuer zu bestehen. Da kam ihm ein Örtchen zu Gesicht, das war eine Ansiedlung um ein Mühlhaus, und das Örtchen hatte noch keine Kirche. Da nun der junge König gern dem lieben Gott seinen Dank abstatten wollte, so erbaute er dieser angesiedelten Gemeinde ein Gotteshaus, das seinen Namen als des Stifters Georg erhielt, und der Baumeister mußte seine ganze Geschichte in Stein bilden. Das ist der Anfang der Stadt Mühlhausen geworden.

## *26. Mühlhäuser Brunnen*

Bei und zu Mühlhausen sind Brunnquellen, die sind weit und breit berühmt. Eines dieser Wasser heißt die Breitsülze und entspringt nordwestlich eine halbe Stunde von der Stadt am Herbstberge. Die Sage geht, daß da, wo jetzt das Antoniushospital ist, ein Kloster gestanden habe, darin habe ein Mönch gelebt – andere sagen, der Mönch sei aus Kloster Reifenstein gewesen –, der habe in der Stadt ein heimlich Lieb gehabt, das er nächtlich besuchte, und wobei er durch einen Stein ging, den man noch zeigt. Endlich kam die Sache an den Tag, der Mönch wurde gefangen und auf den Adlerturm gesetzt und saß alldort auf den Tod. Da es nun der Stadt an genugsamem fließenden Wasser gebrach und jener Mönch aufs Wasserleiten sich verstand, so ward ihm die Freiheit geboten, wenn er die Quelle der Breitsülze, welche tiefer liegt als die Stadt, in diese hereinleiten wollte. Der Mönch ging an das schwierige Werk, leitete in lauter Schlangenlinien die Quelle um den Herbstberg, um den Thonberg und den Kalbberg herum, ließ sie einen Weg von siebentausendsechshundertzehn Schritten machen, fast zwei und eine halbe Stunde, daß es oft scheint, als fließe das Wasser bergauf, und brachte das Wasser glücklich in die Stadt, worauf er seine Freiheit erlangte.

Eine ganz ähnliche Sage geht in Gotha von der Leitung des Flüßchens Leine, welche auch durch einen geschickten Mönch bewirkt wurde.

Wundersam schön ist der Brunnen zu Popperode (Wüstung), abendwärts der Stadt, ein mächtiger Quell und spiegelklar bis zum Grunde. Seine Nymphe spendet unerschöpflich ihren quellenden Segen; sein Wasser speist zwei Teiche und treibt zwölf Mühlen. Zum Dank dafür wird ihm alljährlich unter Reden und frommen Lobgesängen ein Doppelfest der Jugend gefeiert. Dicht am Becken, das unter uralten Lindenbäumen ruht, steht ein getürmtes Lustschlößchen von eigentümlichem Bau, in dessen kühler Halle stand und steht manch guter Spruch. Der schönste und beste dieser Sprüche ward hinweggetüncht und möchte wohl erneut werden:

Ut lymphae Nymphas nimbus coronat,
Ad fontem frontem fronde corones.

Von dem Breitsülzenbrunnen geht noch diese Sage. Er ist früher der Brunnen eines Klosters gewesen. Bei dem genannten Kloster stand wie bei den meisten Klöstern eine Kirche, deren angrenzender Turm drei silberne Glocken enthielt. Zur Zeit der Mühlhäuser Kriege wurde das Kloster ganz zerstört, und um die silbernen Glocken nicht in des Feindes Hand kommen zu lassen, versenkte sie ein Mönch in den Brunnen, indem er sagte: Diese Glocken kommen nicht eher zu Tage, bis drei Personen den Brunnen fegen und eine derselben ihren Tod in der Quelle des Brunnens findet.

Vor vielen Jahren träumte dem Schullehrer zu Ammern, er solle nach der Breitsülze gehen, so würde er am Ufer ein Seil finden. An diesem Seile solle er ziehen, so würden drei silberne Glocken heraufkommen. Dreimal träumte der Mann das gleiche, dann machte er sich auf und ging nach der Breitsülze. Je näher er dem Brunnen kam, desto schöner hörte er schon die Silberglocken läuten. Jetzt kam er an und fand alles, wie ihm geträumt hatte. Er zog an dem Seile, und siehe, drei silberne Glocken stiegen empor. Da ritt ein Reiter vorüber, der rief: Guten Morgen, Herr Schullehrer! Guten Morgen! – Ganz freundlich antwortete der Gegrüßte: Schönen Dank! – aber bei diesen Worten versanken die Glocken mit einem grausamen Geräusch und sind nie wieder zu Tage gekommen.

## *27. Hermann von Treffurt*

Bei Treffurt über Wanfried ragt am linken Ufer der Werra ein mächtig hoher Berg weit sichtbar empor mit steiler Absenkung in das Werratal, der heißt der Hellerstein, auch wohl der Normannstein. Zu Treffurt lebte ein frommer Ritter, Hermann von Treffurt geheißen, der war in allem trefflich wohlgetan, nur einen

Fehler hatte er, wenn das ein Fehler sein soll, er hatte im Bezug der Frauenminne ein sehr weites Herz und war im hohen Grade das, was die Frauen einen losen und schlimmen Mann nennen, wofür er Gott dankte. Dieser brave Ritter versäumte niemals, wenn er so da oder dorthin ritt, wo er eine Buhlschaft hatte – und er ritt viel –, die Gezeiten der heiligen Jungfrau Maria zu beten, denn selbige war die einzige Jungfrau, die Ritter Hermann von Treffurt in Ehren hielt. Einer Nacht kam der Ritter geritten, mocht' etwa in Kreuzburg gewesen sein, allwo es schöne und gütige Frauen hat, aber da derselbe wohl nicht allein, als ein zweiter Ritter Tannhäuser, im nahen Venusberge gewesen war, sondern etwa auch im Bacchusberge vorgesprochen hatte, so entnickte er, und sein Roß schlug hinter Selmannshausen einen Nebenweg linker Hand ein, welches fast schlimm war wie alles Linke und Linkische. Es trug ihn, statt im Tale nach dem ganz nahen Treffurt, allgemach einen ziemlichen Umweg zur Höhe des riesigen Hellerstein empor und immer weiter und weiter vor bis an den jähen Abhang, da freilich stutzte es und prallte zurück, und vom Rückprall erwachte der Ritter aus minneseligem Traume, dachte, du dummer Gaul, was weckst du mich? und ließ dem Roß zur Strafe derb die Sporen fühlen. Da setzte das Roß in den ungeheuern Abgrund, der war etwa dreimal so hoch als der vom Giebichenstein hinunter ins Saaletal, und als der fromme Hermann plötzlich fühlte, daß er nicht mehr ritt, sondern flog, da rief er Ludwig des Springers Ruf: Hilf heilige Maria! Hilf deinem Knechte! Und da war ihm, als umfahe ihn ein warmer weicher Frauenarm und halte ihn und hebe ihn, da das Roß sich zu Tode fiel und vom Fall des Ritters Schwert in der Scheide wie Glas zersplitterte, sänftiglich aus dem Sattel, daß er sich auch kein Äderlein und kein Knöchlein verstauchte. Nach solch wunderbarer Errettung vom jähen Tod in allen Sünden tat sich der fromme Ritter aller Welt- und Minnelust ab, wurde noch frommer, als er vor gewesen war, ging nach Eisenach, zwischen Kreuzburg und dem Venusberg gelegen, wurde allda ein Mönch und diente ausschließlich in Gebet und Treue der heiligen Jungfrau, deren rettender Arm allein ihn gehalten und gehoben, und ward ihm, gleich jener schönen Sünderin im Evangelio, viel vergeben, dieweil er viel geliebet.

# 28. *Der Gürtel der Jungfrau*

Über Kreuzburg im Werratale, Mihla gegenüber, wo der Herren von Harstall uraltes Geschlecht noch blüht, lag ein herrliches Kloster, das hieß Münsterkirchen. Es war reich begabt und reich geschmückt, hatte hohe Kuppeln und Türme und ein prachtvolles Geläute, das weithin talab und -auf vernommen ward. Aber die Kriege, welche Thüringen verheerten, haben das Kloster Münsterkirchen zu einer Wüstung gemacht, und die Rede geht, daß von den Steinen seiner Gebäude fast der ganze Flecken Mihla gebaut worden sein soll. Zuletzt war nur noch ein niederer grüner Hügel übrig, und man nannte die Stätte, welche der Strom im großen Bogen umfloß und öfters überflutete, nur den Sand. Aber an hohen Kirchentagen, und wenn fromme Waller ins Tal abwärts zum Gehülfenberge zogen, da hörte man tief im Schoße der Erde die große Glocke von Münsterkirchen läuten. Diese Glocke hatte denselben Namen wie ihre berühmte größte Schwester in Erfurt: Maria gloriosa. Da geschah es, daß ein junges armes Mädchen auf dem Anger am Sand die Herde hütete und einschlief unter dem Erlengebüsch am Werraufer, und da träumte ihr, sie sähe zwei wildaussehende Männer auf dem nahen Hügel miteinander kämpfen, und dazu hörte sie vernehmlich die versunkene Glocke läuten. Da sie nun erwachte, so sahe sie zwei junge Stiere heftig miteinander streiten, die stampften und wühlten mit ihren Hufen die Erde auf, daß die Butzen nur so darum flogen, und die Hirtin eilte hin, die kämpfenden Tiere auseinanderzujagen, und siehe, da ragte dort, wo die Stiere den Boden aufgewühlt hatten, der Henkel der Glocke aus dem Boden. Freudig erschrocken löste rasch die Jungfrau ihren Gürtel ab, band ein Ende an die Glocke und das andere an einen nahen Strauch, jagte die Stiere vom Hügel und eilte nach Mihla hinüber, ihren Fund zu künden. Da zog die ganze Gemeinde heraus und erhob feierlich die schöne große Glocke von Münsterkirchen und führte sie in ihren Ort. Es ist die größte von Mihlas Glocken. Der Jungfrau Gürtel übte allein die magische haltende Kraft, sonst wäre die Glocke wieder in die Tiefe hinabgesunken.

Zu Berka, zwischen Kreuzburg und Eisenach, hängt im Kirchturm auch eine schöne große Glocke, die haben auf einem überm Ort liegenden Berge spielende Kinder gefunden, man zeigt noch die Stelle, und niemand dort zweifelt an der Wahrheit dieser Sage. Sie hat auch eine Inschrift, aber, sagte der Pfarrer, es waren schon viele Gelehrte da und haben die Schrift nicht lesen können. Das kommt daher, daß viele Gelehrte wunders viel lernen und können, nur nicht Deutsch, denn die Schrift ist mit deutschen Buchstaben gegossen und ganz gut zu lesen.

## *29. Der Elbel*

In der Gegend um Mihla und an diesem Orte selbst heißt der wilde Jäger der Elbel, hochbedeutsam für den deutschen Mythus. Er wohnt in den Felsklüften über der Wüstung Wernershausen, wo einst ein Burgsitz derer von Wangenheim war, die bis heute tüchtige Jäger sind. Höher hinauf nach dem Hainich, der, ein langgestreckter Bergwald, zwischen dem Unstruttal und dem Werra- und Hörseltal sich hinzieht, ist der Elbelstein und die Elbelskanzel. Elbel und seine Jagd durchsausen und durchbrausen den Hainichwald und seine Angrenzungen, das ist sein Revier. Ein Herr von Harstall zu Mihla, der zur Zeit des Dreißigjährigen Krieges lebte, hatte einen Leibjäger, das war ein wilder Waidgesell, hieß aber weder Mar noch Kaspar, sondern Hölzerkopf, dem stieß einmal auf einem Pirschgange der Elbel mit seiner Jagd auf, voran floh und flog ihr im vollen Laufe eine schöne Jungfrau mit flatterndem Haar, die dem Hölzerkopf so wohl gefiel, daß er sich gleich selbst zum Elbel wünschte. Unmutig, daß solches Wild nicht für ihn, schoß er, als die wilde Jagd vorbeigesaust war, seine Büchse aufs Geratewohl ab, und siehe, der Schuß geriet sehr wohl, denn ein Rehbock, den er zuvor gar nicht gesehen hatte, brach angeschossen durchs Dickicht, stürzte zu seinen Füßen hin und verendete. Von da an traf jeder Schuß, den Hölzerkopf tat, ein jagdbares Hochwild, und er merkte nun, daß der Elbel es angenommen, daß er sich ihm verlobt. Eines Tages, als Hölzerkopf mit seinem Herrn zur Jagd zog, setzte er sich nieder und begann zu frühstücken, während der Herr von Harstall weiter wollte und unwillig fragte, was das heißen solle. – Könnens ja bequem haben, gnädiger Herr! sprach Hölzerkopf, wir wollen die Hunde loslassen, uns aber nicht ermüden. – Tat's, ließ die Hunde los, trank einmal, spannte den Hahn, schoß ins Blaue, da sprang gleich ein stattlicher Edelhirsch, fast aufs Blatt getroffen, heran, und Hölzerkopf reichte dem Herrn von Harstall das Waidmesser und sprach: Gnädiger Herr, beliebt dem Sechzehnender den Genickfang zu geben? – Ha! du bist ein Hexenmeister, ein Freischütz! rief der Herr von Harstall und warf den dargebotenen Hirschfänger von sich, denn er war gar ein frommer Herr. Du hast deinen Abschied, du magst fortan dem Elbel dienen, nicht mir! – Das will ich auch, mit dero gnädiger Erlaubnis, sprach trotzig der Hölzerkopf, setzte seinen Hut auf, warf die Büchse über, trank noch einmal, schmiß sein Glas in Scherben und ging ohne Gruß und Dank von dannen. Fortan ist dieser Jäger nie anders als im Gefolge des Elbel erschienen, und oft hat man ihn bei diesem im Zwielicht auf dem Anstand auf dem Elbelstein stehen sehen. – Heutigen Tages ist auch im Hainichwalde, den die neue Straße von Eisenach und Mihla nach Mühlhausen mitten durchschneidet, nicht mehr viel zu jagen, und die Freischützen sind rar geworden. Hölzerköpfe gibt es noch in Menge – ja – aber sie sind leider Gottes keine Hexenmeister.

## *30. Wie die Wartburg erbauet ward*

Über Eisenach, wo der alten Sage nach in grauen Zeiten ein König des Namens Günther soll gesessen haben, dessen Tochter Chrimhilde Etzel, der Hunnenkönig, freite und stattliche Hochzeit allda hielt, hob ragend über alle Nachbarberge ein felsreicher Gipfel sein vom Fuße der Menschen selten betretenes Haupt. Wohl umgürtete auch bereits eine Burgenkette das Thüringerland, denn es standen schon die alten Dispargen der Frankenkönige auf götterheiligen Höhen, Kyffhausen, Disburg, Merwigsburg, Scheidungen und andere, und es schirmten die Trutzfesten Heldburg, Coburg, Sorbenburg, Rudolfsburg, Eckartsburg, Freiburg, Giebichenstein, Sachsenburg, gleich den Geschlechterwiegen Greiffenstein (Blankenburg), Schwarzburg, Käfernburg, Gleichen, Blankenburg am Harz, Anhalt, Mansfeld, Stolberg, Frankenstein, Frankenberg, Henneberg u. a. neben so manchem Dynasten- und Herrensitz. Einen solchen hatten jenseits des Waldes die Herren von Frankenstein über Eisenach, das war der Mittelstein, ihr Stammschloß aber lag überm Walde drüben im Werratale. Da nun Graf Ludwig, Ludwig des Bärtigen Sohn und später zubenamt der Springer, von seiner Schauenburg durch das Tal ritt, in dem er hernachmals das Kloster Reinhardsbrunn gründete (nach einem Töpfer also genannt, dem an einer gewissen Stelle wunderbare Flämmchen erschienen), so kam er das Hörseltal entlang, der Spur eines Wildes folgend, und ward durch den Anblick eines Felskegels überrascht, der, sonnig angestrahlt, sich hoch über die Nebel hob, welche die Täler umschleierten. Der junge Graf hielt sein Roß an, sann und dachte und sprach es laut: Wart Berg, du sollst mir eine Burg werden! und erwartete sein Gefolge. Da vernahm er nun von ältern Jagdbegleitern, daß jener Berg nicht sein und seines Vaters Eigen sei, sondern der Frankensteiner, deren Gebiet an das seine grenze. Aber das irrte den Grafen Ludwig nicht, er ersann eine sonderliche List, ließ von seines Vaters nahem Gebiete heimlich und zur Nachtzeit Erde in Körben auf den Gipfel schaffen, sie droben handhoch übern Boden breiten, dann begann er Wälle aufzuwerfen und Grund graben zu lassen. Spät genug wurden die Herren von Frankenstein inne, daß hoch über ihrem Mittelstein jemand baue, ohne sie zu fragen. Ob sie das nun schon nicht leiden wollten, so ging es ihnen wie dem Knaben im Liede, der das Röslein brach, sie mußten es eben leiden, denn wenn sie den Grafen angriffen, so konnte er von seiner Höhe herab mitten in ihren Mittelstein ganze Fuder von Steinen schleudern lassen. Nun war gerade eine Zeit grausamer Hungers- und Durstnot, als dieses sich im Jahre 1067 zutrug; es gab so wenig Wein, daß er an manchen Orten sogar zum Abendmahl fehlte, welches sehr schrecklich war. Da nun die Armen allerorten hörten, daß der Thüringer Graf eine Feste baue, so strömten sie in Scharen herzu und schleppten Steine und halfen arbeiten, nur um das tägliche Brot zu gewinnen und nicht Hungers zu sterben, denn es hatte sich schon zu dieser Zeit zugetragen, daß ein Mann aus dem Grabfeld, der auch mit seiner Frau und einem zarten Kinde nach Thüringen herein zum Burgbau zog, sein Kind hatte schlachten und essen wollen, welches auch geschehen wäre, wenn ihm nicht Gott zwei Wölfe gezeigt, die soeben eine Hinde zerrissen hatten. Da scheuchte er die Wölfe von ihrer Beute und führte die Hinde zur Sättigung mit sich fort.

Mittlerweile klagten nun die Herren von Frankenstein bei Kaiser und Reich, daß der Graf auf das Ihre baue, und da auch zu jener Zeit die Prozesse schon die längliche Natur hatten, die ihnen zum großen Nutzen und Frommen der Gerichte und Anwälte bis auf unsere Tage wohlweislich erhalten worden ist, so wurde der Bau unterdessen fertig, und der Graf nannte die neue Burg Wartburg, von dem Wort, so er damals gesprochen, als er den Berg zum ersten erblickt hatte. Wie nun endlich ein Spruch geschehen sollte, da erbot sich der Graf zum Beweise gegen die Frankensteiner, daß er nicht auf das Ihre, sondern auf das Seine baue, erkor

DIE WARTBURG-KAPELLE

sich nach der Sitte zwölf Eideshelfer, das an Ort und Stelle eidlich zu erhärten, trat mit diesen Ehrenmännern hin, zogen ihre Schwerter, steckten sie in den aufgeschütteten Boden und schwuren mit ihm einhelliglich, daß sie auf des Grafen eigner Erde und auf seinem Boden ständen. Gegen die Eidesleistung solcher Schwurhelfer und Geschwornen galt nun keine Einrede, und die Herren von Frankenstein mußten vom Gericht von Rechts wegen das höchste Unrecht leiden. Also ist die Wartburg erbaut und benamt worden. In neuerer Zeit sind auf ihr tief unterm Schutt zwölf große eiserne Schwertklingen, stark gerostet, überkreuzt beisammenliegend, aufgefunden worden, und wird dafür gehalten, daß das die Schwerter der Eideshelfer Graf Ludwigs gewesen, die in den Boden eingesenkt worden, diesen noch mehr zu festen.

## *31. Der Schmied in Ruhla*

Graf Ludwig, der die Wartburg bauete und auch Eisenach, die Stadt, mit Mauern umgab, der Reinhardsbrunn, das Kloster, gründete und in demselben als Mönch büßte, verließ einen Sohn, auch Ludwig geheißen, den machte der Kaiser zum Landgrafen in Thüringen, und derselbe war, da er noch ein Jüngling war, gar gütig und demütig gegen Edle und Unedle und von mildem Wesen; solches ward ihm von seinen Vasallen für Schwäche und Torheit ausgelegt. Er strafte nicht gern und hörte nicht gerne klagen, hatte zu allen Menschen das beste Vertrauen und wußte nicht, daß die Edeln seine Untertanen schmählich bedrückten und daß Bürger und Bauern von ihnen viel böser Gewalt erleiden mußten, zumal die, so um ihn waren, zu verhindern wußten, daß Beschwerden an den Herrn gelangten.

Da geschah es, daß der junge Landgraf eines Abends auf einem Jagdritt sich im Forste verirrte und in die Nähe des Ortes Ruhla kam, da sah er das helle Feuer einer Waldschmiede durch die Nacht leuchten, ging darauf zu und bat den Schmied um Herberge. Der Schmied kannte ihn nicht und fragte ihn, wer er sei. – Ich bin Eures Herrn, des Landgrafen, Jäger einer. – Pfui des Landgrafen! rief der Schmied und spuckte aus und wischte sich. Wer ihn nennt, muß sein Maul wischen, daß er es nicht verunreint mit dem Namen. Pfui des übelbarmherzigen Kunzenherrn! Um deines Herrn Willen herberge ich dich wahrhaftig nicht! Geh, ziehe nur dein Pferd in den Schoppen, dann komme her und sitze nieder, iß und trink, was da ist, und ruhe auf dem Heu, denn Bettgewand ist hie nicht vorhanden. – Der Landgraf, ganz verwundert ob dieser groben Rede, schwieg ganz still, ging und brachte sein Pferd unter Dach und kam wieder in die Schmiede. Der Schmied kümmerte sich so viel als gar nicht um ihn, schürte sein Feuer, zog den Blasebalg, hitzte und hetzte, glühte sein Eisen, löschte es, glühte wieder und hämmerte und rief bei den Schlägen fort und fort: Landgraf Ludwig, werde hart, werde hart! und schlug mit dem gewichtigen Hammer, daß die Funken stoben, und erzählte alles nach der Schnur her, worüber die Untertanen klagten, und schob alle Schuld und alles Unrecht, was im Lande geschah, auf den Landgrafen und verwünschte und verfluchte ihn in die unterste Hölle. Er sang das alte Lied von den dünkelvollen Räten, die alles besser wissen, sich und ihre Weisheit für unfehlbar halten, die Fürsten glaubend machen, es stehe alles gut im Lande, und hinterdrein ist's Lug und Trug, und der Aufruhr schlägt in hellen Flammen aus, und alles Unglück, das daraus entsteht, wird hernach den Fürsten in die Schuhe geschoben. Dem Landgrafen erschrak das Herz im Leibe, als er aus dieser harten Stimme des Schmiedes des Volkes Stimmung gegen sich vernahm, und er nahm sich vor, dem Unfug, den seine Edeln verübten, ein Ende mit Schrecken zu machen. Ganz hart geschmiedet verließ er, nachdem er kein Auge zugetan, die Ruhlaer Waldschmiede, und sein milder Sinn war in einen eisernen verkehrt. Er nahm die Zügel der Regierung in die eigne Hand und zog sie so straff, daß die edeln Rosse schäumten und knirschten und sich bäumten, aber das Volk atmete freier auf, und ward ihm wohler, denn die ritterlichen Vasallen durften es nicht mehr placken und schinden.

## *32. Der Edelacker*

Da nun in Thüringen der mannliche Landgraf zu seinem Volke hielt und ihm die Last abnahm, mit der es die Räte und die Amtleute bedrückt, von denen der Schmied gesagt hatte, daß sie als schlaue Jäger die roten Füchse – nämlich die Goldstücke – in ihre Beutel trieben, wurden ihm seine Edeln allzumal mächtig gram, denn des Fürsten Tun dünkte sie eine unerhörte Neuerung, und lehnten sich auf gegen ihn und sprachen: Wir wollen das nicht fürder leiden. Als solches dem Landgrafen hinterbracht ward, daß sie als widerspenstige Vasallen einen Willen für sich apart haben wollten, tat er einen eisernen Panzerrock an und zog nach der Numburg über Freiburg mit Heeresmacht und nahm die, so sich zusammengerottet, gegen ihn zu streiten, alle gefangen und führte sie über der Burg auf ein flaches Feld und hielt ihnen dort eine Rede, in der er ihnen alles sagte, was er auf dem Herzen hatte, daß sie lehenseidbrüchige Rebellen seien und daß ihre Köpfe eigentlich jetzt vor ihre Füße gehörten. Er wolle aber nicht, daß man ihm nachsage, er töte seine eigenen Diener; Schatzung ihnen auflegen wolle er auch nicht, er wolle sich nicht, wie sie getan, mit der Untertanen Gut bereichern, sie aber ungestraft entlassen, würde ursachen, daß sie fürder seinen Zorn verlachten, so wolle er ein Beispiel geben zur Nachachtung für die künftigen Zeiten. Ließ sich Stränge und Halftern reichen, spannte die Edeln je vier und vier an einen Pflug, den die Diener halten mußten, und trieb sie, mit einer Geißel nebenhergehend wie ein Ackersmann, eine lange Furche zu ahren. Und als eine Furche gezogen war, da ließ er den Pflug wenden und vier andere einspannen und ahrete also einen ganzen Acker, wie mit Pferden, und ließ dann den Akker mit großen Steinen zeichnen, zum ewigen Gedächtnis, und machte ihn zu einem Asyle. Darauf nannte er den Acker den Edelacker, und derselbe heißt heute noch so und liegt nahebei hinter der alten Numburg auf freier Höhe. Die so schwer gedemütigten Vasallen aber mußten ihm aufs neue schwören und hulden, sie mußten, oder der Zorn ihres Herrn kam über sie wie ein Ungewitter.

## *33. Die lebendige Mauer*

Über des Landgrafen Ludwig Tat ward viel Redens im Thüringerlande. Die, so gezogen hatten und die Geißel gespürt, schämten sich und seufzeten im stillen; andere, die nicht dabei gewesen, sprachen, sie hätten eher den Tod erlitten als solche Schmach. Am schlimmsten erging es in der öffentlichen Meinung den Beamten, wie allemal, wenn sich Hader und Zwietracht erhebt in einem Lande zwischen Fürst und Volke, sie mußten nun allein die Sündenböcke sein, sie mußten alles verschuldet haben. Einige trieben ihren Groll bis zu Mordversuchen, aber Gottes Hand schirmte den Regenten, und die Meuchelmörder nahmen ein schmähliches Ende. Der Landgraf ging mit seinen Dienern immer und überall in einem Eisenpanzer, darum und von seiner Strenge ward er der eiserne Landgraf geheißen. Dieser Landgraf hatte den höchsten irdischen Herrn im Reiche zum Schwager, Kaiser Friedrich, den Rotbart. Der kam von seiner unweiten Kaiserburg Kyffhausen herüber auf die Numburg zum Besuche, die war aber noch ohne Mauern, und dem Kaiser gefiel die niuwe Burg, und sprach: Schade, daß sie nicht Mauern hat, sie sollte stark und feste sein. – Ho, sagte Ludwig, um die Mauern sorg' ich nit, die kann ich haben, alsbald ich will. – In wie kurzer Zeit? fragte der Kaiser. – Näher denn in drei Tagen. – Das ist bei Gott nicht möglich, entgegnete der Rotbart, und wenn alle Maurer des Reichs beisammen wären. – Darauf ging der Kaiser zu Tische, und der Landgraf entsandte sogleich Eilboten durch sein ganzes Land an alle seine Grafen und Edeln, daß sie alsbald gen Freiburg aufbrechen sollten im besten Geschmuck der Waffen mit nur wenig Wappnern – war auch eine gute Gelegenheit, der Vasallen Gehorsam zu prüfen – merkten das auch und kamen allzumal pünktlich. Und als der Morgen des dritten Tages anbrach, da richtete der Landgraf alles zu nach seinem Willen und ging zu seinem Schwager ins Gemach und sprach: Mein Kaiser, die Mauer ist fertig. Da bekreuzte sich der Kaiser und dachte, hier müsse Satans Hilfe im Spiel sein, und trat heraus und staunte, denn da ersah er eine lebendige Mauer stehen rings um die Burg, Mann an Mann, im Glast der Harnische und Gewaffen. Wo ein Turm stehen mußte, stand ein Graf, und vor ihm sein Bannerträger, und dazwischen die Herren und Edeln. Da flatterten im frischen Morgenwind bunt und schön die Bannerfahnen der Grafen von Schwarzburg und von Käfernburg, von Gleichen, von Hohnstein, von Stolberg, von Mansfeld, von Rheinstein, von Orlamünde, von Arnsburg, Beichlingen, Gleisberg, Lobdaburg und anderer und so vieler edler Herren von Apolda, Blankenheim, Heldrungen, Treffurt, Kranichfeld, Leutenberg, Salza, ohne den zahlreichen niedern Adel, der nicht über weite Herrschaften gebot, aber doch stattliche Burgsitze und viele Güter hatte. Da rief Kaiser Friedrich aus: Fürwahr, solch eine edle, köstliche, teure und feste Mauer sah ich noch nie! Habe Dank, Schwager, daß du solche mir gezeigt.

## *34. Des eisernen Landgrafen Begängnis*

Landgraf Ludwig der Eiserne fühlte sein Ende nahen und lag krank auf der Neuenburg, um die er einst den lebendigen Mauerring gestellt, da gebot er und ordnete an, daß alle die Ritter und Vasallen, die ihm widerspenstig gewesen, soviel ihrer noch am Leben, herbei sollten, und sollten ihn, wann er gestorben, auf ihren Achseln ehrbarlich tragen von Freiburg bis Reinhardsbrunn, so lieb ihnen ihr Leben wäre. Und das mußten sie ihm an die Hand geloben, und taten's auch, ob gern oder ungern, denn sie fürchteten ihn mehr als den Teufel und gedachten auch, er möchte sie etwa aber versuchen und prüfen, sich lebendig in den Sarg legen und tragen lassen, und so sie's nicht täten, würde er herausfahren und über sie kommen mit seinem Zorn und seiner Strafe. Und da der Landgraf nun gestorben war, hielten sie getreulich das Gelübde und trugen ihn in Furcht und Zittern den langen, weiten Weg, über zehn Meilen, wechselten oft ab, und wo sie ruhten, setzten sie den Sarg in die Kirche und ließen vor des Landgrafen Seele beten, denn sie waren der Meinung, dieselbe bedürfe der Fürbitten sehr. Herrlich war des Landgrafen Begängnis zu Reinhardsbrunn im Kloster, viele deutsche Fürsten waren gekommen, diesem beizuwohnen. Der Erzbischof Wigmann aus Magdeburg hielt ihm das Seelenamt. Ludwig ward begraben in der Klosterkirche neben dem Altar des heiligen Kreuzes, und über sein Grab ward sein Bild gestellt, im vollen Harnisch, wie man gewohnt war, ihn im Leben zu sehen.

## *35. Wie Reinhardsbrunn geschirmt ward*

Der eiserne Landgraf hinterließ einen ältesten Sohn, wieder Ludwig geheißen, außer diesem noch drei Söhne, Hermann, Friedrich, Heinrich, und eine Tochter Jutta. Ludwigs, des jungen Landgrafen, Gemüt war wieder mild und gütig, wie das seines Vaters zuvor auch gewesen war, ehe es der Menschen Schlechtigkeit und Gewalttaten kennenlernte, desgleichen fromm und freigebig gegen die Klöster. Er wohnte zumeist auf Wartburg und zog hernach mit Kaiser Friedrich in das Land Apulia. In dieser Zeit begann ein Herr von Salza auf dem Altenberge, der im Klostergebiet von Reinhardsbrunn lag, eine Burgfriede und Kemnate aufzubauen. Da nun der Landgraf wieder heimkam, klagte ihm solches der Abt von Reinhardsbrunn an einem Sonnabend. Da sandte der Landgraf Boten an die nächsten Vasallen und Dienstmannen, und am Sonntage früh war er schon mit Rittern und Reisigen in dem Kloster, hörten dort eine Messe. Dann gebot der Landgraf dem Abt, nicht eher das Hochamt zu beginnen, bis er mit den Seinigen zurück sei. Dann durchritt er mit seinem Haufen, der mit Sturmgerät wohl versehen war, die schweigenden Forste still hinauf zum Altenberge, darauf die neue Burg stand und der Herr von Salza ruhig saß. Bevor er nur an Arges dachte, war seine Burg berannt und eingenommen; er selbst wurde mit den Seinen als Gefangener nach Reinhardsbrunn geführt, wo nun das Hochamt begann, und mußte vor dem Kruzifix hergehen und Urfehde schwören auf ewige Zeiten. Am nächsten Tag ward die Burg bis auf den Grund zerstört und abgebrochen, und Holz und Steine wurde dem Kloster zuteil. Dort hatten die Mönche noch eine Klage. Sie hatten ein Fuder Wein in Würzburg gekauft, allwo der beste wuchs, aber im Herausführen nach dem Thüringer Walde hatte ein fränkischer Ritter, der nicht weit von der Straße saß, Wein und Wagen und die sechs Pferde an sich genommen, dieweil ihn auch durstete. Als das dem Landgrafen geklagt ward, ließ er dem Ritter um die Rückgabe schreiben, das deuchte dem spöttlich, was kümmerte ihn der Thüringer Landgraf und seine durstigen Mönche! Aber eines schönen Morgens wehten die thüringischen Fähnlein um die fränkische Ritterburg und war diese umstellt, daß weder Mann noch Maus herein oder hinaus konnte, und der Landgraf war selber da und schwur, der Ritter solle ob zu großen Durststillens im Wein der Reinhardsbrunner nun verhungern. Da mußte der Ritter gute Worte geben und sich und seine arme Seele lösen, und der Landgraf ließ ihm kundtun, was er zu tun habe. Im Büßerhemde, wie Kaiser Heinrich IV. zu Canossa, einen Strick um den Hals, ein blankes Schwert gegen seine Kehle haltend mußte der Ritter vor den Landgrafen treten und um Gnade und Leben flehen. Den Wagen mußte er herausgeben und die Pferde und den Wein, mußt' es auch alles selbst nach Reinhardsbrunn fahren und geleiten lassen, dann durfte er sein Leben und seine Burg behalten und zusehen, wie er auf andere Weise wieder zu Wein gelangte.

# *36. Von dem Hörseelenberge*

Mitten im Thüringerlande, zwischen Gotha und Eisenach, liegt ein hoher, schroffer, kahler Berg, von weitem recht anzusehen wie ein Sarg; dicht an seinem Fuße hin zieht die Eisenbahn, die schneidet durch ein Dorf des Namens Sättelstädt. Dieser Berg ward der Hörseelenberg geheißen schon in grauen Zeiten, darum, weil man in und aus ihm manch seltsamlich und grauenhaft Getön vernommen, absonderlich bei einer Felskluft hoch oben unterm steinigen Gipfelhorn nach Eisenach hinwärts, und das war das Geschrei der Seelen, das man allda hörte, neben dem Geräusch unterirdischer fallender Wasser und dem Geheul der Windsbraut, darum nannte man den Berg auch auf Latein Mons horrisonus. Von ihm hat auch das Talflüßchen, die Hörsel, seinen Namen, und er wird bis heute Hörselberg, das ist das alte Hörseelenberg, genannt. Viele wunderbarliche Sagen gehen bis auf den heutigen Tag von diesem Berge, der auch eine Wetterscheide ist; oft umweben ihn meteorische Flammen, und die Blitze spielen um seinen kahlen Scheitel. Einst erhoben sich am hellen Tage bei Eisenach drei große Feuer, brannten eine Zeitlang in den Lüften, taten sich dann zusammen und wieder voneinander und fuhren endlich alle drei in den Hörseelenberg hinein.

Ein König in England hatte ein holdseliges Frauenbild aus geringem Stande zu sich erhoben, Reinssweig oder Rinswiga genannt, war aber bald hernach verstorben, und Reinssweig betrauerte ihren Herrn und Gemahl tief und sehr und ließ viel für ihn beten, damit seine Seele vom Fegefeuer erlöst werde. Da hatte sie zu einer Nacht ein Gesicht, und sie hörte ihres Gemahles Stimme und sah seine Gestalt und erfuhr von ihm, er leide Pein im fernen Thüringerlande in eines Berges Schoß mit andern armen Seelen, und ihre Fürbitten und Gebete überm Meere drüben frommten ihm nicht. Da erhob sich die Königin mit all ihren Schätzen, ihren Jungfrauen und ihrer Dienerschaft und fuhr über Meer nach Deutschland herüber, und der Schatten zeigte ihr die Straßen an, und sie kam an des Berges Fuß, wo er sanft nach Gotha zu sich abdacht, dort baute sie ein Kirchlein und ein klösterliches Haus, und da sie selbst zum öftern die Stimmen der gequälten Seelen zu vernehmen glaubte, so nannte sie den Ort Satans Stätte, daraus ist hernachmals Sättelstätt geworden, als sich Leute anbauten und den Ort bewohnten. Diese fromme Königin erbaute in jener Gegend der Kapellen noch mehrere und diente nebst ihren Frauen Gott im eifrigen Gebet, bis sie ihres Gemahles Seele aus dem Fegefeuersitz im Hörseelenberge erlöste. Als sie dann gestorben war, sind ihre Jungfrauen nach Eisenach gezogen, allwo Ludwig des Milden Tochter, Jungfrau Adelheid, das Nikolaikloster begründet hatte, und haben in diesem Kloster als Benediktinerinnen ihr Leben beschlossen.

## *37. Des eisernen Landgrafen Seele*

Ludwig der Milde, des eisernen Sohn, hätte gern gewußt, wie es um seines Vaters Seele beschaffen sei, denn er mußte hören, daß man seinen Vater nicht segne, obschon er dem Volke gegen den Druck seiner Edeln geholfen, denn dem Volke macht es auch der Beste nie zu Dank, nicht einmal der liebe Gott. Solches vernahm ein Ritter am Hofe, der hatte einen Bruder, und selber war ein Pfaffe zu Eisenach und in der schwarzen Kunst wohl erfahren. Da mußte der Pfaffe den Teufel beschwören und befragen, wo des Landgrafen Seele sei. – Da sagte der Teufel, wenn er mit ihm fahren wolle, solle er die Seele sehen, und verhieß, daß das ohne Schaden geschehen solle. – Das war der Pfaff zufrieden, und der Teufel setzte ihn auf seine Schultern und fuhr mit ihm stracklich in den Hörseelenberg hinein in gar kurzer Zeit, denn er hatte nicht weit zu fahren und fuhr viel schneller wie ein Dampfwagen. Da sah der Pfaff mit Grausen mancherlei Qual und Pein, und ein anderer Teufel hob von einer Grube einen ehernen Deckel und blies mit einer ehernen Posaune in die Grube, daß es also schallte, daß der ganze Berg und die Welt davon erzitterte. Darauf gingen Feuerfunken und Schwefelbrodem aus der Grube, dann kam die Gestalt des Landgrafen herauf, ganz hager und traurig, nur ein Schemen, und klagte sich an, er habe den geistlichen Stiftern zu wehe getan, sein Sohn solle doch ihnen das entzogene Gut, das er, der eiserne Landgraf, treuen Dienern zugewendet, den Stiftern zurückgeben, so werde er ihn aus der Pein erlösen. – Da sprach der Pfaffe: Wenn ich solche Mär ansage, werden sie sprechen, ich habe sie selbst erdichtet, und werden mich fragen: Gibt denn der Pfaff ein Opfer wieder? – Da sprach die arme Seele: Ich will dir ein Zeichen sagen, das geheim ist, da werden sie glauben. – Und sagte ihm also ein genaues Wahrzeichen, das niemand wußte, dann ward der Landgraf wieder zur Grube gesenkt, darüber wurde es dem Pfaffen grün und gelb vor den Augen, und gelb blieb er auch, nachdem er zurückgeführt worden war vom Teufel und alles, was er gesehen, und auch das Wahrzeichen treulich berichtete; aber die, welche die Güter inne hatten, glaubten dennoch nicht und behielten selbige inne und sagten, es möge wohl alles nicht wahr und nur ein angestelltes Pfaffenstücklein sein. – Der Pfaff aber wollte nichts mehr von Zauberei wissen, er gab Pfründe und Lehen auf und wurde ein Mönch im Kloster Volkenrode.

## *38. Von Frau Venus und dem wilden Heer*

Zu denselben Zeiten war es offenbar und landkundig, daß im Hörseelenberg auch ein heidnisch Frauenbild verwünscht worden, die erschien den Leuten voller Huld und lockte sie in den Berg mit buhlerischem Liebeszauber, darum ward sie Hulda geheißen, und war solch Götterweib kein anderes als Frau Venus, die Göttin aller Liebe, in den Berg gebannt zu scheinbarer Freude und doch zu ewiger Pein, denn sie, die Schönste, warmer weicher Luft gewohnt, mußte als Schreckgespenst und Schauerholle in den kältesten Winternächten mit all ihrer Buhl- und Genossenschaft in greulicher Larvengestalt über Berge und Wälder hinjagen, mit Halloh und Hussa und dem ganzen Lärm und Geschrei und Gejohle des wütenden Heeres. Da sahe man Geköpfte, die ihre Köpfe unterm Arm trugen, daherfahren, andere wälzten sich, auf Räder geflochten, um, wie Ixion in der heidnischen Mythe, manche hatten das Angesicht im Nacken, andere hatten es auf der Brust, manche hatten Schlangenschwänze und Eidechskrallen; manche tanzten und hüpften auf einem Bein daher, andere schlugen Räder wie die Betteljungen, und allerlei Wild und Hatzhunde jagten mit. Vor dem Heere her schritt ein Greis am weißen Stabe, der hieß die Leute aus dem Wege gehen, daß sie nicht Schaden litten, den nannte man den treuen Eckart, und brachte das Sprichwort von ihm auf: Du bist der treue Eckart, du warnest jedermann. Manche nennen auch die Frau Hulda oder Frau Venus Herodias, des Herodes Tochter, die Johannis des Täufers Haupt forderte und zu ewiger Wanderung verflucht ward gleich dem laufenden Juden. Wann es schneit, sagen die Kinder in Thüringen: Frau Holle schüttelt ihr Federbett aus; verlarvte Gespenster heißen nach ihr Hullenpöpel. Gleich der wilden Jägerin Bertha oder Berchta belohnt sie fleißige Mägde und bestraft die Faulen, zerzaust und verwirrt auch letzteren den Rocken. Vom treuen Eckart ging der Glaube, daß, wenn das wilde oder wütende Heer nicht ziehe, so sitze er außen an der Höhle und warne jedermann, hineinzugehen, als ein Engel in Menschengestalt von Gott an diesen Ort geordnet.

## *39. Vom edlen Ritter Tannhäuser*

Da Ludwig der Milde, Landgraf von Thüringen, auf einem Kreuzzug im Morgenlande gestorben war, verließ er keine Kinder, und das Land fiel an seinen Bruder Hermann. Zu dessen Zeiten blühte in deutschen Landen der Minnesang und ward geübt und geliebt von Fürsten und Edeln, und Fürst Hermann versammelte viele Sänger zu seinem glänzenden Hofhalt auf der Wartburg. Eine Zeit nach ihm lebte auch ein Minnesänger im Frankenlande, der führte wie die meisten seiner Sanggenossen ein Wanderleben. Da habe ihn, als er am Hörseelenberge vorüberzog, die Erscheinung eines wunderholden Frauenbildes aufgehalten, das sei niemand anders als eben Frau Venus selbst gewesen, und ihm gewinkt, ihr in den Berg hineinzufolgen, und obschon auch ihn der treue Eckart gewarnt, habe der Ritter doch nicht zu widerstehen vermocht und sei hineingegangen und habe sich von Frau Venus umstricken lassen und habe ein ganzes Jahr im Berge verweilt. Viele alte Lieder singen und sagen, wie nun die Reue über den Tannhäuser gekommen, daß er sich besonnen und in sich gegangen und habe wieder aus dem Berge herausbegehrt. Als er solches nun äußerte, erinnerte Frau Venus ihn an seinen Eid, den er ihr geschworen, allein Tannhäuser leugnete ihr solches in ihr schönes Gesicht hinein. Darauf erbot sie sich, ihm eine andere Gespielin statt ihrer zu geben, aber er sprach, so er solches täte, müsse er ewig ob solcher Vielweiberei in der Glut der Hölle brennen. Da lachte Frau Venus hell auf und fragte ihn, was er doch von der Hölle Glut schwatze. Ob er diese je bei ihr empfunden habe? Ob nicht ihr roter Mund zu allen Stunden ihm freundlich zugelacht? So ging der Streit noch eine Weile fort, bis Tannhäuser in seiner Undankbarkeit für alles Liebe und Gute, was Frau Venus an ihm getan, sie eine Teufelin schimpfte. Das nahm Frau Venus endlich übel und drohte, es ihm entgelten zu lassen. Da schrie der Tannhäuser die Jungfrau Maria an, ihm von dem Weibe zu helfen, und da sprach Frau Venus mit Stolz: Nun könne er hingehn, er möge sich nur bei dem Greise beurlauben – er werde dennoch ihr Lob noch preisen. Nun ging der Tannhäuser reuevoll aus dem Venusberge und wallete gen Rom zum Papst Urban, dem klagte und beichtete er seine Sünden und bekannte, daß er bei einer Frau mit Namen Venus ein Jahr lang gewesen. Der Papst hielt in seiner Hand den hohen Stab mit dem römischen Doppelkreuze und sprach zu dem reuigen Sänger: So wenig der dürre Stab hier grünet, kommst du, der du bei des Teufels Hulde warst, zu Gottes Hulde! Vergebens flehte der Tannhäuser, ihm eine jahrelange Buße aufzuerlegen, dann zog er wieder aus dem ewigen Rom voll Leid und Jammer und klagte bitterlich, daß des Papstes hartes Wort ihn auf ewig von Maria, der himmlischen Huldin, scheide, daß Gott ihn nicht annehme, und verwünschete sich wieder zu Frau Venus in den Hörseelenberg. Die stand schon da und lachte hell und spottete ihm entgegen recht teufelisch: Seid gottwillkommen, Tannhäuser, mein lieber Herr, ich hab Euer recht lang entbehrt, mein auserkorener Buhle!, und lachte noch einmal und riß ihn durch die Höhlenpforte mit sich hinab. Aber am dritten Tage danach, da hub des Papstes Stab an zu grünen, und nun sandte der Papst Boten aus in alle Lande, wo der Tannhäuser hingekommen wäre – der war aber wieder in dem Berg bei seinem schlimmen Lieb, und deshalb ist der Papst Urban der Vierte auch mit in die ewige Verdammnis gefallen, wie das alte Tannhäuserlied schließt:

Des mußt der vierte Papst Urban
Auch ewiglich sein verloren.

Denn er hatte selbst, bevor er Papst wurde, mit einem Weibe im Bistum Lüttich, genannt Frau Eva in der Klause, die im abergläubischen Müßiggang sich verschlossen hielt, in sonderlicher Freundschaft gestanden und ihr zuliebe das Fronleichnamsfest gestiftet; er hatte drei Jahre lang mit großem Blutdurst die Parteien der Welfen und Ghibellinen aneinandergehetzt, und die Sekte der Bettelbrüder hatte er als ein rechter Heuschreckenkönig mit den schönsten Freiheiten begabt. Drei Monate lang leuchtete ein wundergroßer Komet schrecklich durch die Nächte, bis in die Nacht, in welcher Papst Urban IV. 1265 starb, da hörte er auf zu erscheinen.

## *40. Das kleine Hütchen*

In einem Dorfe hinter dem Hörseelenberge gibt es Hütchen, das sind kleine Hausgeisterlein von gar hilfreicher Art, doch leidlich zu erzürnen. Ein solches Hütchen war im Gehöft eines Bauers viele Jahre lang, half bei der Arbeit unsichtbar und ließ sich wohl bisweilen auch sehen. Zusehends mehrte sich des Bauers Reichtum, aber wie es fast immer der Fall ist, daß der, welcher hat, nie genug haben kann, so auch dieser Bauer. Einmal erblickte er das kleine Hütchen, wie sich's gar emsig plackte und mit aller Mühe einen langen Strohhalm, der ihm sehr schwer zu halten war, die Bodentreppe hinanzog. Über solche zwecklose und nichtsnutzige Arbeit erzürnte sich der Bauer, fuhr das Hütchen zornig an und rief: Ei, daß dich, du fauler Schlingel! Augenblicklich verschwand das kleine Hütchen, auf der Treppe aber lag jetzt sichtbar ein großer Sack voll Getreide, daran vier Mann zu tragen hatten; das war der Strohhalm gewesen. Das Hütchen ließ sich nie mehr weder hören noch sehen, und nach einiger Zeit brannte das Haus des reichen Bauers nieder samt der vollen Scheuer, sein Vieh fiel, und er kam durch allerlei Unglück so herunter, daß er bettelarm wurde.

## *41. Der Krieg auf Wartburg*

Bei Landgraf Hermann und seiner Gemahlin Sophia waren auf Schloß Wartburg im Jahre 1206 eine Zahl meisterlicher Minnesinger, die hießen Walther von der Vogelweide, Reinhart von Zwetzen, auch Reimar Zweter genannt, Wolfram von Eschenbach, Heinrich von Ofterdingen, Meister Biterolf und Heinrich von Rispach, der tugendhafte Schreiber genannt, der war des Landgrafen Kanzellar und auch ein Ritter. Diese Sechse hielten ein Wettsingen miteinander, darin sie das Lob guter Fürsten priesen und vornehmlich das des gastlichen Landgrafen Hermann von Thüringen, der Grafen Poppo und Hermann des Weisen von Henneberg, auch des Markgrafen Otto von Brandenburg, zubenamt mit dem Pfeile, der selbst ein Minnesinger war. Besonders waren es die Henneberger, von denen Wolfram von Eschenbach und Heinrich von Rispach den Ritterschlag und Rosse und Gewande empfangen hatten, welche der genannte Heinrich, Biterolf und Wolfram von Eschenbach priesen, ebenso pries Heinrich von Rispach den Thüringer Landesherrn, aber Heinrich von Ofterdingen, ein Österreicher, obschon ihn alte Bücher einen Bürger von Eisenach nennen, und, wie viele glauben, der Dichter des hochwerten Nibelungenliedes, pries Leopold, Herzog von Österreich und sang, daß dieser vor allen Fürsten strahle gleich der Sonne vor allen Gestirnen. Da wurde der Sängerkampf also ernst und heftig, daß die Sänger beschlossen, es solle der Unterliegende durch die Hand des Henkers sterben. Alle waren gegen Heinrich von Ofterdingen erbittert und hätten ihn gern vom Thüringer Hofe weggehabt. Da nun alle gegen ihn, den einen, sangen, so unterlag er, und nur die gütige Landgräfin, zu der der Verfolgte sich flüchtete, schirmte ihn, indem sie ihren Mantel über ihn breitete, als er Rettung flehend zu ihren Füßen sank. Heinrich von Ofterdingen erbat sich ein Jahr Frist, er wolle von dannen reisen und einen größern Meister holen, der solle urteiln und richten. Damit meinte er den berühmten Meister Klinsor vom Ungarland, der ein Minnesinger und ein Zauberer zugleich war. Ofterdingen zog nun von Wartburg fort, gen Österreich zu seinem gefeierten Herzog und von diesem nach Siebenbürgen zu Klinsor, der ihm seine Begleitung nach Thüringen zusagte, ihn bei sich behielt und sich und ihm mit Dichten, Singen und allerlei Kurzweil die Zeit vertrieb, so daß unvermerkt das Jahr verstrich und Ofterdingen endlich bange ward, er werde zur bestimmten Frist Wartburg nicht wieder erreichen. Da er nun gegen Klinsor ängstlich klagte, beruhigte ihn der und sagte: Wir haben starke Pferde und einen leichten Wagen, wir kommen wohl noch zeitig hin, und gab ihm einen Schlummertrunk, als es Abend geworden, legte ihn auf eine lederne Decke und sich dazu und ließ sich und ihn von den Geistern, denen er gebot, sänftiglich in der Nacht gen Eisenach in das beste Wirtshaus tragen, das war dazumal nicht der halbe Mond oder Rautenkranz, sondern der Hellegrafenhof am Sankt-Georgen-Tor linker Hand, wenn man zur Stadt ausging. Wie der Türmer den Tag anblies, erwachte Ofterdingen und hörte den Klang der Glocke, die zur Frühmesse läutete, von Sankt Georgen, und rief: Wie ist mir doch? Dieselbe Glocke hört' ich schon, ich meint', ich wär' zu Eisenach, ist das nicht Sankt-Jürgen-Tor? – Klinsor lächelte und sprach: Siehe zu, ob du nicht träumest. – Da nun die Kunde hinauf auf Wartburg kam, daß die zwei Meistersänger gekommen seien, gingen die Sänger alle herab, sie zu begrüßen und hinaufzugeleiten, und wurden gar herrlich von dem Fürstenpaare und seinem Hofstaate empfangen.

# *42. Meister Klinsor weissagt aus den Sternen*

Der Meister Klinsor behielt seine Herberge in Eisenach der Stadt bei und saß eines Abends im Garten seines Wirts, des Hellegrafen, wohin die Hofdiener und viele ehrbare Bürger aus Eisenach kamen, um ihren Abendtrunk zu trinken, die ehrten den Sänger, der ihnen viel aus fernen Landen sagte und stetig neue Zeitung wußte, die er aus den Sternen las, und waren gern um ihn. So baten sie ihn wieder, daß er ihnen neue Zeitung möge ansagen, und er ging eine Strecke von ihnen und blickte hinauf in den Sternenhimmel, kam wieder und sprach: Heint nacht wird meinem Herrn, dem Könige Andreas von Ungarn, eine Tochter geboren, die wird dem Sohn eures Herrn, des Landgrafen, verlobt werden und also heilig, daß ihr Lob sich über alle Lande der Christenheit verbreiten wird. Als diese Kunde nun auch vor den Landgrafen und seine Gemahlin kam, waren sie erfreut und entboten Klinsor aufs neue zu sich auf die Wartburg und an ihren Tisch, und nach dem Essen gingen die Fürsten und Herren und die Sänger in den hohen Palas, auf daß nun Klinsor ihr Streiten schlichte, was ihm auch gelang, nur mit Wolfram von Eschenbach hatte der Meister vom Ungarland selbst schwer zu kämpfen, so daß er einen Geist statt seiner herbeirief, der hieß Nasias, allein auch gegen den behauptete sich Wolfram in hohen Dingen so kundig und erfahren, daß jener weichen mußte und Klinsor erstaunte und vermeinte, Wolfram möge wohl kein ritterlicher Sänger, sondern heimlich ein Priester sein, und da Wolfram seine Wohnung auch in der Stadt hatte, beim Bürger Titzel Gottschalk am Brotmarkt, so sandte Klinsor ihm zur Nachtzeit noch einmal seinen Geist Nasias; der sah sehr grausenhaft aus und legte Wolfram so hohe Fragen vor, daß er sie nicht zu lösen vermochte, sondern verstummte. Da lachte der Geist laut auf, wie ein Teufel lacht, und schrieb mit seinem Finger in einen Stein an der Wand, als ob er ein weiches Wachs gewesen wäre:

Du bist ein laie snipen snâp –

und entwich. Die Schrift blieb in der Wand stehen und war zur Nacht feurig, da ward ein Gelaufe vom Volk in das Haus, und wollte jeder den Stein sehen, solches ärgerte den Hausbesitzer Gottschalk, und ließ den Stein aus der Wand brechen und in die Hörsel werfen.

Da nun Klinsor die Sänger versöhnt hatte, beurlaubte er sich von dem Landgrafen und ward mit Geschenken entlassen, darauf ist er wieder in seiner Lederdecke von dannen gefahren und hin, woher er gekommen war.

## 43. *Die kleine Braut aus Ungarn*

Als der Sohn des Landgrafen Hermann von Thüringen und der Landgräfin Sophia, Ludwig geheißen, elf Jahre und die Tochter des Königs Andreas von Ungarn vier Jahre alt war, sandte das Landgrafenpaar Boten nach Ungarn, für den Sohn um die Hand der kleinen Königstochter zu werben; die Gesandten waren sonderlich vornehme Männer, Frauen und Jungfrauen, nebst Ingesinde, und fuhren in vier Wagen und hatten vierzig Pferde. Dort an des Ungarköniges Hofe wurde sie stattlich empfangen, und als sie ihre Werbung getan, befragte sich der König bei Meister Klinsor über den Landgrafenhof, den jungen Fürstensohn und das Land. Da wußte Klinsor, der alles aus eigner Anschau kannte, viel Rühmens zu machen vom Hofe und von Land und Leuten, also daß er den König und die Königin von Ungarn zur Zusage bewegte zu dem, was er ja ohnehin in den Sternen als einen überirdischen Beschluß gelesen. Aber die Gesandtschaft hatte noch einen absonderlich wichtigen Auftrag, zeugend vom hochverständigen Sinne ihres Herrn und ihrer Herrin, denn sie wünschten, daß ihres Sohnes junge Braut und zukünftige Gemahlin nicht ungarisch, sondern deutsch erzogen werde, ganz entgegen der Unsitte späterer deutscher Fürsten, die ihre Kinder französisch erziehen ließen, damit sie ja recht frühzeitig das welsche Gebaren hoch-, ihr Vaterland aber mißachten lernten. Und das ungarische Königspaar sah ein, daß dieser Wunsch ein gerechter, denn wer über ein Land herrschen will, muß es kennen und lieben; die Liebe zu einer neuen Heimat kann aber nicht plötzlich und über Nacht kommen, sondern sie muß allmählich empfunden und anerzogen werden. Und die Eltern sagten auch dieses zu und gaben ihr liebes Elisabethlein dahin, ausgestattet mit einem überreichen Brautschatz und geleitet von einem zahlreichen und glänzenden Gefolge. Mit vier Wagen waren die thüringischen Gesandten gekommen, und mit dreizehn fuhren sie wieder ein in das Thüringerland, nebst vielen herrlichen Pferden mit prächtigen Geschirren zum Geschenk für den Landgrafen, denn es war eine alte Fürsten-

und Völkersitte, sich gegenseitig viele Pferde zu schenken; schon der Thüringerkönig Irminfried oder Herminfried hatte an den Ostgotenkönig bei der Werbung um Amalberga eine stattliche Anzahl schneeweißer preiswerter Rosse zum Geschenk geschickt. Heutzutage denkt einer wunders, was er Großes tut, wenn er einem ein Pferd oder zwei schenkt. Da nun die kleine Braut mit ihrem zahlreichen Gefolge und Geleite gen Eisenach gekommen war, war auf der Wartburg große Freude, und zogen der Landgraf und seine Gemahlin und der Hof herab in die Stadt, und begrüßten das Königskind und holten es festlich ein und führten es wie in einem Triumphzuge hinauf auf das Wartburgschloß.

## *44. Die heilige Elisabeth*

Das Königskind Elisabeth erwuchs auf der Wartburg in Holdseligkeit, Frömmigkeit und Tugend zu aller Freude, ebenso ihr Verlobter, der junge Landgrafensohn, der früh den Vater verlor und die Herrschaft antrat und seine Verlobte immer lieber gewann, obgleich Elisabeth ob ihres frommen Sinnes und ihrer Demut manchen Spott und Hohn erleiden mußte, davon gar viel erzählt wird. Und als der Landgraf seine Hochzeitfeier mit ihr beging, da haben zwei edle thüringische Ritter, Graf Reinhard von Mühlberg und Ritter Walter von Vargula, die sie einst aus dem Ungarlande nach Thüringen abgeholt, sie im schönsten Schmuck in Sankt Georgs Kirche geführt. Als junge Frau lag die fromme Landgräfin vielleicht mehr, als ihrem Gemahl lieb sein konnte, frommen Werken und Bußübungen ob. Sie zerschnitt oder verschenkte ihre schönsten Kleider und ging einfach und ärmlich einher, aber wenn es nötig war, umkleidete sie der Himmel selbst mit reichen und königlichen Gewanden.

Elisabeth, die fromme Landgräfin, war eine wahrhafte Mutter der Armen und gegen diese schier allzu freigebig, so daß man sich sogar darüber aufhielt und es tadelte. Es war aber auch eine schwere Zeit gekommen, Mangel und Not, und die Scharen der Armen wuchsen zusehends. Da geschah es, daß Elisabeth, wie sie täglich tat, einmal wieder Speisen und Gaben hinabtrug an den Ort, wo die Lahmen und Blinden und Notleidenden sich einfanden, und ihr der Landgraf begegnete, der diesmal kein freundliches Gesicht zeigte, denn es war ihm eben frisch hinterbracht worden, wie sie alles verschenke. Da rief sie der Landgraf nicht gerade zärtlich an: Was trägst du da?, und sie sah in seinen Mienen den Wetterbaum seines Unwillens aufsteigen und erbebte und sprach mit unsicherer Stimme: Herr, Rosen! – Zeige her! rief der Landgraf und hob die Hülle von dem Korbe – siehe, da war der Korb eitel voll Rosen und andere blühende Blumen. Da stand der Landgraf beschämt vor ihr da, und wenn der und jener Diener wieder sich unterfing, gegen die milde Freigebigkeit der Herrin zu reden, so sprach der Landgraf: Lasset sie immer gewähren, da sie an Almosengeben ihre Freude hat, wenn sie uns nur Wartburg und Eisenach und die Niuwenburg nicht verschenkt. – In der Hand dieser edlen und frommen Spenderin mehrten sich auch alle Gaben gar wundersam, auch wurden ihre Gewande nicht naß und nutzten sich nicht ab. Da Agnes, Landgraf Ludwigs Schwester, mit einem Herzog von Österreich Hochzeit hielt, war die Wartburg voll Gäste, und alles prunkte im Festgewande, Elisabeth aber hatte am Tore einen armen preßhaften Greis, der halbnackt einherging, gefunden, der bat gar zu sehr um ein Gewand, seine Blöße zu bedecken, und da gab ihm die Landgräfin ihren Mantel; da man nun zu Tische gehen sollte, fragte der Landgraf seine Gemahlin, wo sie denn ihren Mantel habe, denn es war die Frauensitte so, im leichten Mantel bei Festen einherzugehen, und da antwortete sie kleinlaut und erschrocken: In meiner Kammer; so sendete der Landgraf eine Jungfrau hin, und siehe, da hing ein Mantel, schöner wie der einer Königin, himmelblau mit goldnen Bildchen überstreut, der Arme aber war verschwunden. Ein anderes Mal hatte Elisabeth gar einen Aussatzkranken mit herauf in das Haus genommen und ihn in ihr Bette legen lassen – das erregte ihr einen großen Sturm bei ihrer Frau Schwiegermutter, war auch just nicht appetitlich – allein als man nun kam, den Aussätzigen hinauszuwerfen, lag ein wunderbar schönes Kruzifix in dem Ehebette, überaus kunstvoll, aber leider nicht mehr auf der Wartburg vorhanden. Darüber vergoß der fromme Gemahl dieser überfrommen Frau heiße Tränen. Der Kranke aber war Eli geheißen, den Elisabeth so treulich wartete, er genas und wohnte hernach noch lange nahe der Wartburg in einer ganz engen Felskluft und lebte von Wurzeln und Kräutern, der bekannten Waldbruderkost. Die Höhle ist noch vorhanden.

Eines Tages ward die milde Herrin, da sie in Eisenach die Kirche besuchte, vor dem Portale von einer ganzen Schar Bettler umringt; sie gab, solange sie noch zu geben hatte, bis ihre Münze zu

Ende war, aber da war immer noch ein armer Alter, einer von den beharrlichen, der bestand auf einer Gabe und drängte sich ihr bis in die Kirche nach; das erbarmte die freigebige Herrin, und sie zog einen ihrer reich mit Silber gestickten Handschuhe aus und reichte diesen dem unabweisbaren beharrlichen Greis. Das sahe ein Ritter, der auch zur Kirche einging, trat schnell herzu und gab dem Alten für den Handschuh vieles Geld. Hernach hat er selben Handschuh an seinen Helm als ein Kleinod befestigt und ist in das Heilige Land gezogen, hat auch allda ritterlich gekämpft, und der Handschuh hat ihn geschützt wie ein Talisman, daß er glücklich wieder die Heimat sah. Und dann hat er Elisabeths Handschuh in sein Wappen gesetzt.

Ganze Bücher sind vollgeschrieben von den Taten und Wundern der frommen Landgräfin Elisabeth, die ein gottgefälliges heiliges Leben führte, darum sie auch nach ihrem Tode unter die Zahl der Heiligen aufgenommen worden ist.

## 45. *Der heilige Ludwig*

Landgraf Ludwig, der in noch sehr jungen Jahren schon die Regierung des Thüringerlandes überkommen, war fromm und gütig, und sein Gemüt stimmte in den meisten Dingen mit dem himmlischen Gemüt seiner Elisabeth überein. Er war ihr auch getreu wie Gold und ließ sich nicht zur Untreue verlocken, obschon in diesem Punkt jene Zeit nicht anders und nicht besser war als die heutige. Wie mild und gut und frommgesinnt dieser Fürst auch war, so war er doch auch ein strenger Schirmherr des Rechts und gar oft der geringen Leute Schutz und Trost. Einem armen Kleinkrämer, der ihn um freies Geleite bat, sicherte er dieses nebst der Zollfreiheit in allen thüringischen Städten und Ortschaften zu und fragte ihn freundlich, wie hoch er seinen Kram schätze. – Da sagte der Krämer: Zehn Schillinge, Herr, ist alles wert. – So! sagte der Landgraf, da wollen wir Kumpanei machen, du hast zehn Schillinge Waren, ich gebe zehn Schillinge bar dazu, nun warte deines Handels; hast du Gewinn, will ich ihn teilen, hast du Verlust, will ich dich schadlos halten. Der Begabte zog froh von dannen, sein Handel ging trefflich, er hatte guten Gewinn und führte redliche Rechnung. Er konnte immer mehr Einkäufe machen und endlich nicht alles selbst tragen, sondern schaffte einen Esel an, mit dem zog er bis gen Venedig und kaufte und tauschte dort kostbare Waren, als Glas, Metall, Elfenbein und Korallen, ein, auch Ringe, Perlen und Edelgesteine, und zog wieder heim und kramte von Stadt zu Stadt in Deutschland; da kam er auch nach Würzburg, der Bischofresidenz, und da sahen etliche fränkische Ritter von der Sorte, die gern ohne Geld kauft, den reichen Kram. Die nahmen auf dem Weiterwege den Esel samt den Waren und achteten des Geleitsbriefes vom Thüringer Landgrafen so wenig wie dessen Hofdienertracht, die der Kaufmann trug. Da nun der Krämer traurig heimkehrte und seinem Herrn die Unbill klagte, sprach dieser: Warte nur, mein Geselle, ich schaffe schon unsern Esel und unsere Waren wieder bei!, entbot alsbald seine Mannen zu einer Heerfahrt, kündigte von Stund an dem Bischof Fehde an und fiel in das Frankenland ein wie ein Hagelwetter, wobei freilich gar viele Unschuldige bitter leiden mußten, und ließ dem Bischof sagen, er suche seinen Esel. Da haben die fränkischen Ritter den Esel und die Waren herausgeben müssen, wie jener ihr Vorgänger an Ludwigs Ohm den Wein, und mußten den Landgrafen und des Bischofs Untertanen schadlos halten.

Ein anderes Mal fuhr der Landgraf auch in Kaufmannsangelegenheiten, da man Kaufleute gefangen hielt, die seine Untertanen waren, mit Heeresmacht bis nach Polen und eroberte und zerstörte dort das Schloß Lebus. Da Landgraf Ludwigs Schwester Agnes sich dem Herzog von Österreich vermählte, brachte dieser seinem Schwager als eine Seltenheit einen großen lebendigen Löwen mit, der ward im Wartburghofe verwahrt gehalten, wie jetzt der Fuchs. Da geschah es eines frühen Morgens, daß der Landgraf leicht bekleidet und ganz ohne Waffen hinab in den Hof ging, etwa zu beten oder der Morgenfrische zu genießen. Da stand plötzlich der schreckliche Löwe frei und ledig vor ihm da, denn aus Versehen des Wärters war die Käfigtüre nicht gut verschlossen, und der Löwe hatte sich herausbegeben, auch etwas frischer Luft zu genießen. Da nun die beiden Herren, der König der Tiere und der Landgraf von Thüringen, einander gegenüberstanden und sich ansahen, zeigte der Landgraf seinen rechten Mannesmut, er schrie den Löwen hart an, indem er ihm dräuend die geballte Faust entgegenwarf, darob erschrak der Löwe und legte sich auf die Erde und schlug mit dem Schweife. Das Geschrei des Herrn aber ward gehört und ward Lärm, und der Wärter, den der Löwe kannte, brachte das gewaltige Tier wieder in seinen Käfig zurück. Das geschah ein Jahr vorher, ehe Landgraf Ludwig zu großem

Schmerz und Unglück der heiligen Elisabeth die Meerfahrt nach dem gelobten Lande antrat, von der er nicht wiederkehrte.

## *46. Sophias Handschuh*

Als Landgraf Ludwig auf der Fahrt zum Heiligen Lande gestorben, die heilige Elisabeth mit ihren Kindern durch ihren Schwager Heinrich Raspe schmachvoll von der Wartburg vertrieben war, dem dafür auch kein Segen blühte, denn er blieb von drei Gemahlinnen erbenlos, und als auch er dahin war, da erhob sich um das Thüringer- und Hessenland ein großes Streiten. Die älteste Tochter der heiligen Elisabeth, Sophia, hatte sich einem Herzog von Brabant vermählt, hatte von diesem einen Sohn, war aber schon Witwe; die machte gerechten Anspruch für ihren jungen Sohn an ihr Muttererbe. Aber eine Schwester des heiligen Ludwig und Heinrich Raspes, Jutta, hatte zum Gemahl Heinrich den Erlauchten, Markgrafen von Meißen, der hatte bereits für sich und seine Erben Besitz vom Thüringerlande genommen. Sophia zog in das Hessenland und gewann sich mächtigen Anhang; zudem war die kaiserlose Zeit, in der es gar wild durcheinander ging, zumal in Thüringen. Da wurde zu Eisenach ein Tag der Vergleichung anberaumt, auf dem erschienen Heinrich und Sophia in Person und waren beiderseits zur Einigung dahin geneigt, daß der künftige Kaiser den Streit entscheiden solle, ob der Sohn der Tochter oder der Sohn der Schwester des Thüringer Landgrafen mehr Anrecht an das Erbe habe: da sprachen der Marschall Helwig von Schlotheim und einige andere thüringische Edle zu Markgraf Heinrich dem Erlauchten: Herr, verheißet nicht zuviel! Stündet Ihr mit einem Fuße im Himmel und mit dem andern auf der Wartburg, so müßtet Ihr den aus dem Himmel ziehen und auch zu dem auf der Wartburg setzen. Da zog sich Heinrich zurück, die Sache zu bedenken, und hinterdrein beschwur er auf eine Rippe der heiligen Elisabeth nebst zwanzig Eideshelfern sein Recht auf Thüringen. Da weinte die Herzogin von Brabant Tränen des Zorns, zog ihren Handschuh aus und schleuderte ihn hoch in die Luft empor und schrie: Nimm hin, du Feind aller Gerechtigkeit, dich, Teufel, meine ich, nimm diesen Handschuh, und die falschen Ratgeber alle dazu! Und der Handschuh fiel nicht wieder aus der Luft herunter, und von jenen Räten und Eideshelfern soll keiner eines guten Todes gestorben sein, darum, daß sie das heilige Gebein entweiht und einen solchen Eid geschworen hatten. Und nun entbrannte ein heilloser Krieg, der ganz Thüringen verdarb. Einmal wollte die Herzogin von Brabant wieder nach Eisenach hinein, das Tor ward ihr aber nicht aufgetan, da nahm sie eine Spaltaxt und hieb in das Georgentor ein paar solche Kimmen in das Eichenholz, daß man sie noch nach zweihundert Jahren sah. In diesem Krieg zerstörte Markgraf Heinrich den Mittelstein, die alte schöne Burg der Frankensteiner, und auch andere Burgen um die Wartburg her und ließ einen treuen rechtskundigen Rat, genannt Heinrich Velsbach, der ihm hartnäckig entgegen war und den er in seine Gewalt bekam, mittelst eines großen Wurfgeschosses durch die Luft hinab nach Eisenach schleudern. Als dieser Mann von der Blide aufflog, schrie er noch vernehmlich, daß es alle hörten: Thüringen gehört doch dem Kinde von Brabant! Neun Jahre lang dauerte der Krieg, und endlich erfolgte dennoch, wozu man ohne Krieg sich hätte einigen können, die Teilung des Landes in Thüringen und Hessen, welches letztere Hermann, der Sohn Sophias, das Kind von Brabant, zugeteilt bekam, und wurde also der erste Landgraf von Hessen und aller Hessenfürsten erster Ahnherr. Heinrich der Erlauchte aber hatte mehrere Söhne, da behielt er für sich und seinen jüngern Sohn Dietrich die Markgrafschaft Meißen und gab seinem ältesten Sohn Albrecht die Landgrafschaft Thüringen.

## *47. Der Wangenbiß*

Albrecht, Heinrich des Erlauchten Sohn, nahm zur Gemahlin Margarethen, Kaiser Friedrichs II. Tochter. Da hallte nach langem lauten Lärm des Krieges die Wartburg von Freudenfesten wider. Es hatte aber die junge Landgräfin, die ihrem Gemahl mehrere Söhne schenkte, ihr Unglück selbst mit in das Haus gebracht in einem schönen Hoffräulein, das gefiel dem Mark- und Landgrafen nur allzuwohl und immer mehr, bis beide auf tückischen Verrat sannen, Margarethen aus dem Wege zu räumen. Der Knecht, welcher mit dem Wartburgesel täglich aus der Stadt mancherlei Bedarf heraufholte, ward heimlich gedungen, als ein Teufelsgespenst zur Nacht in das Gemach der Landgräfin zu treten und ihr das Genick zu brechen. Auch mußte er schwören, niemanden den Anschlag zu verraten. Aber diesem Knecht schlug das Gewissen, und traute sich nicht der ungeheuern ruchlosen Tat, eine unschuldige wehrlose Frau, die er nie anders als gütig gesehen und die selbst ihn, den geringsten der Knechte auf dem Hofe, freundlich gegrüßt hatte, im Schlafe hinzumorden, zögerte daher und bedachte sich lange. Das merkte der Landgraf und fragte ihn eines Abends verblümt, aber streng: Hast du die Ernte geworben, die ich dir befohlen habe? – Des erschrak der Knecht und antwortete: Herr, ich will sie werben! – und dachte bei sich: Nun muß es geschehen – wie Gott will! – Und da es tiefe Nacht war, trat er in das Schlafgemach der Landgräfin, die ganz allein schlief, kniete an ihr Bette hin und rief: Gnädige Frau! Gnadet mir des Leibes! – Erschrocken fuhr Margaretha vom Schlummer auf und fragte: Wer ist da? Wer bist du? – Und da sagte der Knecht ihr alles an, daß sie auf das heftigste erschrak, doch sprach sie gefaßt: Rufe mir eilend den Haushofmeister, den Schenken Rudolf von Vargula! – Solches tat der Knecht, und Margaretha sprang vom Lager und kleidete sich eilend an. Und da der Schenk kam, fragte sie ihn heftig weinend um Rat. Den gab er ihr in Kürze. Sie solle an Gut und Geld einpacken, was tragbar sei. Dann wurden in aller Stille ihre Haushofmeisterin und eine ihrer Jungfrauen geweckt, die mußten eilend Bettgewand und Leinlaken in lange Streifen schneiden und aneinanderbinden, und Margarethe ging in Begleitung des Schenken auf das gemalte Haus bei dem Turme, wo ihre Söhne Friedrich und Diezmann schliefen, und fiel auf ihr Bette und küßte sie unter heißen Tränen und biß vor Liebe und grausamem Schmerz den ältesten, Friedrich, in die Wange, daß sie blutete, und fiel auf den zweiten und wollte ihm auch also tun, doch der Schenk wehrte es ihr, und sie sprach unter strömenden Tränen: Ich will sie zeichnen, daß sie an dieses Scheiden gedenken, solange sie leben. – Nahm also den herzlichsten und schmerzlichsten Abschied von ihren Söhnen, davon Friedrich drei Jahre und Diezmann anderthalb Jahre alt war, und ward dann samt dem Knecht und den beiden Frauen von dem Gange am heutigen Ritterhause, das ist in der Vorderburg, wo des Kommandanten Wohnung ist, aus einem Fenster in dunkler Nacht die hohe steile Mauer hinabgelassen, und mußten den schroffen Felsenberg hinabklimmen und entwandern. Da gingen sie durch die Nacht und den grauenden Morgen südwestwärts durch die weiten Wälder, bis auf die Burg Krainberg bei Salzungen, die gehörte auch den Herren von Frankenstein, war aber jetzt halb dem Abte von Hersfeld, und dessen Burgmann nahm sie gastlich auf und ließ sie dann gen Fulda geleiten zu dem Abt; der empfing als der Kaiserin Erzkanzellar die Tochter seines Kaisers mit allen Ehren und geleitete sie gen Frankfurt in ein Frauenkloster, darin sie schon im nächsten Jahre vor Kummer und Herzeleid starb.

## *48. Friedrich des Gebissenen Taufritt*

Es ist gar nicht zu sagen, was für Kampf und Streit und Unglück sich im Thüringerland und um dasselbe erhob durch den Treuebruch Landgraf Albrecht des Entarteten, denn die Söhne Margarethens stritten, als sie zu ihren Jahren gekommen, gegen ihren Vater, und der Vater stritt gegen die Söhne. Landgraf Albrecht hatte seine Kebse gefreit und wollte gar das Land seinen rechten Söhnen abdringen und dem Apitz, seinem Bastard, zuwenden. Einmal hatte er sogar seinen ältesten Sohn als Gefangenen lange im Turm der Wartburg liegen, der ward aber heimlich befreit. Endlich verkaufte Albrecht ganz Thüringen für zwölftausend Mark Silber an Kaiser Adolf von Nassau, dem widersetzten sich die jungen Markgrafen samt der ganzen Ritterschaft, darüber erwuchsen neue schwere Kämpfe, und des Kaisers Volk hausete gar schlimm und übel in Thüringen, davon noch ein altes Lied geht, wie eine ganze Schar dieses Heeres, das in Rastenberg ein Kloster zerstört und die Nonnen geschändet, dafür von den Thüringern und Hessen kapaunt worden. Indessen starb Albrechts Kebse, Kunne von Eisenberg, und ihr Apitz folgte ihr noch im selben Jahre nach, da freite baldmöglichst seinen Söhnen zum Trotz Albrecht die reiche Witwe eines Grafen von Arnshauk, Adelheid, die nur eine einzige Tochter hatte, so Elisabeth hieß, diese blieb auf ihrer väterlichen Burg zurück, war vierzehn Jahre alt und ein gar tugendsames und holdseliges Jungfräulein. Die sahe Friedrich mit dem Wangenbiß und entbrannte in Minne gegen sie, und nach einer Zeit entführte er sie unversehens, brachte sie auf sein Schloß Gotha, den festen Grimmenstein, und schrieb an seine Stiefmutter und warb um Elisabeth, die ihm, da sie schon in seinen Händen war, nicht füglich versagt werden konnte, ward also seiner beiden Eltern Schwiegersohn. Das hinderte aber keineswegs, daß Streit und Krieg sich fortspannen, in welchem die Zwingburg

Klemme, ein Bau Heinrichs des Erlauchten zu Eisenach, abgebrochen wurde und zwei schöne Türme der Frauenkirche ihrer Glocken beraubt und auch niedergerissen wurden. Bald darauf erhielt Landgraf Friedrich heimliche Sendung von der Wartburg, nahm nur fünfzehn tapfere Mannen mit sich, bargen sich in der Nähe der Wartburg in einer seitab des Tales gelegenen waldigen von Felsen umgebenen Schlucht, die heute noch das Landgrafenloch heißt, klimmten dann empor, kamen zur Burg an der hintern Seite, wo jetzt der Turm steht, und da waren schon Mannen, die ihnen die Mauern ersteigen halfen. Da fing Friedrich seinen Vater ohne Schwertschlag und entsandte ihn nach Erfurt. Die Landgräfin blieb aber bei ihrem Sohne auf der Wartburg, dahin dieser seine junge Gemahlin Elisabeth eilend kommen ließ. Aber mit der Wartburg hatte Friedrich noch nicht das Land, denn das gehörte doch noch dem Vater oder aber dem Kaiser, der es gekauft, und selbst die Bürger von Eisenach wollten nichts von dem jungen Landgrafen wissen, und da wurde die Wartburg enger umlagert und bedrängt als je, und rings um dieselbe wurden kleine Bergfrieden aufgeführt, Schanzen und Blockhäuser, und aller Zugang und alle Zufuhr ihr abgeschnitten, was das Schlimmste war, denn mit Stürmen war der Burg nichts anzuhaben, auch nicht viel mit Steinschleudern, da sie himmelhoch über alle den Lagern der Feinde sich erhob. In diesen Zeiten gebar Frau Elisabeth die Jüngere auf Wartburg ein Töchterlein, und da kein Pfaffe auf der Burg war, war guter Rat teuer, das Kind zu taufen, denn damals war nicht Sitte, vier oder sechs Wochen oder noch länger damit in Gottes Namen zu warten, auch beschäftigten sich nicht, wie in unsern Zeiten, Personen, die keinerlei priesterliche Weihen empfangen, mit dem Vollzug der heiligen Taufhandlung. Der Landgraf aber, schnellen Entschlusses und freudig zu jeder raschen Tat, hieß die Amme samt dem Kinde zu Roß steigen, erkor zwölf tapfre Kampfgesellen, ritt mit ihnen den Berg herab, um die Stadt herum, über den Gaulanger und Sengelbach, und erst da vernahmen die Wächter ihren Ritt und bliesen Lärm. Rasch ritten Friedrich und die Seinen nun den Talweg entlang, nach Tenneberg zu, doch hörten sie nach einer Weile, daß sie verfolgt wurden. Auf einmal ließ die Amme ihr Zelterlein ruhiger traben und die Ritter an sich vorbeireiten: das Kind schrie, der Landgraf blieb neben ihr halten und fragte: Was ist's? Warum eilst du nicht? Was fehlt dem Kinde? Schweige es! – Herr, sprach die Amme, es will gestillet sein, es schweiget nicht, es sauge denn! – Da rief der Landgraf den Seinen zu: Haltet! Meine Tochter soll ob dieser Jagd nichts entbehren, und sollte es das Thüringerland kosten! – Und da scharten sich alle um die Amme her, in Willens, wenn die Feinde herankämen, das Kind und sie auf Leben und Tod zu verteidigen – aber die Feinde ließen ab von ihrer Verfolgung, obwohl Friedrich schier zwei Meilen weit immer hinter sich den Hufschlag ihrer Pferde vernommen hatte, und so kamen die Reiter mit Kind und Amme glücklich nach Schloß Tenneberg, wohin der Abt von Reinhardsbrunn, das nahe dabei gelegen, entboten wurde, der mußte die Tochter taufen und nach der Mutter Elisabeth nennen. Danach hat Friedrich sich Hilfe gewonnen, die Wartburg stattlich gespeist, die Belagerung tapfer abgewehrt und alle Grafen und Herren Thüringens auf seine Seite gebracht. Darob ergrimmte Kaiser Albrecht gar sehr und wollte das Thüringerland wiederum mit Heeresmacht überziehen und bezwingen, wie er zu gleicher Zeit die Schweiz bezwingen wollte. Da geschah es, daß all seinem Wollen ein Ziel gesetzt ward durch seines Neffen, Herzog Johanns von Schwaben, meuchelmörderische Hand, und gewann das Land hernach durch selben Landgrafen Friedrichen mit dem Wangenbiß, den man auch den Freudigen nennt, guten Frieden.

## *49. Das Mysterium*

Da wieder Friede und Freude seit langen Jahren im Thüringerlande war und vornehmlich auch zu Eisenach, wo es vorher gar unfroh gewesen und das Gras auf dem Markt eine halbe Elle hoch gewachsen war, da führten alldort die Predigermönche nach der Zeit Gewohnheit am Abend vor dem Sonntage Misericordias ein Mysterium auf, das war ein geistlich Schau- und Singspiel, und war der Schauplatz auf der Rolle zwischen dem Barfüßerkloster und Sankt Georgen; da waren der Landgraf Friedrich der Freudige und der ganze Hof Zuschauer und die angesehensten Bürger zu Eisenach. Die Schaubühne teilte sich in den Vordergrund und einen erhöhten Hintergrund, auf letzterem erschienen und handelten zunächst die himmlischen Personen, Christus, Maria, Engel und der Engelchor, und die Reden in rezitativischer Weise wie die Chöre waren teils in lateinischer, teils in deutscher Sprache abgefaßt. Die Chorgesänge bestanden zumeist aus den in den Kirchen gebräuchlichen Antiphonen und Responsorien. Christus erschien, Engel mit der Einladung entsendend zu seiner „groczen wertschaft“. Die zehn Jungfrauen traten im Vordergrund auf, und die Engel vollbrachten an sie die göttliche Ladung mit dem Geheiß, daß sie sollten „bornte lampeln tragen czu eime rechten bekeyntnisse“, und zogen sich zurück. Die Jungfrauen sonderten sich in die fünf klugen und die fünf törichten ab und stellten Betrachtungen an, die klugen fromme, die törichten Weltlust atmende, dann wandten sich die letztern freudevoll und tanzend ab. Während nun eine der klugen Jungfrauen ihren Schwestern erbaulich Tröstliches vortrug, fiel ein Nebenvorhang, und die Bühne zeigte die törichten bei einem Mahle entschlummert. Eine von ihnen ermunterte jedoch zur Wachsamkeit, während die klugen ihre Lampen mit Öl füllten und anzündeten. Darauf schritten die unklugen wieder zur Mitte und flehten die klugen Schwestern um Öl an. Die Antwort, welche sie erhielten, war der gute Rat, zu gehen und zuzusehen, wo sie Öl bekämen. Nun hoben die unklugen schmerzliche Klage an, indem sie, Öl zu kaufen suchend, die Bühne umwandelten. Engelstimmen geboten Schweigen, und der himmlische Chor erklang: Ecce sponsus venit! Als dieser geendet hatte, erschien der Heiland in der Glorie seiner Herrlichkeit, von seiner Mutter geleitet, und der kluge Jungfrauenchor begrüßte beide mit Feierliedern. Maria neigete sich zu ihnen und bekränzte die Jungfrauen mit himmlischen Kronen und redete sie mit den Worten an:

Sit willekom ir uzerwelten kinder myn! usw.

Da brachen die Jungfrauen in den Jubelchor aus: Sanctus, sanctus, sanctus!, und die Engel stimmten an: Gloria et honor – daß das Haus von Schauern der Andacht erfüllt ward. Christus hielt nun sein heiliges Mahl, zu welchem die klugen Jungfrauen mit ihren brennenden Ampeln emporwandelten, die unklugen aber blieben auf der Bühne und flehten Christus jammernd an, durch seinen bittern Tod ihn bittend:

Uns hat vorsumit unse tumpheyt,
nu laz uns genize dyner grozen barmeherczigkeyt
umme Mariam, die liben mutir dyn,
un laz uns armen czu dynir wertschaft in!

Christus verneinte mit Strenge, sich lateinischer Bibelsprüche bedienend und diese deutsch erläuternd, so unter andern:

Amen amen dico vobis nescio vos!
Ich enweiz niht, wy ir sit. –

Da warfen die fünf Jungfrauen mit ihren lichtlosen Lampen sich auf den Boden nieder und richteten nun zur heiligen Jungfrau die flehendste Bitte, daß doch sie, die niemand ihre Barmherzigkeit versage, von ihrem Sohn Vergebung ihnen erflehen wolle. Aber Maria erwiderte, wenn sie nur früher ihr oder ihrem Kinde etwas zuliebe getan hätten – nun fürchte sie, daß ihre vereinten Bitten erfolglos sein würden, doch wolle sie versuchen, bei ihrem Kinde Gnade zu finden. Und nun wandte sich Maria mit Kniebeugen zu dem göttlichen Sohne und sang: Miserere, miserere, miserere populo tuo – daß es allen Hörern erschütternd durch die Herzen drang, und dann sprach sie zu dem Erlöser, er möge aller Not und aller Schmerzen gedenken, die sie um ihn gehabt und erlitten, und ihr dieselben jetzt dadurch lohnen, daß er diesen Armen vergebe. Aber wie ein Donnerwort scholl es aus dem Munde des strengen Richters: Coelum et terra transibunt, verbum autem meum in aeternum permanet! Wie darob alle Hörer erzitterten – da traten drunten den unklugen Jungfrauen gegenüber zwei entsetzliche Teufelsgestalten, Beelzebub und Luzifer, auf und begehrten die Schar der Verfluchten in die Hölle zu führen; auf ihren teuflischen Rat, sagten sie, hätten jene sich versäumt, und Christus rief:

Recht gerichte sal gesche.
Die vorvluchten muzzen von my ge
in dy tisen helle
un werde der tufele geselle. –

Da heulte jubelnd das Höllenchor aller Teufel und Verdammten laut auf:

Prelle here prelle!

das hieß: Verwirf sie, Herr, verwirf sie! (vom Worte prellen, zurückfahren, abprallen), und kaltes Entsetzen ergoß sich über den Zuschauerraum. Der Landgraf erseufzete tief. – Wieder beugte Maria ihre Kniee vor Christus und wiederholte noch wortreicher ihre Fürbitte. Da sprach Christus sanft zur heiligen Mutter: Swigit vrowe mutir myn – und verneinte abermals, und zu den Jungfrauen strafend sich wendend, verstieß er sie mit den heftigsten Worten in das ewige Feuer, während die Teufel eine große Kette herbeischleppten und damit die Jungfrauen umschlangen, sie vom Boden wieder emporreißend, deren erste nun in die jämmerlichste markerschütternde Wehklage ausbrach. Sie verwünschte ihre Mutter, daß sie sie geboren, daß sie sie nicht erschlagen; sie beklagte, daß sie nicht, statt eine Christin zu werden, ein Hund geworden, daß man sie nicht vor der Taufe erhenkt, dann würde ihr jetzt nicht so weh sein. Sie verwünschte ihren Vater, daß er sie mit zärtlicher Liebe erzogen, sie habe nun keinen andern Wunsch, als eine Kröte zu sein, aller Welt ein Scheusal, so könne sie jetzt doch in einen unreinen Pfuhl kriechen und der Hölle entfliehn. Schreiend in heller Verzweiflung unterbrach sie eine ihrer Schwestern, und in einem Strom entsetzlicher Reden, das Haar sich raufend, verfluchte diese nun die Hoffart und alle anderen Laster. Da hub eine dritte an und rief den Tod, warum er sie nicht ertöte; das allerjämmerlichste Sterben wäre ihr willkommner als die drohende gnadenlose Pein. Die vierte wandte sich an die Zuschauer und rief ihnen zu, daß sie, die Törichten, ihnen zu einem Spiegel gegeben seien, zu einer furchtbaren Warnung. Endlich die fünfte fluchte diesem Tage und warf die trostlose Frage auf, an welchen Vormund sie sich denn wenden sollten, wenn selbst Marias Fürbitte nichts nütze sei, wie jene Weltgerichtshymne, das Dies irae, fragt: Quem patronum rogaturus? – Der Landgraf, nun schon ein bejahrter Mann, schüttelte sein Haupt und murmelte in sich hinein: Misericordias! Misericordias! – Mittlerweile war viel Volk auf die Bühne getreten, an dieses wandten sich jetzt die törichten Jungfrauen, jammernd auf die Brust sich schlagend, mit grauenvoller Heftigkeit, und eine nach der andern sagte aufs neue ihre Wehklage, und das Volkschor antwortete einförmig im schmerzlichen Tone: O we un o we! – und nichts weiter. Sie mahnten das Volk zu Buße und Reue, warnten vor Sünden und gingen dabei mit rednerischer Kunst von den bisherigen Reimpaaren ab, in einen epischen Rhythmus fallend, so unter andern:

Nu clagit armen alle, daz unser je wart gedacht.
Uns haben unse sunte in groß herczeleit gebracht.
Wy muzzen in der helle grozen kummer dol (dulden)
yr vrowen wennet unse ungevelle und hutit uch, so tut ir wol.

So ging es lange kläglich fort, während Christus, Maria, die Engel und die klugen Jungfrauen durch den emporrollenden Vorhang der Hinterbühne den Blicken entzogen wurden, der mutmaßlich nun ein Bild der flammenden Hölle zeigte, und als die letzte Jungfrau noch die Schlußworte rief, in denen sich die volle Verzweiflung darüber ausdrückte, daß keine Fürbitte, kein Meßopfer ihnen helfen könne:

Eyn tot baz hulfe dem eyn selgerete?
Wy verdinent gotis czorn!

da schrieen die Schwestern und alles Volk, und da jauchzten die Teufel frohlockend in den Chor:

Des sint wy ewigklichen vorlorn!
syt ir

Und da hörte man einen Aufschrei von einer Mannsstimme und gleich darauf einen schweren Fall. Der Landgraf war ohnmächtig von seinem Sessel gestürzt – der Schlag hatte ihn gerührt. Allzu machtvoll hatte dieses erschütternde Spiel, dargestellt mit allem glühenden Eifer des Fanatismus, ihn ergriffen, wirre Gedanken hatten sein Gehirn durchfiebert, was es denn sei, wenn nicht Reue, nicht Buße, nicht Andacht und Flehen, selbst nicht die Fürbitte Marias den Sündern Vergebung erflehen könne bei dem, der doch, wie die Schrift lehrte, für die Sünder gestorben war. Zwar erholte sich der Landgraf, er lebte noch eine gute Zeit, aber die freudige Kraft war gebrochen, sein früher so frischlebendiger Geist blieb trüb umwölkt, und die Pfaffen mit ihrem mit entsetzlicher Kunst dargestellten gotteslästerlichen Spiel hatten ihn auf der Seele.

Anmerkung des Herausgebers: Eine neuhochdeutsche Übertragung des kompletten Textes des in dieser Sage behandelten Mysterienspiels hat Bechstein ebenfalls veröffentlicht: *„Das große thüringische Mysterium oder das geistliche Spiel von den zehn Jungfrauen. Aufgeführt zu Eisenach am 24. April 1322"* (Halle 1855).

## 50. *Junker Jörg*

Nach der Zeit ward ein Mann abends auf die Wartburg gebracht; da wohnten schon keine Landgrafen mehr droben, sondern ein Hauptmann und Amtmann, der hieß Hans von Berlepsch, und der mit ihm den gefangenen Mann brachte, hieß Burkhard Hund von Wengkheim, der hatte seinen Burgsitz auf dem Altenstein jenseits des Thüringer Waldes, war aber des Kurfürsten zu Sachsen Amtmann zu Gotha. Die hatten Befehl von ihrem gemeinschaftlichen Herrn, dem Kurfürsten, erhalten, einen Mann, der von Möhra her über den Wald beim Altenstein die Straße nach Sachsen ziehen werde, mitten im Walde aufzuheben, um ihn wohlbewacht, doch ungefährdet auf die Wartburg zu bringen und denselben dort gut zu halten und zu pflegen, auch statt des mönchischen Gewandes, das selbiger Mann trug, ihm ein ritterlich Gewand und ein Schwert zu geben. Und sollte der gefangene Mann sich nennen Junker Jörg, weil er ritterlich stritt gegen den Drachen der Pfaffenverblendung, welche den Menschen so vielen Mißtrost gaben, wie jener Papst Urban dem armen Ritter Tannhäuser und jene Predigermönche zu Eisenach dem freudigen Landgrafen. Und tat Junker Jörg droben auf der Wartburg die größte Rittertat des Geistes, die je (außer Christus) ein Mann getan, er übertrug das Wort Gottes, das alleinige Wort des Heils, die Bibel, in die deutsche Sprache. Solche Arbeit ärgerte und verdroß den Teufel gewaltiglich, und er umsumsete und umbrumsete den gelahrten Ritter und Doktor gar arg und wollt ihn irre machen, ließ ihm auch des Nachts keine Ruhe, sondern rasselte und rappelte in den Nüssen, die der Doktor in einem Sack unterm Bette hatte, polterte auch auf dem Boden und auf dem schmalen Gang im Ritterhause, vor der Zelle, herum, aber der Doktor sprach bloß: Bist du's, so sei es! – Aber endlich hat doch einmal der Doktor aus Zorn, als er wieder recht eifrig arbeitete und der Teufel in Gestalt einer Hummel oder Hurnauspe recht eifrig um ihn herumsumsete, das Tintenfaß genommen und es nach ihm geworfen, daß ein großer Tintenfleck an der Wand worden, und von da ab hat ihn der Teufel auf Wartburg in Ruhe gelassen. Der Fleck ist aber zum Andenken geblieben, und wenn die Wand überstrichen worden, ist er wieder zum Vorschein gekommen, und endlich hat jeder, der's gesehen, davon ein Bröcklein zum Wahrzeichen mit sich davontragen wollen, da hat es freilich verschwinden müssen, und ist jetzt eher ein Loch in der Wand als ein Fleck.

## *51. Mönch und Nonne*

Angesichts der Wartburg und ganz nahe der Trümmerstätte der zerstörten Dynastenburg Mittelstein, jetzt Mädelstein geheißen, stehen zwei Steinfelsen, die sind so zueinander geneigt, daß sie sich zu Häupten fast berühren, und heißen Mönch und Nonne. Da es in Eisenach noch Klöster gab, waren drunten in einem ein Mönch, im andern eine Nonne, die liebten einander und verabredeten auf dieser Höhe ein Stelldichein, auf einer Stelle, wo man von der Stadt aus nicht gesehen werden konnte. Sie herzten sich und küßten sich und verwünschten den Klosterzwang, der sie für ewig trennte, und wünschten, wie Liebende tun, sich ewig nahe sein, sich ewig küssen zu können. Und da sie dies so beweglich wünschten, so ward der Wunsch erfüllt, sie wurden zu hohen Steinfelsen, die von weitem gesehen immer noch menschliche Gestalt zu haben und einander zu küssen scheinen.

# 52. *Die verfluchte Jungfer*

Nahe der Wartburg ist eine Felsenhöhle, die wird allgemein das verfluchte Jungfernloch geheißen, und geht von ihr manche Sage. Es war eine Jungfrau zu Eisenach von übergroßer Schönheit, die hatte goldgelbes langes Haar wie Seide, wie die alten Maler so gern es malten, und auf selbiges Haar wie auf ihre Schönheit war die Maid überaus eitel und wußte wenig anderes zu tun, als sich zu strählen und zu putzen und im Spiegel zu besehen und sich zu freuen, was sie doch für ein prächtiges, liebholdes Frauenbild sei, darüber vergaß sie aber aller Frömmigkeit und Gottesfurcht, und ging ihr gerade umgekehrt wie jener Maid zu Bartenstein, die nicht in die Messe wollte, weil sie zu geringe Kleider hatte und deshalb von ihrer Mutter zu Stein verwünscht wurde. Diese Eisenacher Jungfrau ging nicht in die Kirche, weil sie zu viele und zu schöne Gewande hatte und mit ihrem Putz darob niemals fertig wurde, und da hat ihre Mutter sie auch – nicht zu Stein – sondern mit all ihrer Pracht, mit Hab und Gut in das alte Steinloch hinein verflucht und verwunschen. Alle sieben Jahre einmal erscheint die also verfluchte Jungfrau dort, da sitzt sie und weint, und seidne Kleider umwallen sie, und darüber fließt ihr goldenes Haar, das kämmt sie mit goldnem Kamme, wie die Lurlei am Rheinstrom. Vor der Höhle ist ein Platz, da wächst nimmermehr Gras, weil das der Platz ist, wo sie sitzt, und es ist dort nicht geheuer. Manchmal ist ein rotes Hündlein bei ihr erblickt worden. Einem Schäfer sind die Schafe dort geschreckt worden, daß die ganze Herde auseinanderlief und vierundzwanzig Stück von den Felsklippen herunterfielen. Einer Hirtenfrau, die ihrem Manne Essen brachte, ward die Jungfrau sichtbar und bat sie, ihr das Haar zu strählen, das tat die Frau und pries die Jungfrau ob ihrer Schönheit und rühmte sich, daß auch sie sehr schön gewesen sei, und sang dazu gar artlich:

> Ja dieweil ech noch jungk woar,
> da ech en zoartes, nettes, schienes Fräuchen woar,
> hatt' mech jiedermoann liep!

und da wollte die Jungfrau der guten Frau recht reichlich lohnen, führte sie in die Höhle und ließ ihr von ihrem Schatze nehmen, so viel sie wollte. Aber als das Hirtenfrauchen sich wandte, fortzugehen, da sah sie einen großen Hund und erschrak und ließ alles fallen und rief: Ach Herr Jehchen! Bießt hä dann? – da verschwand Schatz und Jungfrau und Hund und alles. Ei du verflucht'ges Jungfernloch! rief die Frau und entrann. Hernachmals hatte sich dieser selben Frauen Kind dort herum im Walde verirrt, acht Tage lang wurde es vermißt und nicht aufgefunden. Endlich fand es der Vater im Waldesdickicht munter und wohlauf, und als es befragt ward, wie es sich denn diese lange Zeit über erhalten, da sagte es: Eine schöne Jungfer ist kommen, die hat mir zu essen und trinken geben und hat mich zudeckt. – Ein Fuhrmann, der des Weges fuhr, hörte droben an der Felskluft laut niesen. Er rief hinauf: Gott helf! – Es nieste wieder – Gott helf! – noch einmal – Gott helf! – und so elfmal hintereinander, und der gute Fuhrmann rief jedesmal: Gott helf! – Da es aber den zwölften Nieser tat, so hatte er es satt, Gott helf! zu sagen, tat einen Knaller mit der Peitsche, daß der Schall von allen Felsen im Marientale zurückprallte, und rief hinauf: Alle Tausendschockschwerenot! Wenn dir Gott nicht hilft, so helfe dir der Teufel! – Da gellte droben ein lauter schmerzlicher Aufschrei einer weiblichen Stimme. Das war die verfluchte Jungfer. Hätte der Fuhrmann nur noch einmal Gott helf! gerufen, so wäre sie erlöst gewesen.

## *53. Vom Inselberg*

Einer der höchsten Berge des Thüringer Waldes ist der Inselberg. Vor alters schrieben manche seinen Namen Heunselberg und wollten ihn von den Heunen, Hünen, ableiten, andere Emsenberg, weil ein Flüßchen, die Emse, nahe seinem Gipfel entspringe; näher kamen die, so ihn Einzelberg nannten, weil sein hohes Haupt über alle seine Nachbarberge vereinzelt emporragt, ja häufig erscheint es wie eine Insel über dem Nebelmeere, das rings um seinen Gipfel flutet, wie sein Haupt sich zuerst über der Flut erhoben, die einst ganz Thüringen bedeckte. Über ihn dahin zieht die alte Hochstraße, der Rennsteig, Rennsteg, Rennweg, Rinneweg, der über das ganze Thüringer Waldgebirge viele Meilen weit sich erstreckt. Es geht die Sage, daß jeder Landgraf von Thüringen diesen Weg mit seiner Ritterschaft reiten mußte, sobald er die Regierung Thüringens angetreten hatte. Nahe dem Inselberg haben in alten Zeiten Bergleute vom Harz den Bergbau begonnen und Orte angebaut, deren Namen eigentümlich fremdländisch klingt: Tabarz, Cabarz, und mögen wohl Einwanderer von weither auch andere Bergorte im Schoß des Waldgebirges begründet haben, die in Sprachlauten und Trachten sich von den eigentlichen Thüringern merklich unterscheiden. Viele Venetianer sind nachderhand in das Gebirge gekommen, welche die Leute Erzmännerchen und Walen nannten, die haben manch reichen Schatz hinweggetragen, denn im Inselberggraben, im Bärenbruch, im ungeheuern Grund, an der Schönleite und weiter hin nach der Ruhl zu, in der Ruhl, dem Flüßchen, und sonst, auch im Backsteinsloch, gab es Goldsand, obschon minder viel als in Kalifornien, doch hat er manchen reich gemacht. Seit die Walen dagewesen sind, findet man nichts mehr.

## *54. Der Venetianer*

Ein Wale kam alljährlich in das Lauchatal, der wußte, daß das Sprichwort wahr sei, das am Inselberge üblich ist: Es wirft oft ein Hirte mit einem Stein nach der Kuh, der mehr wert ist als die Kuh selbst. Ein junger Bursch aus Cabarz oder Tabarz mußte dem Walen als Führer dienen, der wurde hernachmals, da der Venetianer längst nicht mehr kam, ein Fuhrmann und kam weit in der Welt herum, einmal sogar mit Gütern bis nach Venedig. Da fiel ihm ein Kaufladen in das Auge, darin blitzte und funkelte an einem Schaufenster alles von Gold und Edelsteinen, und wohnte da ein reicher Juwelier. Dieser sah den Thüringer stehen und gaffen und grüßte ihn in deutscher Sprache und war kein anderer als jener Gold- und Steinsucher, den er früher im Gebirge geleitet, der sagte ihm, all dieses Gold und alle diese Steine habe er in dem schönen Thüringen gewonnen, die Thüringer verständen nicht, es auch zu finden und die Steine zu schleifen, man finde dort nur ungeschliffene. Mit reichem Geschenk entließ der Venetianer den Thüringer. Ähnliche Sagen werden viele erzählt; eine fast gleichlautende auch vom Bayerberg vor der Rhön.

## 55. *Karles Quintes*

Am Fuße des Inselberges liegt ein gewerbtätiger Flecken, der heißt Brotterode; früher stand ein Schloß allda, und der Ort hieß Brunewartesrode. Im Burgberg liegt ein großer Schatz verzaubert, eine weiße Jungfrau hütet ihn und erscheint nur alle sieben Jahre und flüstert leise vor sich hin:

Ein Knäblein von sieben Jahren
mit weißen Haaren
kann mich erretten.

Diese Jungfrau war die Kammerzofe der stolzen Gräfin und mußte dieser die langen Haarflechten strählen. Darüber ward die Gräfin, wenn es ein wenig rupfte, stets sehr ungehalten und scheltig, da hob einmal die Jungfrau an zu wünschen, daß sie mitsamt der Gräfin und der Burg möchten zwanzig Klafter tief in den Erdboden hinein versinken, welcher Wunsch auch alsbald seine Erfüllung fand.

In der Kirche zu Brotterode hängt eine Fahne mit dem Bergwappen, Keil und Schlageisen, darüber eine Krone, die nennen sie die Funn von Karles quintes und halten sie gar hoch und wert. Es ist nämlich, wie die Sage geht, geschehen, daß einst die Gemahlin von Kaiser Karl V. in Brotterode ihre Niederkunft hielt, und ward allda trefflich bewirtet und gehalten, dafür schenkte der Kaiser dem Orte den großen Gemeindewald, das Blutgericht und das Fahnenrecht, an die Fahne geküpft, nebst vielen andern Freiheiten. Das Fahnenrecht besteht darin, daß während der acht Tage lang dauernden Kirmse, solange die Fahne, die unterm Geläute aller Glocken am Kirchturme ausgesteckt wird, ausgesteckt bleibt, jeder Nachbar einheimisches und fremdes Bier nicht nur trinken, sondern auch ausschenken darf, wenn er Lust hat. Wegen diesem Aushängen der Fahne muß ihr Tuch zum öftern erneuert werden. Im Kirchturmknopf zu Brotterode wurde vor Jahren eine Schrift gefunden, die lautete:

> Diese kirche ist angefangen worden zu bawen als ein münch namen Lutherus wider die papisten angefangen zu schreiben, deme aber das Maul bald gestopft werden sol.

Nur neun Jahre später ließ Landgraf Philippus von Hessen, wie in seinem ganzen Lande, so auch in Brotterode evangelisch predigen.

# *56. Geister um Brotterode*

Um Brotterode gab und gibt es mancherlei Geister, davon konnte man sonst viel erzählen hören. Da ist ein Berg nahebei, den nennt man das Ave Maria; ein wunderlich ausgehöhlter Fels heißt die Kirche, ein anderer die Kanzel. Auf selbiger Feldkanzel haben die Leute zum öftern einen Schulmeister stehen sehen, der hat ein Gesicht gehabt wie Spinneweben und hat eine lange Rede gehalten, trotz einem 1848er, doch lauter unverständigs und unverständlichs Zeug. Vielleicht ist selbiger spukhafte alte Schulmeister in neuer Zeit erlöst und durch einen jungen abgelöst worden.

Im Keller eines Wirtshauses erschien eine Flitterbraut, das ist eine Jungfrau im vollen dort üblichen Brautstaat, die hütete einen mächtigen Schatz und zeigte ihn der Tochter des Hauses; der Schatz wurde auch in deren Beisein glücklich gehoben, aber die Tochter starb bald darauf, denn von denen, die bei Hebung des Schatzes zugegen sind, muß stets einer sterben, deshalb spielten jene Fremden in der Weingartenhöhle am Harz immer dem Führer, den sie mitnahmen, das Todeslos in der Hand.

Am Mönch, einer Bergwiese bei Brotterode, stand vorzeiten eine Schleifmühle, deren Besitzer ganz wohlhabend war, das machte, er hatte einen Hausgeist, der unablässig arbeitete und das Glück mehrte. Dieser Geist erschien bisweilen als seltsamlich gekleidetes kleines Männchen und ließ auch einen eigentümlichen Ton vernehmen. Einmal geschah es, daß dem Schleifmühlenbesitzer, als er diesen Ton vernahm, die Laune anwandelte, denselben nachzumachen – alsbald verstummte der Geist – ließ sich fortan weder hören noch sehen, die Arbeit blieb ungetan, und der Schleifmüller mußte in Armut sterben. Jetzt ist nicht einmal von seinem Hause eine Spur zu finden.

Zweien Brüdern, die auch Schleifmühlen hatten, dienten auch in gleicher Weise rastlos tätig zwei Hausgeister. Sie ließen sich wunderselten erblicken, wann dies aber geschah, so sah man sie nur immer in alter, abgeschabter Tracht. Darauf kamen einmal die beiden Brüder zu sprechen und meinten, es zieme sich, dankbar gegen diese hilfreichen Geister zu sein, die ihnen so nützlich; ließen also nach ungefährem Maß schöne neue rote Jäckchen und blaue Höschen machen und legten diese Kleider neben die Klingen, welche stets in der Nacht von den Geistern geschliffen wurden. Siehe, da erschienen die Geisterlein, stutzten, blickten einander an und sagten:

Da liegt nun unser Lohn,
nun müssen wir auf und davon.

Nahmen die Kleider, fuhren von dannen, kamen nie zurück.

Auf die Orte Brotterode und Friedrichrode haben die Thüringer ein böses Spottlied. Wer es hören und Schläge besehen will, der darf in beiden Orten nur danach fragen. Jede Strophe fängt mit einer Frage an: z. B. Was habn se dann für Stadtmaurn drob'n? Drob'n zu Friggerode?

## 57. *Das Alp als Flaumfeder*

In dem Stadtflecken Ruhla, in dessen Nähe vor alters der eiserne Thüringer Landgraf hart geschmiedet wurde, gibt es Sagen von Bergschätzen und allerlei Geistern, guten und bösen, vollauf. Jäger spuken, Pfarrer spuken, Jungfern spuken, Hexen, Mönche, Kroaten spuken, es spukt eine Gans und endlich sogar ein Esel, der Bieresel genannt, der sich den spät vom Biere heimkehrenden Männern aufhockt, sie auch wohl umhalst, wie das römische Gespenst Empusa in Eselgestalt die Reisenden. Da ist denn bei so vielerlei Geister- und Hexenspuk auch das Alp zu Hause, das die Schlummernden nächtlich quält, ähnlich dem oder der Mahr in den Sagen des Niederlands. Dagegen gibt es aber ein probates Mittel. Der Gequälte muß nämlich, sofern er es vermag, rasch aufstehen und das Schlüsselloch zustopfen, denn durch dieses geht das Alp aus und ein. Solches Kunststück wußte einmal einer und probierte es, und siehe, da ward das Alp sichtbar und saß auf seinem Bette, hatte einen weißen Schleier und war ein wohlgetanes Frauenbild. Das war dem Rühler gar nicht uneben, er behielt die Schöne bei sich und lebte mit ihr als einer Frau. Sie war auch still und gefügig, aber sie lachte nie und bat ihn stets, das Schlüsselloch zu öffnen, denn nur durch dieses und nicht durch offne Türen und Fenster kann das Alp wieder entweichen, daher auch Goethe im Faust den Mephistophiles sagen läßt:

'S ist ein Gesetz der Geister und Gespenster:
Wo sie hereingeschlüpft, da müssen sie hinaus.

Einstmals aber, da die stille Frau ihre Bitten wiederholte, dachte er: Hm, du willst doch sehen, wo das hinaus will, sie geht ja doch nicht durch das Schlüsselloch, und wenn sie fort will, kannst du sie ja halten – ließ sich aber gegen sie nichts merken und räumte unversehens die Verstopfung des Schlüssellochs hinweg. Da wurde das Frauchen kleiner und immer kleiner und endlich gar zu einer Flaumfeder, und da haschte er nach ihr, aber das Wehen seiner Hand trieb sie hinweg, und husch, flog und zog sie durch das Schlüsselloch und war dagewesen.

# 58. *Der Wittgenstein*

Im Talgrund des Ruhlawassers zwischen den Dörfern Schönau und Farnroda hängt eine Felswand, die heißt der Wittgenstein. Darauf stand vorzeiten ein Schloß, und darin lebte eine Prinzessin, und die wohnt jetzt im Wittgenstein. Alle sieben Jahre einmal tritt sie heraus aus dem Felsen; wer sie erblickt und nicht erschrickt und vor ihr sich fürchtet, dem gibt sie wohl eine gute Gabe, wer aber vor ihr flieht, hat Schlimmes zu gewärtigen. Rühler Choradjuvanten, die nachts am Wittgenstein vorüberzogen und ihr das Neujahr ansangen, fanden mitten im Schnee einen Haufen Knochen, aber nur einer von ihnen nahm ein paar davon, in Willens, sich ein paar Messerschalen davon zu machen, denn in Ruhla wohnen neben den Tabakskopf- und Pfeifenfabrikanten Messermacher in großer Zahl. Andern Tages fand er in seiner Tasche zwei dicke Goldstangen. Als er das seinen Gefährten erzählte, rannten sie alle wie besessen nach dem Wittgenstein – aber da lag nur der Schnee und von Knochen kein Splitter mehr da. Jener Glückliche wurde reich durch das Gold. Andere – Musikanten – empfingen grüne Zweige, die sie wegwarfen. Nur einer steckte den Zweig auf seinen Hut, der wurde zu Gold, und nun kam derselbige Mann erst recht auf einen grünen Zweig. Der Farnröder Hirte fand bei seiner Herde oft eine schöne fremde Kuh, wußte nicht, woher sie kam, noch wohin sie ging. Früh war sie da, abends war sie hinweg. Endlich ging er ihr nach, und siehe, sie verschwand unter Erlen und Weidengebüsch und ging in eine Kluft des Wittgenstein. Der Hirte ging ihr nach und auch hinein, da kam er an eine Türe und klopfte an. Gleich stand die Jungfrau da und fragte: Was willst du? – Ich wollte um das Hutgeld gebeten haben für die Kuh, die Ihr alle Tage zur Herde schickt, antwortete kecklich der Hirte. Daraufhin hat ihm die Prinzessin einen alten Silbertaler gereicht und gesprochen: So – habe deinen Lohn dahin! Hättest du ihn nicht geheischt, wäre er dir reichlicher zuteil geworden. – Die schöne Kuh kam nie wieder heraus und auf des Hirten Weide.

## 59. *Das Löttöpfchen*

In das Tal, darinne der Wittgenstein liegt, blickt ein niederer grauer Turm herab, der ist der Überrest des ehemaligen Schlosses Scharfenberg und heißt bei den Umwohnern wegen seiner Form das Löttöpfchen. Es spukt dort, manchmal walzt ein brennendes Faß vom Berge nieder, und am Bergesfuße, nahe beim Dorfe Thal, ist auch eine verrufene Stelle. Ein Stein steht dort, auf dem sind zwei Messer eingegraben. Dort haben zwei Brüder einander erstochen. Zur Zeit Landgraf Friedrich des Ernsten, welcher der Sohn Friedrich des Gebissenen war, ging es um den Scharfenberg bunt und noch mehr blutig her. Der Landgraf fehdete mit dem Grafen von Henneberg, die hatten Scharfenberg besetzt und plagten das Thüringer Land nach Eisenach und bis Gotha hinein: sein Gegner aber hatte Salzungen und die Herrschaften Frankenstein und Altenstein an sich gebracht und plagte das Henneberger Land im Werratal und nach Buchen zu; nun verband sich der Landgraf mit den Erfurtern, nahm viel Volk aus den thüringischen Städten und schloß den Scharfenberg ein. Der Graf von Henneberg aber fuhr mit einem großen Heer aus Franken über den Wald daher und schlug mit seinem Volk greulich auf die Thüringer los. Dem Landgrafen ging es hart an den Kragen, er wäre unfehlbar selbst erschlagen worden, denn es blieb viel Volks, wenn er nicht als ein gemeiner Wappner ohne Auszeichnung und Helmkleinod geritten wäre und nicht ein gewaltig tapferer Bürger, Hans von Frymar genannt (Friemar ist ein gothaisches Dorf), der hager und starkknochig war, auch ein solches Pferd ritt, ihm stets zur Seite geblieben wäre und mit der Wucht seiner Streitaxt jeden niedergeschmettert hätte, der dem Landgrafen feindlich zu nahe kam. Der Landgraf aber mußte dennoch endlich mit großem Verlust das Feld räumen, und die Besatzung des Scharfenberges ließ freudig vom Löttöpfchen die Siegesfahne hoch über die grünen Wälder wehen.

## 60. *Das Backofenloch*

In der Gegend der Burgruine Scharfenberg hebt sich ein großer Berg empor, der heißt der Wartberg oder auch Martberg; das ist gar ein eigentümlicher sagenumklungener Hochgipfel, von dem sein Nachbar, der Hörseelenberg, sich wunderkräftig ausnimmt. Da ist, recht dem Hörseelenloche gegenüber, auch eine Höhle, die heißt das Backofenloch, darinnen hat viel Goldsand gelegen, den die Venetianer hinweggetragen haben, und sonst sind noch um den Berg her viele alte versetzte Schachte und Stollen, denn da steckt noch edlen Metalles genug, wer es zu finden versteht. Da blühen am Trinitatissonntage, am Sommersonnenwendetag und am Johannistag die Wunderblumen, da öffnet ihrem Finder sich die Unterwelt und ist bereit, ihn reich zu machen ohne Verlust an seiner Seele. Vielen schon ist das geglückt. Das Backofenloch, das kann jeder finden und kann auch hineinkriechen, so tief er mag, aber Gold findet er nicht darin. Der alte Oberförster König hat das Folgende nicht nur erzählt, sondern es ist auch von ihm in das Ruhlaer Forstarchiv eingetragen worden. Als junger Bursche und Jägerlehrling beging König häufig das ausgedehnte Ruhlaer Forstrevier. Einmal auf dem Heimwege begegnet ihm ein fremder Mann und fragt nach dem Backofenloch. König geleitet den Fremden, der ein Venetianer war, zu der gewünschten Stelle, dieser kriecht in das Loch, holt einen Sack voll des gelbgrauen Sandes, der darin befindlich ist, und gibt dann seinem Führer ein in Papier befindliches Pulver, indem er ihm sagt: In dieser Berghöhle liegen große Schätze. Suche nur darin nach braunen und schwarzen Körnern, wirf sie dann in einen Schmelztiegel und setze etwas von diesem Pulver dazu. Damit ging der Fremde von König hinweg; der aber, als ein junger Bursche, achtete nicht sonderlich dieser Rede, noch des Pulvers, sondern steckte es ein und warf es daheim in seine Lade. Jahre vergingen, und er dachte gar nicht mehr daran. Da traf er eines Tages abermals einen Walen im Revier, der nach dem Backofenloch fragte. Auch diesen geleitete König hin, und auch dieser sprach wieder vom Reichtum der Höhle und erwähnte der schwarzen braunen Körner. Dadurch aufs neue aufmerksam gemacht, gedachte König doch einen Versuch zu machen, ging in die Höhle, suchte und fand auch von den beschriebenen Körnern, nahm sie mit und suchte daheim das Pulver. Nach langem Suchen fand er das Papier, das war aber mürb und zerrieben und das Pulver größtenteils herausgefallen, so daß nur noch ein kleiner Rest vorhanden war. Dies nahm er, warf's mit den Körnern in einen Tiegel, glühte ihn und schmolz ein großes Goldkorn. Später habe er nur mit Mühe einige Körner gefunden und auch in diesen, ohne das Pulver, ein winzig Körnlein Gold gefunden.

## 61. *Das Geißbeinsloch*

In des Backofenlochs Nähe am großen Wartberge ist auch das von den Venetianern versetzte (verzauberte) Geißbeinsloch, voller Schätze, doch nimmer zu finden. Es ist mit dem Hinterbein einer Geiß versetzt und unsichtbar gemacht, deswegen heißt es das Geißbeinsloch. Nur alle vier Jahre ist es an zweien Tagen offen, das ist der Walpurgistag und der Johannistag, da kann hineingehen, wer es sieht. Noch in neuerer Zeit hat der Oberförster König das Loch bei einem Jagen offen gesehen und den Erzstock darin funkeln sehen, von dem ein Zentner dreißig Pfund Gold und fünfundvierzig Pfund Silber ausgibt. Der Oberförster war ganz allein, verwunderte sich, so plötzlich einen Höhleneingang an einem Ort zu finden, über den er, der das ganze Revier kannte wie seinen Handschuh, schon unzählige Male gegangen war, rief daher seinen Kreisern und ging, da sie ihn nicht hörten, ein Stück Weges zurück, bis sie zu ihm stießen, da er ihnen nun geschwind seine Entdeckung zeigen wollte. Aber da war das Glück im Geißbeinsloch selbst auf die Hinterbeine getreten, und Fels und Höhle waren verschwunden wie ein Nebelbild.

## 62. *Schlangensuppe*

Am Wartberg entspringt auch ein Brunnen, der heißt der Silberborn, an dem rastete an einem goldnen Sonntag (Trinitatissonntag) der Hirte von Schmerbach, da sah er aus dem Walde heraus einen Mann mit allerlei Gerät und in fremdländischer Tracht auf die maigrüne sonnige Bergestrift treten und sah auch gleich an einem Felsen nahebei eine früher nie daran wahrgenommene Öffnung. Der fremde Mann grüßte den Hirten, packte seinen Kram ab, winkte den Hirten zu sich und bat ihn, ihm behilflich zu sein, es solle sein Schade nicht sein, hieß ihn ein Feuerchen anmachen und schnitt sich von einem Haselnußstrauch eine Gabelgerte ab. Dann breitete er ein Tuch auf den Rasenteppich, zog drei Kreise mit einem weißen Stabe, den er in der Hand trug, und langte ein Pfeifchen hervor, darauf piff er in seltsamer Weise. Da kamen Schlangen und Würmer in großer Zahl aus den Felsenklüften und

Büschen und endlich auch ein großer Lindwurm, der setzte sich gerade vor den Beschwörer hin und riß den Rachen auf, und alle andern zischten greulich und ringelten sich in einem weg, und der Venetianer, denn ein solcher war der Schlangenbeschwörer, zitterte. Endlich erschien auf einer hohen Ulme eine ganz silberweiße Schlange mit einer goldnen Krone, die schlängelte sich von ihrem Baume herab, kroch über die Trift und auf das Tuch, da sprang der Beschwörer schnell hinzu, schlug das Tuch zusammen, nahm die Krone und barg sie und tötete den Lindwurm, den er festspießte, dann pfiff er wieder, und die Schlangen krochen von dannen. Die gefangene Otterkönigin tötete hierauf der Venetianer, zerstückte und kochte davon in seinem Kesselchen eine kräftige Suppe, dann setzte er sich hin, gemütlich seine Schlangenmahlzeit zu halten, zu der er den Hirten gastlich einlud. Dieser weigerte sich beharrlich, bis er sich endlich zureden ließ, mit vieler Überwindung einen Löffel voll zu genießen, doch als es nun ging wie bei jenem Kinde auf dem Thüringer Walde, zu dem der Hausunk kam und mit von seiner Milchsuppe aß, aber nur die Milch, und das Kind zu ihm sagte: Eß nett nu Nü, eß a Nocke! (Iß nicht nur Brühe, iß auch Brocken), und der Venetianer dem Hirten auch zuredete, von den Schlangenbrocken zu essen, da verweigerte das der Hirte durchaus. Gleichwohl wurden ihm schon von der guten Suppe, die viele Schlangenfettaugen hatte, die eignen Augen hell; er sah alles rings im überirdischen Glanze und in der Berghöhle, die sich aufgetan, alles voll Gold und Silber, das ist auch das Geißbeinsloch gewesen. Beide gingen nun und nahmen davon, und dann verschwand alles, wie hinweggeblasen. Hättest du von der Schlange selbst gegessen, sagte, als er fortging, der Venetianer, so hättest du immerfort die Höhle offen gesehen und immer wieder hingehen und holen können, so aber nicht. Lebe wohl und besuche mich einmal in Venedig. Hier hast du ein Wünschtüchlein, das bindest du dir um den Kopf. Da hat sich hernach der Hirte bald da, bald dorthin gewünscht, und einmal auch nach Venedig; da kam er in einen Marmorpalast, vor welchem eine Wache stand, und da fand er in einem reichen Nobile seinen Schlangensuppenkoch wieder, der ihn gastlich empfing und herrlich beschenkte.

## 63. *Die Reifsteigshalde*

Über dem Marktflecken Ruhla liegt am Reifsteig eine große Waldwiese, die Reifsteigshalde. Diese kann man an gewissen Tagen nicht finden. So ging es dem alten Oberförster König in der Ruhl, der noch in aller Andenken lebt. Eines Tages im Spätherbst ging derselbe am Reifsteig hin, um ein feistes Stück Wild bei einer auf der Reifsteigshalde angelegten Salzlecke zu schießen. Im Walde war ein Schneisengang befindlich, und wenn man diesem folgte, konnte man nicht fehlen. Oben ging dann der Weg über eine Wiese hinweg, die man mußte rechts liegen lassen, dann wieder in das Holz hinein. Früh neun Uhr ging Oberförster König in Ruhl aus, ging anfangs in Gedanken, stand plötzlich mitten im Bergwald, glaubt zu weit links gegangen zu sein, geht zurück bis nahe an die Halde, sieht sie nicht, verirrt sich wieder zu weit rechts, geht noch mehr zurück, achtet auf die Schneis, kommt aber immer nicht zum Salz, und ob er gleich der kundigste Berggänger seines Wohnortes und diesen Weg mehr denn als fünfhundertmal gegangen, so ist er doch von früh neun Uhr bis nachmittags um drei Uhr im Walde herumgeirrt und diesen Tag doch nicht zum Salz gekommen. Am andern Tag hat er es, wie er oft selbst erzählt hat, ohne einen Schritt irre zu gehen gefunden.

## 64. *Wo der Hund begraben liegt*

In Winterstein liegt der Hund begraben; das ist ein Dorf hart am Fuße des Inselberges, durch den fließt die Emse, da haben früher auch viele Bergleute gewohnt, und die Herren von Wangenheim haben ein Bergschloß gehabt, das ist jetzt eine Trümmer, es sind aber noch drei wangenheimische Schlösser allda. Einer dieser Herren war, wie fast alle seine Vorfahren und Nachkommen, Jägermeister eines Herzogs von Gotha, der hatte einen sehr gescheiten und treuen Hund, des Name war Stutzel, und als der Herr von Wangenheim gestorben war, hatte seine Witwe den Hund noch lange. Stutzel war so geschickt und klug, daß er mit Briefen, die man an sein Halsband befestigte, ganz allein nach Gotha auf den Friedenstein und zur Herrschaft ging und wieder mit Briefen zurück, so daß sich der gothaische Bote den Weg über

Winterstein fast ersparen konnte. Die Witwe war nun dem Stutzel über alle Maßen gut, und da er endlich den Zoll der Natur bezahlte, da ließ sie ihn in einen Sarg legen und weinte schmerzlich und wollte haben, daß auch die Dienerschaft weinen sollte. Die tat's der Herrin und dem Stutzel auch zulieb und heulte und schrie aus Leibeskräften um den gar guten Hund, bis auf eine alte Köchin, die weinte, wie die Jette Thok in der Nordlandsmythe um Baldur, mit trocknen Augen – darob zürnte die Herrin und gab ihr auch kein Trauerkleid, wie das übrige Gesinde empfangen. Da sie aber in die Küche kam, wo die Köchin Zwiebeln schnitt, davon ihr die Augen tränten, so sprach sie schmerzvoll: Nicht wahr, nun weinst du doch noch um den guten Stutzel? Sollst nun auch ein Trauerkleid haben! Die alte Köchin lächelte durch die Tränen und sagte nicht nein. – Nun wollte die Frau von Wangenheim, Stutzel solle feierlich beerdigt werden, und zwar nirgend anders hin als auf den Gottesacker; da kam der Pfarrer aufs Schloß und sagte: Gnädige Frau, dieses gehet nicht an. Der Gottesacker ist für Christenleute und nicht für einen Hund. Nicht einmal einen Juden dürfte ich auf selbigem begraben lassen. – So! sagte die Frau Jägermeisterin von Wangenheim Witwe, gehet es nicht an? Das tut mir leid. Der selige Stutzel war gar kein Hund, er hatte Menschenverstand, hat auch sogar ein Testament gemacht und darin Seiner Kirche einhundert Taler vermacht und Ihme selbsten fünfzig Taler, notabene, wenn ihm ein Plätzchen auf dem Kirchhof würde, außer dem aber nichts. – Das ist freilich ein ander Ding, gnädige Frau, die Kirche ist sehr arm, sagte darauf der Pfarrer, ei der gute fromme Stutzel! Wer weiß, ob nicht in ihm ein lieber Mensch verzaubert war, da er so vielen Menschenverstand gehabt. Nun – ich denke – ein Eckchen im Kirchhof – Ihro Gnaden mich dienstwilligst zu erzeigen. – Wurde darauf ein feierliches Leichenbegängnis veranstaltet und mußten Knechte und Mägde, so alle in Trauer gekleidet, hinter dem Hundesarg hergehen. Aber das wurmte die Gemeinde und kam herum in der Gegend, und wo sich ein Wintersteiner sehen ließ, lachten die Leute und spotteten, wie ohnehin die Thüringer gern spotten: Na, bei euch zu Winterstein liegt ja der Hund uff'm Kerfich (Kirchhof) begraben! – und kam vor die gnädige Landesherrschaft, wurde selbige darob sehr ungnädig, kam eine Kommission vom herzoglichen Consistorio zu Gotha, wurde der Pfarrer amtlich vernommen. Sagte, er hätte es um des armen Kirchleins willen zugelassen, half ihm aber sotane Ausrede gar nichts; Pfarrer wurde abgesetzt, und Stutzel wurde ausgegraben, ob die Frau von Wangenheim aber das Geld zurückerhalten hat, ist sehr zu bezweifeln; ein Herr von Wangenheim, der dieses selbst erzählt hat, wußte davon nichts. Nun ließ die Frau Jägermeisterin von Wangenheim Witwe den Stutzel zum zweiten Male beisetzen, und zwar im Garten, und ließ ihm einen Stein zum Denkmal setzen, darauf der unvergeßliche Stutzel abgebildet war, wie er leibte und lebte, und eine schöne Grabschrift war darauf zu lesen, die Stutzels Tugenden der Unsterblichkeit überlieferte. Und noch immer geht das Sprichwort: In Winterstein – da liegt der Hund begraben.

## *65. Fische auf Bäumen*

Die freundliche Stadt Waltershausen am Fuße des Thüringer Waldes, nicht weit von Reinhardsbrunn, Schnepfental und dem Inselberge, führt in ihrem sehr alten Stadtwappen einen Karpfen auf drei Bäumen. Dort war vorzeiten oben vor dem Walde am Fuße des Strömelberges eine schöne Quelle, welche in die Stadt geleitet war. Eines Tages aber ergoß sie einen so furchtbar starken Wasserstrom, daß die Stadt und die ganze Gegend völlig überschwemmt wurde und alles zitterte und zagte, denn in vielen Häusern füllte das Wasser die untern Stockwerke, und da sie zum Teil keine obern hatten, war das gar schrecklich. Als das wilde Wasser sich in etwas verlaufen hatte, fand man Fische, Karpfen, Aale und Forellen, auf den Bäumen, und darum nahm zum ewigen Gedächtnis dieser Flut die Stadt den Karpfen auf Bäumen zum Wappen und Wahrzeichen an. Damit nun solche Wassersnot nicht wiederkehre, denn die Quelle quoll noch immer überstark, ließ der Stadtrat einen Klostermönch von Reinhardsbrunn herüberkommen, daß er die Quelle stopfe. Der ging hinauf, stopfte einen Samt- oder Kuttenärmel hinein und versprach sie, da hörte sie gar auf zu fließen; der Ort heißt noch bis heute der Samtärmel oder der Kuttenärmel. Da nun der Ärmel kein Tröpflein Wassers mehr ausfließen ließ, war guter Rat wieder teuer, und es hat hernach die Stadtgemeinde der Dorfschaft Wahlwinkel ihren Bach abgetauscht um ein Stück Tannenwald und ihn nach der Stadt geleitet. Selbiges war klug und weise, sonst gäbe es kein Wasser zu Waltershausen und könnte das dortige gute Bier nicht gebraut werden.

## 66. *Die weiße Frau auf Tenneberg*

Dicht über der Stadt Waltershausen liegt Schloß Tenneberg, dahin Landgraf Friedrich der Freudige sein neugeborenes Töchterlein von der Wartburg brachte und es taufen ließ; dies Schloß hat auch Landgraf Albrechts Sohn von der Kunne von Eisenberg eine Zeitlang innegehabt, mußte es aber bald wieder räumen. Auf Tenneberg geht ein Gespenst um in Gestalt einer weißen Frau; sie tritt aus einem Turme, darinnen bisweilen Lichtschein erblickt wird, und wandelt durch die Gemächer und hebt die Hand zum Haupt, als wolle sie dort etwas fassen, etwa eine Krone, und den Blick richtet sie suchend nach dem Boden. Einst kam eine Dame unter fürstlichem Geleite auf das Schloß, die blieb allda und durfte nimmer wieder einen Fuß in das Freie setzen. Sie saß in jenem Turme und trug ein langes weißes Kleid. Wer sie war, wußte niemand, dunkle Gerüchte nur liefen um, sie sei König Heinrichs von England für tot ausgegebene Gemahlin Anna, geborene Prinzeß von Cleve. Andere sagten, sie sei nicht die wahre Königin Anna, sondern eine andere, die für jene sich ausgegeben, und deshalb werde sie gefangen gehalten. Viele aber waren der Meinung, wenn sie eine gemeine Betrügerin sei, so würde man von ihr nicht so viel Aufhebens machen, sondern ihr den Staupbesen verabreichen lassen und sie Landes verweisen. War jene Frau nun eine Königin oder war sie keine, das ist nie an den Tag gekommen, aber gequält ist sie worden und gemartert, irrsinnig ist sie geworden, und der Teufel hat sie auch gepeinigt und ihr hart zugesetzt, bis sie elend in ihrer Gefangenschaft gestorben. Nun wandelt sie als weiße Frau durch das schier öde Schloß und seine weiten Zimmer voll alter Jagdbilder und altmodischen Gerümpels und sucht – ihre verlorene Krone.

## 67. *Ohr druff*

Nicht weit von Waltershausen liegt die Stadt Ohrdruf, über der liegt auch ein Schloßberg, aber das Schloß ist längst verschwunden. Am Fuße des Schloßbergs quillt der Herlings- oder Hörlingsbrunnen. Zuzeiten wandelt in der Mittagsstunde eine weiße Jungfrau, die ein großes Gebund Schlüssel trägt, vom Schloßberg zum Hörlingsbrunnen herab, badet sich in dem Brunnen und geht dann wieder hinauf. An welche Bedingung ihre Erlösung geknüpft ist, weiß niemand. Wenn einer in die Nähe des verrufenen Ortes kommt, so kommt ihn schon ein Grauen an; die Leute sehen oft die Geister, aber sie weichen ihnen schweigend aus. Im Tale fließt aus dem Thüringer Walde heraus das rasche Flüßchen, die Ohre, deren Quelle hoch oben in der Nähe von Oberhof entspringt. Vorzeiten mangelte der Gegend Wasser, da stieg ein bekutteter Mönch hinauf auf die Berge, der hatte die Wünschelrute und suchte, und da sie schlug, legte er sich mit seinem Ohr auf den Boden (Ohr druff), da hörte er der Bergquelle Getön unterm Boden, grub nach und brachte die Ohrequellen zu Tage.

In diese Gegend kam Bonifazius, der Thüringer Apostel, bekehrte die Bewohner und empfing Land und Waldung. Am Ohreufer ist dem heiligen Manne der Erzengel Michael erschienen mit großem Glanze und hat ihn ermutigt zur Ausdauer in seiner Sendung. Am Ohreufer hat ihm ein Fischaar Speise zugetragen, da alle Nahrung in den öden Forsten ihm und seinen Begleitern mangelte, und in Ohrdruf hat der Heilige dem Erzengel Michael eine Kirche und ein Kloster geweiht und gegründet, welche im Jahre 909 von den Hunnen zerstört, hernachmals aber um so schöner wieder aufgebaut wurden.

## *68. Sankt Johannis' Kirche*

Da der heilige Bonifazius zuerst im Ohretale und auf diesen thüringischen Gefilden weilte, bis er weiterzog und in Arnstadt, Gotha, Erfurt, Salza, Langensalza, Thomasbrück, Vargula, Treffurt, Kreuzburg, Salzungen und anderwärts die Christenlehre predigte und Kirchen und Klöster gründete, soll er auf dem Altenberge das erste Kirchlein erbaut und in Sankt Johannis Ehre geweiht haben. Da strömte viel Volkes hin, und das Kirchlein faßte nicht die Menge der neuen Bekenner, und mußte der fromme Mann in das Freie treten und predigen, da waren aber ganze Schwärme zahlloser Raben und Krähen, die schrieen und lärmten nach ihrer Art also sehr, daß sie des Predigers Worte übertönten. Da hob er seine Hände auf und bat Gott, die Vögel zu zerstreuen – und alsbald erhoben sich die Scharen und flogen von dannen und ward kein solcher Vogel wieder gesehen, solange Sankt Johannis' Kirche stand. Dort um sie her war dann auch der Begräbnisplatz der ersten Christen, doch kam die Zeit, daß es den Leuten zu beschwerlich ward, da hinauf zu gehen und auch die Toten so hoch zu tragen, brachen daher das Kirchlein ab, zumal es baufällig war, und schafften Steine und Gebälk herab, es am Fuß des Berges wieder aufzubauen, wo sich das Dorf Altenberge begründet hatte. Am Morgen war aber immer wieder alles fort und wieder droben eingefügt an seinen Ort und an seiner Stelle. Sankt Johannis' Kirche wollte nicht im Tale stehen. So ließ man sie stehen und erbaute an den Bergesfuß, doch auch noch hoch genug, über dem Dorfe eine neue Kirche, Sankt Immanuel genannt. Endlich in den Zeiten ewiger Strömung, und da die Johanniskirche nicht mehr besucht ward, erlag sie den Stürmen, die über den hohen Berggipfel brausten, und alle Spur von ihr schwand hinweg bis auf geringe Überreste. Eines Tages fand ein Holzhauer am niedern Geäst eines uralten Baumes droben einen hochaltertümlichen Schlüssel hängen, das war der Schlüssel zur Johanniskirche. Hernachmals ist auf eines frommen Holzhauers Anregung ein hoher Leuchter auf dem Berg errichtet worden, der ward volksfestlich eingeweiht als Bonifaziusdenkmal und zur Erinnerung an sein Walten und Wirken in dieser Gegend und in schöner brüderlicher Eintracht von Geistlichen der drei christlichen Glaubensbekenntnisse gesegnet; der steht noch und heißt der thüringische Kandelaber und ist weit sichtbar im Land umher.

## *69. Asolverod*

Einige Stunden weit von Ohrdruf, eine halbe Stunde hinter Arnstadt, stand die Käfernburg, allda wohnte ein frommer Graf des Namens Sizzo, dem gehörte das Land bis zu den Waldstrecken um den Altenberg, der erbaute hinter der Sankt-Johannis-Kirche auch ein Kirchlein, das ward dem heiligen Georg geweiht, und seine Stätte nennen die Waldleute noch bis heute Sinngörgen. Da kam Eberhard, Graf von der Mark und Herr zu Berg, zum Besuch auf die Käfernburg und sprach gar viel über fromme Werke mit dem Grafen Sizzo, dessen Gemahlin Gisela und beider Söhnen Heinrich und Günther, denn er war begriffen auf einer Bußfahrt und hatte sich allen ritterlichen Prunkes und Wesens abgetan. Da wurden sie überein Rates, die Georgenkirche auf dem Altenberge in ein Tal zu verlegen und dabei ein Kloster zu begründen, und fanden gar ein schönes Tal, fast so schön wie das zu Reinhardsbrunn, gegen die Ebene nach Gotha und Erfurt zu offen und rings von Bergen und Waldungen traulich umfriedet, von einem muntern Bach durchrollt, wo sich für die frommen Väter die schönsten Fischteiche anlegen ließen. Ein Mann des Namens Asolv hatte dort bereits gerodet und urbar gemacht, nach diesem nannte man den neuen Anbau Asolverod. Da aber Sankt Georgen Kirche herab ins Tal kam, die sich nicht so sträubte, den Altenberg zu verlassen, wie Sankt Johannis Kirche, so gewann der Name Georgenthal die Oberhand. Nun wurde das Kloster mit Zisterzienserordensbrüdern besetzt, und Eberhard wurde sein erster Abt, bis diese Würde ihm zu hoch und zu anmaßlich vorkam und er sie niederlegte und fortging und ein Hirte wurde zu Kloster Morimont in der Champagne. Georgenthal aber wurde neben Reinhardsbrunn eins der berühmtesten Klöster Thüringens und ist jetzt, nachdem vom Kloster bis auf die Umfassungsmauer und den schönen Fischteich das meiste verschwunden, gar ein schöner, stattlicher Ort. Innerhalb des Umfanges der alten Klostermauer steht noch als Fruchthäuschen der Rest einer mutmaßlichen Kapelle, das zeigt eine kunstvoll gearbeitete gotische Rose als ehemaliges Fenster, und es geht die Rede, daß deren Kreisumfang genau übereinstimme mit dem Kreisumfang des Glockenrandes der großen Maria gloriosa im Dom zu Erfurt. Unter der Rose liegt ein großmächtiger Schatz vergraben, sub rosa – unter dem Rosensiegel des Geheimnisses! Die jetzige Kirche zu Georgenthal soll nur des ehemaligen Klosters Schafstall gewesen sein; die alte Kirche ist ganz hinweg, der Bauernkrieg verheerte und zertrümmerte das reiche Stift.

## *70. Luthersbrunnen*

Eine Stunde oberhalb Georgenthal in demselben Tale liegt der große und häuserreiche Flecken Tambach, in dessen Nähe gibt es auch der örtlichen Sagen gar viele. Da hat es kleine Schlösser gehabt fast auf allen Felsen umher, den Waldenfels, die Krahenburg, die Hohe Warte, den Falkenstein, von dem ein Ritter seine Gefangenen stürzte, die sich nicht lösen konnten, von deren verspritztem Blut wurden die weißen Blumen am Fels betaut und wurden rot, die heißen jetzt Blutnelken. Reicher Bergsegen war auch allda, es ist aber jetzt alles auflässig geworden, und allenden herrliche Quellen und Brunnen. Als Doktor Luther in Schmalkalden 1537 auf dem Fürstentage war, erkrankte er so heftig, ja tödlich, daß er darauf bestand, fort und zu den Seinen zu reisen, und gab ihm der Kurfürst von Sachsen seinen Wagen und seine Pferde und sein Geleite; fuhr die lange Höhe bis zum Rennstieg hinan, da man es droben auf der Fläche den Rosengarten nennt, und wieder zu Tale, empfand brennenden Durst und ließ halten an einem Quellbrunnen nahe am (alten) Weg, fühlte sich auf den Trunk merklich erleichtert, und im Gasthaus zu Tambach nahm er eine Kohle und schrieb damit an die Wand: Tambach est mea Pniel – den Namen der Stätte, wo Jakob mit Gott gerungen – ibi apparuit mihi dominus. M. L. Das hat lange in jenem Hause gestanden, und jener Brunnen, aus dem Lutherus Genesung trank, heißt heute noch der Luthersbrunnen.

So wasserreich wird der Schoß der Berge in jener Gegend geglaubt, daß im Volke die gemeine Rede geht, für den Sperrhügel werde in Erfurt alljährlich noch gebetet, daß er seinen Schoß nicht auftue, denn es sei eine alte Sage und Prophezeiung, daß dieses dereinst geschehen werde – wenn es aber geschehen werde, so würde die Wassermasse in den Wedelbach fallen, dann in die Apfelstedt, die mit der Ohre vereinigt als die Koller – weil selber Bergfluß bisweilen ohnehin gewaltig braust, kollert und toll tut – in die Gera fällt, und das ganze Gefilde von Erfurt weit und breit überschwemmen. Deshalb sei zu Erfurt eine ewige Messe gestiftet, daß fort und fort für den Sperrhügel gebetet werde, und sei dem Stift Sankt Petri alldort dafür ein Stück Waldung zu eigen gegeben. Über den ganzen langen Rücken des Sperrhügels zieht der alte Rennweg hin.

## *71. Teufelsbad und Teufelskreise*

Vom Sperrhügel läuft der Rennweg fort und fort über den Gebirgsgrat des Thüringer Waldes einerseits nach dem Inselberg, anderseits nach dem Beerberg in der Nähe des Schneekopfgipfels hin, den drei höchsten Punkten des Waldgebirgs. Wie auf dem Hochgipfel des Harzes, dem Brocken, so hat auch auf dem Schneekopf der Teufel seinen Aufenthalt, Spiel-, Turn- und Tummelplatz. Wenn es ihm in einer seiner gottverfluchten Spielhöllen in den Bädern drunten zu heiß geworden, geht er der Abkühlung halber in das Teufelsbad auf dem Schneekopf, und wenn es ihm einmal nicht mehr in den Kreisen der menschlichen Gesellschaft gefällt, fährt er hier herauf in die Teufelskreise, da ist ihm sehr wohl, da neckt und foppt er die Reisenden, und wo er nicht ausreicht, tut's trotz ihm der dicke Kreiser auf der Schmücke, der Schmücke Schmuck und Zier, die nur ein halbes Stündchen hoch unterm Schneekopfgipfel liegt. Auf der Schmücke ist eine Fohlenweide, da hatte ein reicher Filz auch ein sehr schönes Fohlen dabei, aber wenn Unglück sein Spiel haben soll – gerade als er hinaufkam, nach dem Fohlen zu sehen, hatte sich's verlaufen, war nirgend zu finden. Da brannte der Rhein und der Main, der Mann war außer sich – rannte selbst mit fort, das Fohlen im Walde zu suchen – und murmelte immer vor sich hin: Wo es nur der Teufel hat? Wo es nur der Teufel hat? – und da kam er unvermerkt an das Teufelsbad – und siehe – da drinnen hatte es der Teufel – es guckte gerade nur noch mit dem Hinterviertel heraus und schien tot. Der unglückliche Fohlenbesitzer schlug die Hände überm Kopf zusammen, rief, schrie – niemand hörte ihn, niemand kam zu Hilfe, er allein vermochte nicht das Pferd aus dem Wasser zu ziehen, dennoch wagte er sich auf der schwankenden Moosdecke bis an das arme Rößlein und dachte: Verfluchtiger Teufel, den schönen Schweif sollst du doch nicht haben, den kann der Kreiser zu Schneiseschlingen mir abkaufen und damit die Kramtsvögel fangen, die er seinen Freunden – verspricht, aber alle selber ißt. – Zog sein scharfes Taschenmesser, schnitt rups und kahl den Schweif dicht am Bürzel ab und trabte wieder zur Schmücke hinunter. In der Türe stand Herr Joel und rief ihm freudig entgegen: Es ist da! Es ist da! – Was ist da! fragte der Geizkragen. – Das Fohlen! – Wo? Wo? – Na, es wird etwa im Speisesaal sein oder auf dem Oberboden! – Was zum Kuckuck habt Ihr denn da in der Hand? Ihr seid wohl unversehens Pascha von einem Roßschweif geworden? – Der Fohlenbesitzer hörte auf kein Wort weiter, er rannte in den Stall – da stand sein Fohlen – aber o Schrecken – der Schweif war ihm abgeschnitten rups und rattenkahl, den hielt der Filz in der Hand, und der Bürzel blutete noch. So hatte ihn der Teufel geäfft, den Schaden hatte er, und für den Spott brauchte er droben auf der Schmücke nicht zu sorgen. Der

Kreiser kaufte die Pferdehaare nicht und schickte andern auch keine Kramtsvögel.

Einem Bergmann aus Goldlauter begegnete einst in einer Mondnacht da droben ein großer stattlicher Reitersmann in einem roten Mantel, der fragte ihn um den Weg nach dem Teufelsbad, und der Bergmann ging mit und zeigte den Weg. An Ort und Stelle stieg der Reiter ab, gab dem Bergmann sein Pferd zu halten und senkte sich mir nichts dir nichts in das Teufelsbad hinein. Der Bergmann schauderte, und das Roß schnaubte Feuer und stand nur auf drei Beinen, weil es deren nicht mehrere hatte. Nach einer Weile stieg der Reiter wieder aus dem Bad und auf sein Roß, ließ sich wieder auf den Weg bringen und ritt nach dem Finsterberg zu, übers Mordfleck hinüber, nachdem er dem Führer zugerufen: Fülle Laub in deinen Kober! – Das tat denn auch der Bergmann und schlug den steilen Weg nach Goldlauter hinunter ein – da dünkte ihm, der Kober sei doch gar zu schwer und das doch eigentlich ein schlechter – nein – gar kein Lohn für einen Weg zu weisen und ein dreibeiniges Pferd zu halten. Laub in den Kober – lausig und power – murrte der Bergmann und schmiß das Laub wieder aus dem Kober heraus. Als ihm am andern Morgen seine Frau Essen in den Kober tun wollte, hingen an dessen Wänden noch unterschiedliche Goldblättlein – das war für die armen Bauern ein gefundenes Essen – es machte sie reich. Aber wenn der Bergmann erst das andere Laub nicht weggeworfen hätte, zum Grafen von Henneberg hätte er gehen und fragen können: Wie teuer dein Land?

## *72. Der Jägerstein*

Nicht weit von den Teufelskreisen steht im Schneekopfwalde einsam unter den Bäumen ein Denkstein. Ein Förster zu Gräfenroda, dessen Revier sich bis auf diese Höhen herauf erstreckte, fand hier seinen Tod. Er hatte einen Jägerburschen, welcher sein Vetter war und wirklich Caspar hieß – mit dem er in großem Unfrieden lebte und ihn den Herrn mit Strenge fühlen ließ. Da sich nun droben im Schneekopfreviere zum öftern ein sehr großer feister jagdgerechter Hirsch von vielen Enden, aber über sechzehn, hatte erblicken lassen, so gab der Förster dem Caspar den Auftrag, selben Hirsch zu schießen. Aber wer den Hirsch nicht schoß, war der Caspar, dieweil er ihn, und wenn er ihn auch ganz nahe vor dem Lauf hatte, stets fehlte, und wenn er nun nach Hause kam, so mußte er Hohn und Spottreden über sein Ungeschick in Menge vernehmen, und in Gesellschaft, wenn die Waidgenossen der Umgegend droben auf der Schmücke oder im Auerhahn oder zu Oberhof beim Trunke zusammensaßen, da sagte jener Förster oft spöttisch in Caspars Gegenwart: Ja, mein Vetter, der Caspar, was der für einen Treffer hat, das ist unglaublich – es glaubt's niemand! Der trifft im Finstern, daß man gar nicht sieht, was er geschossen hat! – und dergleichen Stichelreden mehr. – Das wurmte nun den Caspar gehörig, und da er an einem alten Waidgesellen einen Freund hatte, den solches auch wurmte, so sagte ihm der kurz und gut: Caspar, die Geschichte mit dem Hirsch da droben ist nicht richtig, das kennen wir, den wirst du mit einer Bleikugel in Ewigkeit nicht treffen, das hat was anders auf sich. Geh einmal morgen in der Früh hinauf nach Gehlberg in die Glashütte und laß dir eine gläserne Kugel machen, das ist gleich geschehen, und die lade nur stillschweigend in die Büchse und gehe abends wieder hinauf auf den Anstand. Diesen Rat befolgte der Caspar, stand droben, lauerte, da krachte es in den Büschen, und da kam der Kapitalhirsch und äsete sich, und Caspar nahm ihn fest aufs Korn und drückte los und sah die Kugel wie einen blitzenden Feuerpfeil nach dem Hirsch fahren und diesen zusammenbrechen. Freudig über seinen endlichen Glücksschuß eilte er hin; er brauchte dem Hirsch den Genickfang nicht zu geben, er war verendet – aber – es war ja gar kein Hirsch, es war Herr Johann Valentin Grahner, sein Prinzipal, der sich mit bösen Waidmannstücklein stets in den Hirsch verwandelt hatte. Der Schreck war groß, aber geschehen war geschehen. Caspar zeigte die Sache an, Herr Grahner wurde ehrlich begraben, und der Schuldiener zu Gräfenroda schnitt sich eine frische Feder und schrieb in das Kirchenbuch: A. 1690. den 16. Sept. ist der Fürstl. Sächs. Forst-Knecht, Herr Joh. Valentin Grahner, abends nach 4 Uhr von seinem Vetter Caspar, der ein Jäger-Bursch war, im Walde am Schneekopf, in Verblendung einer Hirschgestalt, an den Schläf durch den Kopf geschossen worden, da Knall und Fall eins gewesen ist.

## *73. Die Wunder der Berge*

Vom Gebirgskamm, auf dem sich die Hochwarten des Beerberg und Schneekopf erheben, rieseln und rauschen die Quellen mannigfaltig nach Osten und Westen zu Tale. Die muntere Lauter, die westwärts rollt, führte einst lauteres Gold in ihrem Rinnsal, davon hat das Dorf Goldlauter seinen Namen. Dortherum stand und steht in den Bergen viel edles Metall. Unterm Hirschkopf, wo die Gold, das Bächlein, entspringt, steht im Berge ein goldner Hirsch – aber das Bergwerk ist mit einem Hufeisen versetzt. Bedeutsam heißt der Felsen, wo es steht, die Hoffnungswand. Oben am Schneekopf ist ein Ort, der heißt die goldne Brücke, da ist des Reichtums genug hinweggetragen worden. Ostwärts fließen die Quellen der muntern Gera, der gepriesenen Ilm; und allenden weiß die Sage von gefeiten Stellen, von verschlossenen Schätzen, von Wächterjungfrauen, die sie hüten, von glücklichen Fündnern zu erzählen, denen alles zu Golde wird, was sie zur Glücksstunde an besonderen Stellen aufgehoben und mit sich getragen, Laub und Frösche, Käfer und Spinnen. Im obern Ilmgrunde steht der blaue Stein, gleich unterm Mordfleck an den Freibächen, auch mit einem Ort, die Hoffnung genannt, es ist um ihn nicht geheuer, der Herr der Wüstenei hat dort sein Wesen und Affenspiel. Burgruinen bergen in ihren verschlossenen Kellern manchen Schatz und auch Fässer, deren Dauben längst verfault, aber der Weinstein hält den Wein umschlossen in seiner Kristallhöhle. Da ist kein Tal und kein Tälchen, darin nicht ein Venetianer seinen Aufenthalt und seinen Silberborn gehabt. Feuermänner wandeln, besonders Amtleute und Förster, die im Leben Untaten getan oder die Leute allzu hart geplagt. Wer von alledem erzählen will, weiß gar nicht, wohin zunächst sich wenden.

## *74. Der rote Stein*

Bei der Bergstadt Suhl, allwo es im Jahre des Herrn 1238, am 5. Mai, bei einem starken Gewitter Fleisch geregnet, steht ein Porphyrfels, der heißt der rote Stein. In demselben ist eine Jungfrau verzaubert, welche die Gewohnheit hat, vielmehr hintereinander zu niesen, wie die bei Eisenach. Dieser Stein liegt zwischen Suhl und dem eine halbe Stunde von der Stadt gelegenen Gasthaus zum fröhlichen Mann. Einst kam ein Hochzeitszug geschritten, Musik voran, mit Lärm und Jubel, Brautpaar und Hochzeitsgäste zogen hinauf zum fröhlichen Mann, sich dort gütlich zu tun, da ward aus dem roten Stein eine Stimme vernommen, die kreischte, daß es allen durchs Herz fuhr: Heute rot, übers Jahr tot! Und ein Jahr darauf war die junge Frau tot. Seitdem schweigt jeder Hochzeitszug, er komme von der Stadt herauf oder ziehe nach ihr hinab nach genossener Festlust auf dem fröhlichen Mann, und wandelt an dem roten Steine still vorüber.

## *75. Zauberkünste in Heinrichs*

Unter Suhla liegt der Stadtflecken Heinrichs, über diesem Ort aber eine Steinburg mit verzauberten Schätzen, die nicht wohl zu heben sind. Ein Hirte pflückte droben eine weiße Lilie, und es ging ihm wie seinen Kameraden, daß er im Bergesschoß das Beste vergaß. Die zuschlagende Türe des Felsengewölbes schlug ihm die Ferse wund, daß er lange daran kurieren mußte.

Nach Heinrichs sind einmal drei Wildschützen gekommen, die waren ihrer Kunst so gewiß wie der Hänsel Winkelsee, der zu Frankfurt am Main den Neuner durch die Eschenheimer Torturmfahne schoß, und kehrten im Gasthaus zum goldnen Hirsch ein, schon des Namens wegen, um hinten im Hofe, wo der Keller, ein Glas gutes Bier zu trinken, welches allda zu haben. Da kam unter den Gästen, die da zechten, die Rede auf die Schießfertigkeit und wurde manch hübsches Jägerstücklein erzählt – denn dortherum wimmelte es von Jägern und zumal von Schützen, und dazumal gab es auch noch etwas zu schießen, trotz der vielen heimlichen Schützen, wie diese drei welche waren, obschon jedermann es wußte – und auf Kugeln besprechen, stets und sicher treffen und dergleichen anziehende Gesprächsgegenstände, und da rühmte sich der und jener und ward gesagt, die drei sollten doch auch ihre Kunst einmal sehen lassen, wenn sie Wildschützen sein wollten, obgleich sie keine sein wollten. Da brach einer ein Kleeblatt ab, und der zweite langte eine Leiter und legte sie an die Steinwand des Gebäudes, das den Hof des goldnen Hirsches hinten beim Keller abschließt, und der dritte ging aus dem Hause über die Straße bis an die gegenüberstehende Häuserreihe, behielt aber, da die Torfahrt offenstand und die Flur hoch gewölbt und auch nach dem Hofe offen war, das Kleeblatt im Auge und zählte neunzig Gänge. Darauf haben die Schützen nach dem Kleeblatt geschossen, jeder nur eine Kugel, und wie einer schoß, schwand ein Blatt des Kleeblattes, aber die drei Kugelspuren nebeneinander sind noch sichtbar bis auf diesen Tag. Dann sind die drei Wildschützen stillschweigend zum Ort hinausgegangen.

Einigen Bauern in Heinrichs war das Vieh bezaubert, daß sie keine Butter mehr gewinnen konnten, da gingen sie zu einer alten Hexe und fragten diese um Rat, was sie dagegen tun sollten. Da unterwies das Hexenweib die Bauern, sie sollten in aller Teufel Namen zu einem Töpfer gehen, dort in gleichem Namen einen Topf bestellen, den solle der Töpfer auch in aller Teufel Namen fertig machen, und dann sollten sie den Topf ebenso auf einem vierspännigen Wagen abholen und dafür zahlen, was gefordert werde, ohne zu handeln. In diesen Topf sollte dann alle Milch nach und nach ein- und auch wieder ausgegossen werden. Diesen ganzen Hexen- und Teufelsrat befolgten die Bauern zu Heinrichs, wo das Hexenwesen, wie im ganzen Henneberger Land, in so voller Blüte stand, daß eine Herzogin zu Sachsen, deren Gemahl ein Landesteil dieser gefürsteten Grafschaft bei einer Erbverteilung zufiel, erklärte, sie gehe nicht in den Bereich der schwarzen Henne, und auch wirklich nicht hineinkam, denn sie starb, bevor ihr Gemahl Besitz nahm. Es wurde aber, bevor der Topf noch gebraucht ward, durch das auffallende Abholen desselben beim Töpfer, wo fünfzehn Groschen für den Topf bezahlt wurden, auf vierspännigem Wagen die Sache ruchbar, kam vor das Konsistorium und wurde der Teufelei ein Ende mit Schrecken gemacht. Die Bäuerlein mußten im Armsünderhemd Kirchenbuße tun und mehr Strafgeld zahlen, als alle Butter eines ganzen Jahres in Heinrichs wert war, den Topf zerschlug der Scharfrichter auf dem Schindersrasen, und an demselben angenehmen Ort wurde die Hexe verbrannt. Ein Glück für die Bäuerlein, daß der Topf noch nicht gebraucht war, sie hätten sonst mitbrennen müssen ohne Gnade.

## 76. Die Harchelsbeerhecke

Von Heinrichs im Talgrunde der Hasel abwärts wird ein Dorf erreicht, der Name ist Dillstädt, da ist ein Platz, den nennen die Leute nur die Malscht, das ist Malstätte, darüberhin gingen sonst immer die Brautleute, wenn sie mit ihren Gästen in das Wirtshaus zum Tanze zogen, wie die Suhlaer an ihrem roten Stein vorbei zum fröhlichen Mann. Am Wege stand eine Harchels(=Stachel)-beerhecke, und da einstmals auch ein Brautpaar mit aufspielender Musik dort vorbeizog, da sang ein Vögelein mit lauter Stimme aus der Hecke

Heut werrschtde nauf g'klunge
un übbers Joar nauf g'sunge!

Und wie das Jahr herum war, da ging mit Trauerliedergesang ein Leichenzug über die Malscht, und das war das junge Paar, sie waren beiderseits an einer schwinden Krankheit gestorben; seitdem geht kein Brautzug mehr über die Malscht, und sollte einer, um in das Wirtshaus zu gelangen, den größten Umweg nehmen.

## 77. Das verwünschte Dorf

In der Flurmarkung von Dillstädt liegt eine Wüstung, die heißt Germelshausen, da hat ein Dorf gestanden, steht auch noch, aber keiner sieht es, auch ist nicht gut, es zu sehen. Vor hundert Jahren ungefähr kam der Feldscherer von Dietzhausen, zwischen Dillstädt und Heinrichs, durch den einsamen Grund zwischen Rohr und Marisfeld, den der Görzbach durchfließt, und so kam er in ein Dorf hinein und sah da die Leute in die Kirche gehen und wunderte sich der altväterischen Tracht, und als er nach Rohr kam, wo man sich neumodisch trägt, fragte er, was denn das für ein Dorf sei, es konnte ihm aber niemand Bescheid geben, und die Leute sagten, da, wo er es beschrieb, am Görzbach, liege kein Dorf.

Zu derselben Zeit, es war Michaelis und in Dillstädt Kirmse, ging der Schuhmacher von Wichtshausen, zwischen Dillstädt und Dietzhausen, ein einfacher und schlichter Mann, nach Marisfeld zu, der kam zum erstenmal in jene Gegend und gelangte nahe an ein Dorf, darin krähten die Hähne und bellten die Hunde, und vor ihm her nahebei ging eine Frau, die eilte nach dem Dorfe. Der Mann rief sie an, um sich nach dem Wege zu befragen, aber sie hörte ihn nicht und schritt nach dem Dorfe auf einem ganz verraseten Fußpfad, des Mannes Weg aber führte ihn seitwärts vorbei und an einem ganz übergraseten Teich vorüber, und er wunderte sich, daß die Leute diesen Teich so ganz vernachlässigten. Als er sein Geschäft zu Marisfeld vollbracht und wieder heimwärtsging, war der Teich und das Dorf verschwunden.

Ein Nachbar, dem der Schuhmacher das erzählte, sagte ihm, er solle froh sein, daß er der Frau nicht nachgefolgt sei, da wäre er wohl nicht wieder heimgekommen. Er habe das verwünschte Dorf Germelshausen gesehen, und es sei dortherum gar nicht geheuer.

## *78. Von einem Bergmann und einer Braut*

Aus dem Dietzhäuser Grund geht ein Bergweg nach Benshausen; dort herum sind vor alters auch Bergwerke gewesen und wohnten Bergleute im Ort. Von denen ist einmal einer am Sonnabend zur Beichte gegangen, und am Sonntag darauf wollte er zum Abendmahl gehen. Nun ist alter Brauch, daß nach der Beichte niemand mehr arbeiten soll, sondern seine Gedanken all auf das fromme Vorhaben richten. Der Bergmann aber wollte sein bißchen Lohn nicht einbüßen und fuhr nach der Beichte dennoch wieder vor Ort. Aber kaum war er in der Grube, als der Schacht einstürzte und alle Spur von ihm verschwand. Erst nach hundert Jahren, da andere Bergleute dort einschlugen und ein Bergwerk bauten, fanden sie in einem Gang einen Bergmann, der hatte einen großen langen Bart und schien zu schlafen. Und da sie um ihn redeten, erwachte er und fragte gleich: Hat es schon zusammengeschlagen? Ich muß zum Nachtmahl gehen! – Da sprachen die andern: Es ist heute kein Sonntag und ist keine Kirche, es ist Werktag. – Doch, sprach er, nächten bin ich zur Beicht gewesen, und heint muß ich zum Abendmahl gehen. – Da geleiteten sie ihn aus der Grube und nach der Kirche und holten den Pfarrer, der gab ihm das heilige Abendmahl, und wie er es empfangen hatte, stürzte er zusammen und war ein Häufchen Asche.

Ähnlich ging es in Benshausen zu mit einer Braut, welche gezwungen heiraten mußte. Vor der Trauung, als es zum zweiten Male läutete, war sie fertig angezogen, weinte sehr und sprach: Laßt mich nur erst noch einen Augenblick allein hinaus in den Garten, ich muß frische Luft schöpfen – denn das Herz war ihr gar zu sehr beklemmt. Im Garten weinte sie bitterlich über ihr Unglück, da trat ein fremder Mann, den sie nie gesehen, ihr nahe, der fragte sie um ihren Kummer, und sie klagte und vertraute ihm alles, er aber sprach ihr Trost zu mit milder Stimme und wandelte mit ihr und sprach allerhand, lobte auch ihren Garten und sagte, seiner sei auch recht schön, wenn sie ihn sehen wollte, gleich daneben, und da stand ein Pförtlein auf, und sie traten ein, gleichwohl hatte die Braut diesen Garten noch niemals gesehen, auch niemals einen so wunderschönen Garten, in dem so vielerlei zu sehen gewesen wäre. Die schönsten Blumen und Vögel, Springbrunnen, Baumgänge, Lauben, Gebüsche, Rasenplätze, Beeren und Früchte aller Art. Darüber freute sich die junge Braut und vergaß ihr Herzeleid, das sie drückte, und der Mann sprach gar angenehm mit ihr. Mit einem Male schlug es zusammen, da gedachte die Braut ihrer Pflicht, nahm höflich und züchtig Abschied von dem Mann und ging wieder in ihren Garten zurück und durch denselben vor in das Haus, um nun mit Bräutigam und Gästen in die Kirche zu ziehen. Aber da war alles verändert und ihr fremd, und fremde Menschen staunten sie an, ihren altväterischen Brautputz, und fragten sie, was sie wollte, und wo sie herkomme. – Da waren kein Bräutigam, kein Vater, keine Mutter, keine Hochzeitsgäste – und da wurde nachgeforscht, und da fand sich, daß vor hundert Jahren eine Braut kurz vor dem Zusammenschlagen in den Garten gegangen und nicht wiedergekommen war, gleich jenem Brautpaar, das hinauf zum Kyffhäuser ging, Hochzeitgeräte zu leihen und schwer daran zu tragen glaubte, als es herabschritt; es trug nur schwer an der Last seiner Jahre. Da hat sich die Braut wieder zurückgesehnt aus der ihr fremden Welt in den Garten des freundlichen Mannes, der kein anderer war als Christus, unser Herr und Heiland, und ist bald darauf eingegangen in den Garten des himmlischen Paradieses.

## *79. Fahrsamen*

In einem gewissen Hause zu Benshausen muß ein Jäger umgehen, weil er Fahrsamen gewann (soll Farnsamen heißen). Diesen Samen zu gewinnen ist eine teuflische Kunst, ähnlich der, die jener Jäger in Dithmarschen übte, der in die Sonne schoß, doch bedurfte der Benshäuser dazu keiner heiligen Hostie. Er mußte zur Sommersonnenwendezeit, wenn die Sonne die Mittagshöhe erreicht hat, in die Sonne schießen, da fielen drei Blutstropfen herunter, die mußte er auffangen und aufbewahren, das war der Fahrsamen. Nun konnte der Jäger, solange er den Fahrsamen bei sich trug, schießen, wonach er wollte, es ging ihm nimmer fehl, bis zuletzt, da es an ein seliges Sterbestündlein kommen sollte, da fehlte es merklich sehr. Der Jäger sagte voraus, man werde einstmals von ihm einen garstigen Brüll hören, dann werde er weg sein, und so geschah es auch; der Teufel holte ihn, da seine Zeit um war. Auf dem Weg nach Birnau hat man diesen Jäger nachher oftmals sitzen sehen in altmodischer Tracht, mit umgeschlagenem dreieckten Hütlein, und hatte bei sich drei kleine weiße Hündlein, wie der Wode, zu jeder Seite eins und eins auf dem Schoße.

## *80. Frau Holle und der treue Eckart*

Unter Benshausen liegt der Stadtflecken Schwarza, durch den zog einstmals zur Weihnachtszeit die Frau Holle mit ihrem wütenden Heere, voran aber ging der treue Eckart und warnte die Leute, im Wege zu bleiben, damit ihnen kein Leides geschehe, denn das Heer nahm die ganze Wegbreite ein, und auf den die Larven stießen, dem erging es nicht gut. Da nun der Schwarm durch den Ort gebraust war, kamen zwei Knaben des Weges, die trugen Krüge voll Bier, das hatten sie auf dem Köhler geholt, einem Wirtshaus mit Mühle, gleich am Wege, eine Strecke unter Schwarza, allwo es immer gutes Bier gibt, und ist viele Einkehr daselbst. Diese Knaben hieß der treue Eckart auch zur Seite treten, und sie drückten sich furchtsam seitab; gleichwohl wurden sie doch wahrgenommen, und da die wilden Jäger immer Durst haben, so traten einige der Furien zu ihnen, entnahmen ihnen die Krüge und züllten ihnen das Bier aus. Darüber waren hernach die Knaben sehr bekümmert, denn sie fürchteten daheim Schläge, wenn sie kein Bier brächten, und hatten doch kein Geld, anderes zu holen, aber auf einmal stand der treue Eckart wieder bei ihnen und sprach: Seid nur getrost, ihr Jungen; es war gut, daß ihr das Bier freiwillig hergetan, sonst stände es jetzt schlecht um eure Hälse. Geht nur immer getrost heim mit euern Krügen, sagt aber binnen drei Tagen keiner Seele etwas von dem, war euch heint abend begegnet. Wie nun die Knaben heimkamen, waren die Krüge voll und schwer und war ein Bier darin, wie solches die Mannen zu Schwarza noch nie getrunken, just wie englisch Öl (Ale), als wär' es in Tölz gebraut, was aber das Beste und Wundersamste war, die Krüge wurden nicht leer, sie gaben fort und fort Bier her, das war eine ganz prächtige Sache – bis die drei Tage um waren und die Knaben ihr Schweigen brachen. Das war's alle.

## *81. Der Tannenbusch*

Wenn man von Schwarza dem dunkeln Bergwasser der Schwarza entgegengeht, kommt man bald nach dem Dorfe Virnau. Daselbst lebte ein alter Förster, der hieß Jakob, den neckte oft, wenn er im Walde ging, mancherlei Spuk. So geschah es ihm auch zu einer Zeit, daß, wenn er auf den Anstand ging und ihm ein Hirsch in den Schuß kam, ihm, sowie er schießen wollte, ein Tannenbusch vor die Büchse trat, so daß er niemals schießen konnte, denn sowie er sich seitwärts bog, rückte der Busch nach, und wenn er dann ärgerlich das Rohr absetzte und an eine andere Stelle ging, so war zwar der Tannenbusch fort, aber auch der Hirsch. Das machte dem alten Förster viele Sorge, und er ging nach Dreißigacker, allwo ein Scharfrichter wohnte, den fragte er um Rat in dieser Sache. Der Scharfrichter besann sich gar nicht lange, sondern sagte: Wenn Euch der Tannenbusch wieder vor den Lauf tritt, so zieht Euren Hirschfänger und putzt ihn nur aus. Bald ging der alte Förster Jakob wieder auf den Anstand, und siehe, es währte nicht lange, so zeigte sich ein Hirsch, und auch der Tannenbusch stand vor der Mündung des Gewehrs. Flugs tat der Förster, wie der Scharfichter ihm geraten hatte, zog den Hirschfänger und begann den Busch auszuputzen. Doch war es ein hartes Holz, kein Zweiglein fiel ab, aber in den Stahl des Seitengewehrs sprang manche Scharte, so daß Jakob bald abließ und nach Hause ging. Im Dorfe Birnau aber fand sich eine Frau tödlich krank, hatte viele Wunden an ihren Armen und Beinen, und kein Mensch wußte, wie sie dazu gekommen. Sie war die Hexe, die in Gestalt eines Tannenbusches den Förster geäfft, weil er sie zum öftern im Walde auf dem Holzdiebstahl angetroffen, ihr den Korb zertreten, sie geprügelt, in die Waldbuße geschrieben und ihr sonst allerlei Tort und Schimpf angetan hatte.

## 82. *Vom alten Schloß Hallenberg*

Wer von Virnau immer weiter talaufwärts geht, überschreitet die Grenzmark der hessischen Herrschaft Schmalkalden und gelangt nach Steinbach-Hallenberg, wo hoch überm großen langgebauten Flecken malerisch die Trümmer des Schlosses Hallenberg horstet. In jener Gegend gibt es viele Sagen auf den Höhen der Berge wie in den Talgründen. Die Burg Hallenberg soll derselbe Baumeister erbaut haben, welcher Schloß Henneberg erbaute; sie war auch eine hennebergische Burg. Im Gemäuer droben wird noch eine Höhlung gezeigt, in der ein Särglein gefunden wurde, darin eine Kindesleiche. Von Zeit zu Zeit läßt sich am Schloß eine weiße Jungfrau sehen, die wandelt in der Mittagsstunde den Berg herab bis an das alte Malzhaus, das mit einem Türmchen geziert ist, darin hängt noch ein Glöckchen, das früher auf der Hallenburg hing, von silberhellem Ton und Klang, daher es auch das Silberglöckchen genannt wird. Man sagt, daß einige Juden aus Schwarza das Glöckchen ganz mit Silber anzufüllen sich einst erboten hätten, wenn man für dieses Silber ihnen jenes überlassen wolle; man ist aber auf diesen angetragenen Tausch nicht eingegangen. Das Glöckchen trägt die Inschrift: Ave Maria gracia, MCCCCXX. Die Leute haben einen Aberglauben, daß abgefeiltes Metall davon gut sei gegen die Schwerenot und fallende Sucht, daher sieht man vielfache Spuren von Einfeilungen rund um den Rand herum. Die Feile wird von den Kranken auf Butterbrot eingenommen, es soll probatum sein.

Unweit Steinbach-Hallenberg sind die Silberlöcher, durch die fließt ein Wasser, und unter dem Wasser ist eine Höhle, daraus haben vordessen die Venetianer großes Gut getragen. Ein Köhler mußte ihnen immer seinen Harztiegel leihen, darin schmolzen sie das edle Erz. Endlich dachte der Köhler, du kannst ja auch einmal hinuntergehen und für dich etwas holen und auch schmelzen, und wollte in die Höhle hinein, aber da lag ein unbändiger großer Hund drin, der bleckte ihm die Zähne, und hatte feurige Augen und machte ein Geknurr, als ob's der leibhaftige Satan selbst wäre – da verging dem Köhler das Goldlangen.

## *83. Ebersdorf und Ebersgrund*

Von Steinbach-Hallenberg nach Stadt Schmalkalden zieht sich ein hügeliger Wiesengrund hin, darauf hat vorzeiten ein Dorf gestanden des Namens Ebersdorf. Das Dorf war reich, und seine Bewohner hatten Bergbau auf Gold, Silber und Kupfer. Da wurden sie ob des gewonnenen Reichtums übermütig, frevelten am Heiligen, gingen nicht mehr in die Kirche und führten ein gottloses und üppiges Leben. Nun diente in Ebersdorf eine fromme Magd, die war gebürtig aus Springstillen, einem Dorfe nahe bei Schmalkalden, die bat an einem Sonntag Urlaub von ihrer Herrschaft, daß sie nach Hause gehen dürfe und das heilige Abendmahl empfangen. Über diesen gottwohlgefälligen Vorsatz wurde sie gescholten und verhöhnt, doch durfte sie von dannen und ging weinend ihres Weges. Als sie zurückkam, fand sie das Dorf nicht mehr, nur ragte da, wo es gestanden, in der Mitte ein Hügel, und aus diesem blinkte der Turmspitze goldnes Kreuz, wie ein Kreuz über einem großen Grabe. Das Dorf war versunken, doch hörte sie noch in der Tiefe die Hähne ängstlich krähen. Da wandte sich die Magd abermals zurück in ihren Heimatort und kündete, was sie gesehen; niemand aber glaubte ihr, doch gingen viele Springstiller mit und sahen das Wunder, welches sich begeben. Nun war auch das Kreuz vollends in die Tiefe gesunken, auch krähte kein Hahn mehr in und nach dem Dorfe, und über seiner Stätte lagerte tiefe, grauenvolle Stille. Nach einiger Zeit nahmen die Leute von Springstille Besitz von der Flurmarkung, und daher kommt es, daß noch heute viele Springstiller im Ebersgrunde Wiesen besitzen. Man sieht noch den Kirchhügel in des Talgrundes Mitte und erblickt in der Nähe alte Heckenlinien, die Abgrenzungen ehemaliger Gärten.

# 84. *Gadamars Gesicht*

Aus dem Ebersgrund gelangt man nach Asbach und in den Talkessel, darinnen die alte Stadt Schmalkalden liegt, berühmt ob der in ihr gehaltenen Fürstentage, mehrmaliger Anwesenheit Doktor Luthers, der beim Rentmeister Balthasar Wilhelm am Topfmarkt, jetzt Kaufmann Sanners Haus, wohnte und auch im selben Hause eine Predigt hielt, und durch jene berühmten von Melanchthon alldort verfaßten Artikel des christlichen Glaubens.

Zu Schmalkalden lebte im Jahre 1526 ein frommer Mann des Namens Siegmund Gadamar und war dieses Jahres ein Bürgermeister, denn allda bestand seit langen Zeiten her die Einrichtung, daß zwei Bürgermeister und zwei Gemeindevormünder und nicht eine Heerschar von Stadt- und Gemeinderäten das städtische Regiment verwalteten, diese aber wurden jedes Jahr von der Gemeinde neu gewählt, nur daß meistenteils der zweite Gemeindevormund eines Jahres zum ersten im folgenden erwählt wurde. Dieser fromme Herr Gadamar hatte sich der neuen Lehre des Evangeliums zugewendet, wie auch frühzeitig Balthasar Wilhelm, Luthers nachmaliger Wirt, getan, und hatten beide mancherlei Anfechtungen darob. Ging eines Abends Herr Gadamar mit bekümmertem Gesicht schlafen, kam, er wußte nicht wo und wie, in eine Stube, darin ein trotziger Leue stand, fürchtete sich aber gar nicht, war ganz mutig, dann sah er eine Anzahl Fürsten im Kreise stehen, die wider den Löwen ratschlagten, etwa sieben, und an einem Tische saß ein alter Mann, der nahm sich keiner Sache an und tat, als schliefe er. Auf diese Fürsten ging der Löwe grimmig los, und sie hatten keine Waffen und zagten, einer aber nahm kecklich einen Stuhl und wehrte damit den Leuen ab. Der Löwe aber schlug seine Pranke durch den Stuhl, und blieb selbe drinnen stecken, da hatte der Fürst gleich einen hessischen Bock- oder Kampfdegen in der rechten Hand und stach damit auf den Löwen los, daß es puffte, doch hörte Gadamar es eben nur puffen und sah nicht, daß der Löwe verwundet ward, die andern aber zagten und gaben Rat, dem Löwen den Schweif abzuhauen, darinnen habe er seine größte Stärke, und da hieb einer aus ihrer Mitte dem Tiere den Schweif ab, ohne daß der Seher sah, woher jener das Schwert nahm. Darauf gingen sie alle aus der Stube und ratschlagten, und das Haus war ganz finster, der Löwe aber wirkte sich aus dem Stuhle los und legte sich vorn an der Türe auf die Bank und gewann wieder Stärke und wurde so grimmig, daß er schäumte, und rollte seine Augäpfel so sehr, daß man nur das Weiße sah, und ob solchen Ingrimmes sah er erst gar nicht, daß die Fürsten wieder in das Zimmer traten, wieder unbewehrt, und der Löwe wollte sie zerreißen. Da erhob sich am Tische der Mann, der zu schlummern geschienen hatte, und hob nur zwei Finger drohend gegen den Löwen, sprach aber kein Wort, und der Leu gehorchte ihm. Der Mann aber verwandelte seine Gestalt und war Jesus Christus, und ein Menschenbild sprach zu Gadamar: Dies Gesicht merke, und vergiß es nicht.

Hernach im Jahre 1537 ist zu Schmalkalden vorm Auertore über einem Weiher, die Totenlache genannt, von vielen ein Wolkengesicht am Himmel und auf Erden gesehen worden; eine Nebelgestalt stand da, hoch wie ein Turm, und auf dem Turm ward Lichtschimmer erblickt, und Kriegergeister schwebten um die hohen Zinnen. Drunten am Turm aber stand ein riesengroßer grauer Mann, der schöpfte Wasser, und da kam ein greulicher Drache hinter dem Turm hervor, der sperrte den Rachen auf gegen den Mann, als wolle er ihn verschlingen, der aber blieb unerschrocken und streckte ihm etwas entgegen, etwa wie einen Kelch oder ein Buch, da berstete der Drache und verschwand, und alles hüllte sich in Nebel ein.

## *85. Haderholz und Falkenburg*

Hoch über Schmalkalden talaufwärts hinter dem Seligental führt rechts ein Bächlein, die Silge, eigentlich die Selige, denn das Bächlein gab dem Orte seinen Namen, einen waldigen Talgrund hinein, über dem einander gegenüber zwei felsengekrönte Bergköpfe ragen. Darauf standen in grauer Zeit zwei Ritterschlösser, das eine hieß die Falkenburg, und der Name des andern ist vergessen. Die beiden Ritter, die auf diesen Burgen saßen, haßten sich und bekämpften einander, besonders haderten sie um eine Waldstrekke, die der Falkenburg gegenüberlag, auf der Seite von des Falkenburgers Feind, und die der letztere als sein Eigentum in Anspruch nahm; die heißt bis heute noch das Haderholz, und die öde Burgstätte heißt der Haderholzkopf. Diese Ritter also haßten einander, sie hatten aber jeder ein erwachsenes Kind, der eine einen Sohn, der andere eine Tochter, und diese beiden liebten einander trotz der Väter Haß. Da sie aber nicht zueinander auf die Burgen kommen konnten und durften, weil die Väter nächst sich nichts mehr haßten als diese Liebe ihrer Kinder, so kamen sie heimlich im Silgegrund an einem traulichen Quellbrunnen zusammen, erbauten sich dort ein Hüttchen und pflegten alldort der süßen Minne, leider aber in solcher Weise, daß sich's zuletzt seitens der Maid nicht mehr verhehlen ließ. Da mißhandelte der Vater sie so sehr, daß es ihr ungerade ging und sie starb. Da flüchtete ihr Geist in das Selige Tal zum Hüttchen der Liebe und erschien ihrem Geliebten, der schon mehrere Tage dort ihrer vergebens geharrt hatte. Da brach auch ihm der Kummer das Herz. Seitdem erscheint von Zeit zu Zeit das Ritterfräulein und wäscht im klaren Bach kleine Kinderwäsche und breitet sie zum Trocknen auf die Waldwiese unterm Haderholze aus.

## 86. *Die Ritter des Hermannsberges*

Nicht weit von Steinbach-Hallenberg, recht mitten im Waldgebirge, liegen zwei Berge, der kleine und der große Hermannsberg. Über letztern läuft ein steiler, haushoher Porphyrfelsenkamm, wie eine Riesen- oder Teufelsmauer, grau bemoost und mit alten Bäumen bewachsen. Da droben soll ein Schloß gestanden haben, bewohnt von einem Grafen, welcher Hermann hieß. Er führte gar ein übles Leben mit seinen Rittern und gewann dadurch einen großen Schatz, daß er zwölf Seelen opferte. Zur Strafe seiner Untaten ward er mit den Seinen in den Berg verflucht; zuzeiten hört man ein wildes, wüstes Toben dieser Ritter, sieht auch wohl den Grafen umgehen; so hat ihn mancher Förster und Kreiser auf sich zukommen sehen mit einem spinnewebenen Gesicht. Ein Führer geleitete einen Fremden über die Waldestrift, wo man von Steinbach-Hallenberg nach Mehlis geht, an einem Märzmorgen. Es hatte einen frischen Schnee gelegt. Da kam der Geist sichtbarlich und ging an den Wanderern vorüber; wie sie sich umsahen, weil sein Aussehen sie entsetzte, war er verschwunden, und im Schnee war, wo er gegangen, kein Fußtapfen zu erblicken.

Einst hütete ein Hirte am großen Hermannsberg, da verlief sich der Brüller (Herdochse), und der junge Knecht ging in den Wald, ihn zu suchen. Da kam er zu einer Gesellschaft Herren, die vergnügten sich mit Kegelschieben, und da sie ihn sahen, winkten sie ihm, ihnen die Kegel aufzusetzen. Dies tat er, und als sie ihr Spiel beendigt hatten, gingen sie hinweg und sagten, er möge nur die Kegel mitnehmen. Er belud sich mit dem Spiel, kam wieder zur Herde, zu der sich indes der Ochse wiedergefunden hatte, trieb sie heim und wurde verwundert gefragt, wo er denn bleibe und gewesen sei, er sei schon drei Tage nicht nach Hause gekommen. Er aber beteuerte, kaum eine halbe Stunde von der Herde gegangen zu sein, die Herren hätten ihn genötigt, ihnen die Kegel aufzusetzen. Da fragte man weiter, ob er auch einen Lohn bekommen. O ja, sagte der Knecht, ich habe das ganze Spiel mitgebracht, draußen liegt's unter der Treppe. – Nun wollte der alte Hirt selbst den Ranzen mit den Kegeln unter der Treppe hervorziehen, vermochte das aber nicht, hingegen der Junge, wie er angriff, brachte ihn gleich hervor, und da waren die Kegel von purem Golde. Zu einer andern Zeit, als der junge Knecht wieder im Walde hütete und herumschweifte, fand er die Gesellschaft wieder, setzte wieder auf, und da bekam er auch die Kugeln. So war er zweimal glücklich.

In einem Dorfe am Fuße des großen Hermannsberges saßen an einem Winterabend einige Männer und karteten, und die Magd saß auf der Ofenbank. Da es schon spät war, so war sie an ihrem Spinnrad eingenickt. Sie zu ermuntern, sprach ihr Herr: Magd, geh hinauf auf den Hermannsberg, hol uns eine Flasche Wein. Dies sagte er, weil die Sage geht, daß in den verschütteten Kellern des ehemaligen Schlosses viele Fuder steinalten Weines liegen. Die Magd, dumm und schlaftrunken, macht sich in der Tat auf, empfängt auch droben, sie hat nicht zu sagen gewußt wie, eine Flasche Wein in ihre Hand. Als sie herunter und wieder in die Stube kommt, fährt der Herr sie an: Wo bist du gewesen? Wo bleibst du so lange? – Ihr habt mir ja geheißen, verteidigt sie sich, daß ich auf den Hermannsberg gehen solle und Euch Wein holen, so hab' ich's getan, und hier ist auch der Wein. – Verwundert hörten und sahen das die Männer, die Flasche war ganz grau und schimmlig. Doch brachen sie sie an und tranken mit gutem Mut den alten Felsenwein. Er war vom besten und brannte wie Feuer.

## 87. *Die Schlange am kalten Brunnen*

Zwischen dem großen Hermannsberge und dem Ruppberg liegt ein anderer hoher Berg, der Donnershauk, auf den Karten Steinhauk bezeichnet. Wo dessen Fuß sich zum Junker, so heißt ein Wald- und Weideplatz, der früher den Junkern auf dem Ruppberg gehörte, hinabsenkt, entspringt ein frischer Quell, der kalte Brunnen. Dort hütete einst ein Bärenbacher Hirt; da kam zu ihm die Jungfrau des Ruppberges herabgewandelt, die sprach zu ihm: Dort bei dem kalten Brunnen liegt ein großer Stein und unter ihm ein großer Schatz, hebe beide, so werde ich aller Qual überhoben sein! Der Hirte ging hin, aber da lag auf dem Stein eine mächtige Schlange, sie bäumte sich zischend gegen den erschrockenen Hirten und zeigte ihm den aufgesperrten Rachen und die drohenden Zähne. Zaghaft entfloh der Hirte, doch später ist der Stein hinweggekommen, desgleichen auch der Schatz, und die Jungfrau erscheint keinem mehr. Aber der Brunnen quillt noch fort.

## 88. *Die Ruppbergsjungfern*

Auf dem Ruppberg, der die Gestalt eines Zuckerhutes hat und der spitzeste ist von allen Thüringer Waldbergen, hat vorzeiten ein Schloß gestanden, das hat Gebhard von Nordeck gebrochen und davon eine Kapelle in die Ehre Sankt Blasii erbaut, dort ist hernachmals das Dorf Blasienzelle entstanden. Im Grunde des Ruppbergschlosses liegt ein großer Schatz, der ist versetzt mit drei Erstgeburten, die müssen alle drei Johannes heißen und müssen dem Bösen geopfert werden, der den Schatz als schwarzer Hund bewacht. Manche haben die Schatzhebung versucht, sie ist aber allen mißraten. Vom Ruppberg wandelt nicht immer nur eine weiße Jungfrau, sondern es wandeln ihrer drei, erscheinen einzeln oder beisammen und niesen, um erlöst zu werden, dabei haben sie bisweilen einen Weich (eine Wäsche), den sie trocknen.

## *89. Vom Reißigenstein*

Unterhalb Mehlis liegt ein bewaldeter Berg steil und schroff über der Straße, die von Benshausen abwärts, nach Blasienzelle aufwärts führt. In Büchern nennen sie ihn den Reißigberg, von dem sagt ein alter hennebergischer Geschichtschreiber: Denkwürdig ist auch ein Berg, der reißende Stein, ist eine ziemlich hohe Klippe, an welcher zur Nachtzeit nicht viel Ruhe ist, indem die Steine von oben herab in die gerade unten vorbeigehende Landstraße springen, wodurch viele Leute erschrecket worden; dem Vernehmen nach lassen sich allda viele Gespenste sehen. – Dem reißenden Stein gegenüber ist sonst ein Frauchen mit einem Schlüsselbund umgegangen, das erschien den Leuten in der Mittagsstunde und schrie wehklagend: Drei Viertel für ein Pfund! Drei Quärtchen für eine Kanne! Es war eine Handelsfrau, die ihre Kunden bei Lebzeiten also betrogen hatte, die mußte nun dort umgehen, wie die Biermesserin Frau Holle im Walzerholze bei Arnstadt. Doch hört und sieht man sie jetzt nicht mehr, vielleicht fand sie ihre endliche Erlösung.

Überm Berg drüben hinterm reißenden Stein ist der Höselberg, in den ist ein Amtmann verwünscht, der muß als Feuermann dort spuken.

Im Jahre 1561 borst eine Kluft am Klingesberge und wich das Erdreich, also daß es zehn besamte Acker fünf Ellen hoch bedeckte, vier Acker Wiesen verwüstete, Bäume niederriß und der Berg in der Nacht sechzehn Schuh weit fortrückte. Das ward für ein gar schlimmes Anzeichen gehalten.

## *90. Die Glocke vom Gottesfeld*

Wer vom Schneekopfgipfel dem Rennstieg südostwärts folgt, dann durch endlose Waldungen auf einsamen Gebirgspfaden ganz südlich sich schlägt, kann zum hohen Adlersberg gelangen, auf dem sich eine weite Wiesenmatte breitet, die heißt das Gottesfeld. Dort droben lag eine Stadt, die hieß aber nicht Gottesfeld, denn ihre Bewohner waren so gottlos und lasterhaft, daß die strafende Hand Gottes sie ganz von der Erde hinwegtilgte. Sie versank mit allen ihren Bewohnern, und die Stätte, wo der Herr Gericht gehalten, ward Gottesgerichtsfeld genannt, woraus hernachmals Gottesfeld wurde. Nach langen Jahren hütete droben am Adlersberg ein Hirte aus Schleusingen seine Herde, der sah ein wildes Schwein an einer Stelle wühlen und wühlen, und wie er hinzukam, so stand das Öhr einer Glocke zutage. Der Hirte warf gleich seinen Lappen (Halstuch) auf den Fund, damit derselbe nicht wieder versinke, und eilte nach Leuten, jenen emporzuheben. Die Glocke wurde nach Schleusingen gefahren und auf den Turm gebracht, aber da sie nun zum erstenmal geläutet wurde, gab sie einen ganz entsetzlichen schauerlichen Ton von sich, und beim dritten Schlage zersprang sie. Da sie nun neu gegossen ward, so klang ihr Ton nichtsdestoweniger unharmonisch, und es war, als ob sie riefe: Sau aus, Sau aus! – und dann zersprang sie abermals, und als sie zum dritten Male umgegossen war, war ihr Schall um nichts gebessert, und sie zersprang wiederum und ward hernach nur zum Sturmläuten gebraucht.

In dieser Gegend steht auch der Schlüsselheinzestein, ein senkrechter Porphyrfelsen, um diesen läßt sich ein gespenstiger Reiter sehen, der einst mitsamt seinem Roß die Felswand hinabstürzte, wobei Roß und Mann tot blieben.

## *91. Raubschloß Hermannstein und andere*

Wer vom Schneekopf nordostwärts den Schritt in die Talgründe lenkt, den führen tiefeinsame Pfade herab zu den Quellen der Ilm in den alten Längwitzgau und zu einem Felsriesen, dem Hermannstein, welcher aber vom Volksmund Hammerstein genannt wird. Er trug eine Burg oder doch eine Warte, und soll erstere eine über der Straße aus Sachsen durch Thüringen nach Franken gar günstig gelegene Raubburg gewesen sein. Ein Bischof von Mainz habe sie von Erfurt aus zerstört. Es ist dort nicht geheuer, und die Holzleute sind oft schon durch ein gräßliches Getöse dort erschreckt worden. Ritter Hermanns Geist reitet mitternachts auf schwarzem Roß um den Felsenberg; Kräutersammler, die in der Johannisnacht auszogen, um mit dem frühesten an Ort und Stelle zu sein, haben ihn gesehen.

Um Ilmenau herum soll es außer dem Hermannstein noch mehrere Raubschlösser gegeben haben, so eins auf der Sturmheide, welches Kaiser Rudolf 1290 brechen ließ. Die Ilmenauer besorgten dies mit höchstseiner Erlaubnis außerordentlich gern selbst und fingen neunundzwanzig Räuber, denen samt und sonders in Erfurt die Köpfe abgeschlagen wurden. Ein zweites Schloß stand, wie die Sage geht, zunächst an Ilmenau, nach dem Eichicht zu, das ist mit Mann und Maus in einer für das Schoß nicht schönen Nacht versunken, und an seine Stelle ist der große Teich getreten.

## *92. Die Zwerge der Kammerlöcher*

Nicht weit von Ilmenau liegt ein Dorf, Angelroda, und in dessen Nähe ist eine vielfach zerklüftete Bergwand mit mancherlei Schluchten und Höhlen, Felsenkammern gleich, welche man die Kammerlöcher nennt. In diesen Kammerlöchern hausten einst Zwerge in großer Anzahl. Sie wühlten von der Wache, so heißt der Teil des Berges oberhalb des Dorfes Angelroda, weil im Dreißigjährigen Kriege ein schwedisches Wachtpikett dort gestanden, bis zum Kummel, dem vorspringenden Bergstock, an welchem das Angelroder Wirtshaus mit seinem vortrefflichen Felsenkeller gelegen, einen Stollen und gelangten durch diesen in den Wirtskeller, dem sie an Wein und Lebensmitteln merklichen Abbruch taten. Diese Zwerge hausten im Schoß der tiefen Felsenkammern lustiglich und taten sich gütlich an des Wirtes Wein und Bier und sonstigen Vorräten. Außerdem übten sie noch manchen Schabernack und manche Neckerei gegen die Bewohner der umliegenden Dörfer. Der Wirt wußte lange nicht, wer seine Diebe seien, warf Verdacht auf sein Gesinde und seine Hausgenossen, kränkte diese und hatte viel Verdruß. Endlich geriet er auf den Einfall, Asche in den Keller zu streuen, um vielleicht an den Fußtapfen die unsichtbaren Beizapfer zu erkennen. Und als er eines Abends dies getan und des andern Morgens nachsah, fand er zahllose kleine Spuren von Gänsefüßen ähnlichen Füßchen, die aus einer Felsspalte im tiefsten Hintergrund des Kellers gekommen waren und in diese sich verloren. Der Wirt holte sich Rat bei einem weisen Mann, welcher lautete, man solle, wenn man die Nähe der stets unsichtbaren Zwerge vermute, mit Taxuszweigen nach ihnen schlagen; jeder Zwerg, der getrofffen werde, würde dann augenblicklich sichtbar. Auch sei den Zwergen die Form des Kreuzes verhaßt, und wenn man am goldenen Sonntag Eibenbüsche kreuzweise über ihre Wege lege, so beschritten sie letztere nimmermehr wieder. Der Wirt befolgte den Rat, teilte ihn weiter mit, und am nächsten Trinitatissonntag stieg das halbe Dorf Angelroda hinauf in die Kammerlöcher, brach dort Eibenzweige ab und steckte sie kreuzweis an die Ställe, in denen die Zwerge das Vieh behext, und in die Keller, aus denen die Zwerge allerlei geholt. Ob auch einige der Zwerge von den Eibenruten getroffen und sichtbar wurden, weiß man nicht, der Rat des weisen Mannes blieb aber doch in Ehren, denn wenn kein Zwerg sichtbar wurde, so war es eben ein Beweis, daß keiner getroffen worden war. Das neckische Zwergvölkchen aber wanderte nun aus. In einer Nacht hörte man vom Kirchenholz herab durch das Dorf und die jenseitigen unfruchtbaren Felsanhöhen hinauf nach Rippersroda zu ein anhaltendes Trippeln und Trappeln, als ziehe ein Heer von vielen tausend kleinen Leutchen vorüber, und ward ein leises Weinen und Schluchzen dabei vernommen. Nimmermehr kamen sie wieder. Von der Zeit an wurde es Brauch zu Angelroda, daß alljährlich am Trinitatissonntage alt und jung hinauf auf den Weißenberg und in die Kammerlöcher ging, dort Taxuszweige brach und sie kreuzweis in die Küchen, Keller, Stuben und Ställe steckte. Und obschon der Aberglaube, daß damit den Zwergen und Hexereien gewehrt werde, verschwunden ist, so ist doch der Brauch geblieben, und namentlich säumt des Dorfes fröhliche Jugend nicht, am genannten Tage Eibenzweige von des Berges wundersamen Felsenkammern herabzuholen. Auch geht die Sage, daß zuzeiten in dem schaurigschönen Felslabyrinth der Kammerlöcher oder Felsenkammern über Angelroda sich ein schneeweißer Hirsch mit goldnem Geweih blicken lasse, jedoch nur von Sonntagskindern und auch nur von unbefleckten. Einem solchen ist Macht gegeben, den Hirsch zu fangen und ihn in die Tiefe der größten Felsschlucht zu führen, dort schlägt der Hirsch mit dem Goldgeweih an das Gestein, das Geweih fällt ab, dem Glücklichen zum Lohne, und zugleich öffnet sich ein Gang in das Berginnere, darinnen sich nun eine Kammer nach der andern zeigt, alle voll Gold und Silber, Perlen und Edelsteine. Da mag der Erwählte dann getrost zufassen und davontragen, soviel er kann. Dem Hirsch aber wächst in Jahresfrist ein neues Geweih, aber nicht alle Jahre findet sich ein auserwähltes Glücks- und Sonntagskind, das reinen Herzens und makellosen Wandels, ja kaum alle hundert Jahre einmal.

# 93. *Vom Singerberge*

Zwischen Ilmenau und Stadtilm, die beide am Ilmfluß liegen, erhebt sich ein einzelner Hochgipfel, das ist der Singerberg. Er ist einer der vielen Sagenberge des Thüringerlandes, und die Sagen von ihm sind teils den übrigen verwandt, teils eigentümlich. Er soll den Namen tragen vom Gesang und Getöne, das zuzeiten in seinem Innern vernommen wird, gleich wie im Hörseelenberge. Auch in ihm soll ein Mann verzaubert sitzen, und ein Schloß ist in seinen tiefen Schoß hinab verwünscht. Bisweilen gelingt es wohl einem, die Öffnung zu finden, die hinein- und hinunterführt. Ein Schäfer fand eine gelbe Blume und pflückte sie, dem erschien eine Prinzessin und leitete ihn in das Innere, wo an einer Tafel viele eisgraue Ritter schlafend saßen, denen allen die Bärte durch den Tisch gewachsen waren. Und da ist es ihm ergangen wie den Hirten und Schäfern im Kyffhäuser, Fragen nach dem Flug der Vögel, hier schwarzen und weißen, Wiederentschlummern, Gewölbe voll Waffen, Rossen und Schätzen, und der Lohn – eine Tasche voll Sand, den aber der Schäfer einmal nicht wegwarf, sondern davon reich ward. Auch die Sagen von der zauberhaften Bergentrückung wiederholen sich am Singerberge. Ein Fuhrmann fand im Berge Nachtquartier mit Schiff und Geschirr, da er in Meinung, in einen großen Gasthof am Wege zu fahren, in den Berg hineinfuhr. Herrlicher Stall, glänzende Bewirtung; am andern Morgen spannte er wohlgemut ein, wendet sich noch einmal, in das Haus zu gehen und die Zeche zu bezahlen – weg ist das Haus, weg die Stallung – weg sind die Wirtsleute und ihr Gesinde. Grausen ergreift den Fuhrmann – er fährt von dannen, kehrt im nächsten Wirtshaus ein, sieht da den Kalender, nimmt ihn von der Wand, liest die Jahrzahl und staunt. Sieben Jahre, sieben Monate und sieben Tage war er im Singerberge gewesen. – Ein Hirte blieb gar hundert Jahre darin. Häufig erscheint am Berge die weiße Jungfrau, die nicht fehlen darf, wo ein Schloß stand; sie äfft oft Jäger und Holzleute, wie auch die Reisenden. Auch wird, das ist die allgemeine Sage, für den Singerberg in allen katholischen Kirchen Erfurts jährlich einmal gebetet, wie für den Sperrhügel und für den Schneekopf selbst im nichtkatholischen Arnstadt, daß er nicht berste und von ihm aus das ebene Land überflutet werde. Dieweil er aber der Singerberg heißt und ist und die Singer und Sänger das Wasser erst nicht lieben, so ist sein Schoß angefüllt mit vielen hunderttausend Fässern Weines, den die Ritter des Schlosses darin aufgehäuft und seltsamerweise nicht selbst getrunken haben. Etwas von diesem Wein entrinnt alljährlich dem Bergesschoße, das mischt sich in seine Quellen, darum sind sie so erquicklich und labend – wenn aber nicht mehr für den Berg und überhaupt nicht mehr gebetet wird, dann sollen alle Fässer bersten und soll die Weinflut aus dem Berge strömen, und alles Land mit allem Vieh und Menschenkindern werden dann darin untergehen als in einer zweiten Sündflut; das wäre viel schlimm und des Guten zu viel auf einmal, darum sollen die Menschen den lieben Gott und das Beten nicht ganz und gar vergessen.

## *94. Doktor Luther verwünscht das Singerberger Schloß*

Vom guten Singerberger Wein weiß die örtliche Sage seiner Gegend noch ein mehreres zu erzählen. Vorzeiten lebte droben ein Graf in großer Eingezogenheit, der in dem Ruf eines Schätze aufhäufenden Filzes stand. Ein junger Verwandter, welcher Lust hatte, den Alten möglichst bald zu beerben, verband sich mit einigen Schnapphahnen, die Burg zu überfallen, den Grafen zu töten und die Schätze zu teilen. Dieses führten sie aus und verbreiteten die Nachricht, der Graf sei gestorben. Der junge Ritter blieb im Besitz des Schlosses und führte mit seinen Raubgesellen ein zügelloses Leben, da haben sie den Reisenden aufgelauert und sie beraubt oder auf die Burg geschleppt und erst gegen hohes Lösegeld freigegeben. Einmal fingen sie eine vornehme Frau mit zwei Töchtern und Dienerschaft, um die entstand großer Streit, denn sie wollten dieselben nicht um Lösegeld ziehen lassen, sondern selbst besitzen. Wer den reichsten Fang tue, sollte die Schönste erhalten. So zogen die Ritter aus, nachdem sie die schönen Gefangenen der alten Schließerin auf die Seele gebunden hatten, daß sie sie gut bewahre. Die erste Beute, die einem der Wegelagerer in die Hände fiel, waren einige Erfurter Mönche, und unter denen befand sich auch der Doktor Luther. Nur der letztere wurde als Geisel behalten und die andern entlassen mit dem Geheiß, Lösegeld für ihn zu senden. Ein Knappe sollte den Mönch bewachen, während der Schnapphahn weiter nach Beute strebte. Aber da ist der Knecht müde und schläfrig geworden und ist auf dem Rasen, darauf er saß, eingenickt, und Luther ist davongegangen. Da hat er über sich die stattliche Burg gesehen und gehofft, hier Schutz zu finden, da hat aber die gefangene Frau auf der Mauer gestanden und von der Zinne gerufen: Fliehe eilend! Hier wohnen Raub und Mord! Diesem Geheiß hat Luther willfahren wollen, ist aber einigen der Raub- und Rottgesellen in die Hand gelaufen und von diesen mit auf die Burg hinaufgeführt worden. Und da haben sie am Abend den gefangenen Mönch zu sich in ihr Zechgelag bringen lassen und von ihm verlangt, ihnen Liedlein zu singen und die Zeit zu vertreiben. Der Mönch stimmte scheinbar in ihren Ton ein, sang aber lateinische Formeln, die sie nicht verstanden und deren geheime Kraft sie einschläferte. Als sie nun alle schliefen, auch die Knechte und die Schließerin, hat er die gefangenen Frauen mit deren Schätzen aus der Burg geführt und im Gehen eines seiner Lieder gesungen, und dann hat er die Burg verwünscht mit Mann und Maus, daß sie niemals wieder ein Menschenauge erblicken solle, als wer seines Liedes Melodie auf der Berghöhe ertönen lasse. Bald kam das Schloß in Vergessenheit, und es gingen viele, viele Jahre hin, und der Singerberggipfel blieb öde und einsam. Da hat einstmals ein Schäfer seine Herde hinaufgetrieben und von ungefähr auf seiner Schalmei die Melodie jenes Liedes angestimmt, siehe, da ist das Schloß vor seinem Blick emporgestiegen mit offnen Toren und Hallen, und er hat sich hineingewagt, aber alles darin still und schlafend gefunden. Vom Wein, der da in Fässern und Krügen in Fülle vorhanden war, füllte er seine Kürbisflasche und verließ die Burg wieder, nach seiner Herde zu sehen. Da ist die Burg hinter ihm desbald wieder hinweggeschwunden. Der Wein war köstlich und hatte die allerpreiswerteste Eigenschaft, er ward nicht alle, so viel auch der gute Schäfer davon trank. Aber die Burg fand er niemals wieder, sooft er sie auch suchte, denn er wußte den Zauber nicht, der sie ihm zeigen konnte, er dachte nicht wieder daran, auf dem Berggipfel die Melodie jenes Liedes zu blasen. Nach einiger Zeit war der Schäfer zu einem guten Freund gekommen, dem hat er sein Abenteuer mit dem Singerbergschloß erzählt und zu ihm gesprochen: Da koste nur einmal den Wein, wie aber der andere hat trinken wollen, hat er gesagt: Du Narr! Es ist ja nichts drin. – Und da ist es gerade gegangen wie mit den Bierkrügen der Knaben in Schwarza und wie mit dem Perchtenbier: als die Knaben ihr Geheimnis verplaudert, die Kürbisflasche war und blieb leer.

# 95. *Paulinas Zelle*

Vom Singerberg herunter und vom Dorfe Singen an seinem östlichen Fuße führt ein stiller Weg in ein noch stilleres Tal. Darinnen birgt sich die schönste und erhabenste aller Klosterruinen Thüringens: Paulinzelle, von welcher manche Sagen umgehen. Paulina, eine Tochter des Grafen Morcho, Truchseß Kaiser Heinrich IV., lebte, nachdem ihre Eltern tot waren, einige Zeit zu Merseburg bei ihrem mütterlichen Oheim, dem Bischof Werner, und wollte einst den Grafen in der Längwitz, Sizzo geheißen, der sich auch einen Grafen von Käfernburg und Schwarzburg nannte, besuchen. Sie ritt nur mit einer Zofe und einem Diener und verirrte sich in den damals ungeheuern und ausgedehnten Forsten. Der Diener wurde zur Kundschaft ausgesandt und kam nicht wieder, so war denn Paulina mit der Zofe allein in dem wilden Walde. Sie trieben ihre Saumtiere so lange vorwärts, bis diese vor Ermattung nicht weiterkonnten. Schon glühte das Sonnenlicht nur noch an den höchsten Wipfeln, als sie auf einer Wiese, welche zwei Bäche (Bären- und Rotenbach) umflossen, eine unbewohnte Köhlerhütte trafen und darin etwas von Kohlenstaub geschwärztes Brot und ein dürftiges Strohlager fanden. In der Nacht träumte Paulina, sie bete hier an einem Altare. Sie erwachte, errichtete von einigen daliegenden Holzstücken einen Altar, stellte ihr kleines Kruzifix, das sie am Halse trug, darauf und betete inbrünstig. Indes trat ihre Begleiterin aus der Hütte und erzählte ihren Traum, der wunderbarlich mit dem Paulinas zusammentraf. Das hielt Pauline für einen Wink von oben und beschloß, hier eine Zelle zu bauen. Am Morgen reisten sie weiter und kamen an ein ärmliches Fischerdörflein, wo sie kaum etwas Brot und Fisch erhielten. Dieses Dorf, Fischerau, wurde später von den reichlich belohnten Bewohnern zu Ehren der Gräfin Gräfinau genannt. Paulina erwarb bald darauf vom Grafen Sizzo Ländereien in dieser Gegend und führte ihren Entschluß aus, dort eine Zelle zu erbauen, darin sie mit den in diese Waldeinsamkeit ihr gefolgten Frauen frommen Betrachtungen sich hingab. Später mehrte sich das Frauenkloster, der Bau der großen Kirche wurde begonnen, auch später ein Mönchskloster hier errichtet. Die Kirche ward gar prachtvoll erbaut und mit mancherlei steinernem Bildwerk geziert, so unter andern auch mit einem Lindwurm, denn als Paulina einst den Rinnegrund hinaufreiste, wurde sie von einem greulichen Lindwurm, welcher – für die ganze Umgegend ein Schrecken – unterhalb Leutnitz in einer Höhle hauste, angefallen. Sie aber schlug ein Kreuz und rief ihren Schutzheiligen an, wodurch das Untier besiegt wurde. Zum Andenken an dies Abenteuer ließ sie den Lindwurm in Stein hauen, dessen Bild noch jetzt an einem erhaltenen Säulenkapitäl am Haupteingang der Klosterkirche zu sehen ist.

## 96. *Paulina lohnt die Arbeiter wundersam*

Während des Klosterbaues wohnte Paulina auf dem in der Nähe und nördlich von Paulinzelle gelegenen Kienberge in einem Hause, von dem sich noch jetzt Spuren finden. Von hier aus beaufsichtigte sie den Bau des Klosters, weil sie hier das ganze Tal und die Straße, auf der die Bausteine herbeigeschafft wurden, überblicken konnte. An jedem Abend kam sie mit einer Schürze voll Geld hernieder zu den Bauleuten, ermahnte sie zum Gebet und ließ jeden so viel Geld nehmen, als seine Hand faßte. Einst dachte ein Arbeitsmann durch einen tiefen Griff mehr als die andern zu ergreifen; aber beim Nachzählen fand er, daß er keinen Pfennig mehr oder weniger habe, als er verdiente. Diese Wundertat verschaffte Paulinen große Verehrung im Volke.

## 97. *Die Kirchensäulen und der Teufel*

Der Steinmetz, welcher den Plan zur Paulinzeller Kirche angab, faßte den Gedanken, die Kirche von beiden Seiten auf Säulen aus einem einzigen Steine zu stützen. Alle, die das hörten, wunderten sich über das kühne Unternehmen, und um es ausführen zu sehen, boten sich viele Maurermeister zu Gehilfen an. Paulina betete auf Bitten des Baumeisters allemal, wann eine Säule im Steinbruch gehoben wurde, für das Gelingen, und so waren alle Säulen bis auf zwei glücklich aufgerichtet. Als aber die zwei letzten gehoben werden sollten, wurde Paulina durch ein Gespenst im Gebete unterbrochen, und augenblicklich entstand eine Erderschütterung, welche die zwei Säulen zusammenneigte, so daß von jeder ein Stück abgeschlagen wurde. Aber der Steinmetz fügte die Stükke wieder so geschickt und so fest zusammen, daß sich männiglich über dessen Kunst und über die Macht des Gebetes der Gräfin verwunderte.

Der Baumeister hatte mit dem Teufel einen Bund geschlossen, daß ihm derselbe dabei helfe, und zum Lohne die erste Seele versprochen, welche die Kirche betrete. Da nun die Kirche fertig war und eingeweiht werden sollte, schob man zuerst ein Schwein durch die Türe, welches der Teufel aus Zorn und Scham über seine Überlistung wütend packte und mit ihm durch die Decke fuhr. Dabei hinterließ er nach seiner Art einen greulichen Gestank, der kaum den Düften des Weihrauches wich, und in der Decke blieb ein Loch, das nimmermehr wieder verschlossen werden konnte.

## *98. Wittekind, der schwarze Ritter*

Nicht weit von Paulinzelle erhebt sich in einem felsreichen Waldtale Schloß Schwarzburg stattlich und schön, die auf der Stätte eines der ältesten thüringischen Burgbaue steht. Die Stammsage des Grafengeschlechtes von Schwarzburg kündet, daß einst ein naher Verwandter des großen Sachsenfürsten Wittekind, und den gleichen Namen mit diesem teilend, von Karl dem Großen gefangengenommen worden. Die Tapferkeit, die dieser Sachsenführer und seine Söhne bewiesen, habe Karolo wohl gefallen, und er habe jene zum Christentum bekehrt, habe sie taufen lassen und sei ihr Taufpate geworden. Da habe nun Wittekind, zubenannt der Schwarze, den Namen Ludwig empfangen, seine beiden Söhne aber, die Wittekind und Walperto geheißen, wären Karl und Ludwig genannt worden. Wittekind der Vater habe nun die Schwarzburg erbaut und sie seinem ältern Sohne zum Erbe bestimmt, Ludwig, der jüngere Sohn, sei Erbauer des Schlosses Gleichen geworden. Karl der Große erhob seinen Paten Karolus zu einem Grafen von Schwarzburg und begabte ihn mit einem Strich Landes im Thüringer Walde von zwanzig Meilen im Umkreis. Als der große Karl Ludwig den Bärtigen zu einem Grafen von Thüringen erhoben hatte, ordnete er ihm zwölf edle Vasallen zu, darunter waren auch die Grafen von Schwarzburg, die sich in sehr früher Zeit, schon im Jahre 1099, von Gottes Gnaden schrieben. Auch wurden sie später den Biergrafen des Reiches zugezählt. Das feste Haus Swartzinburg, wie die älteste Urkunde, die seiner erwähnt, schreibt, gehörte dem edlen Grafengeschlechte, ehe es noch von der Burg den Namen annahm. Der erste, der sich einen Grafen von Schwarzburg nannte, nannte sich auch zugleich einen Grafen von Thüringen und einen Grafen von Käfernburg. Sein Name war Sizzo, sein Vater hieß Gundar, aus welchem Namen später der erbliche Familienname der Fürsten von Schwarzburg, Günther, gebildet wurde, und lebte zu Ende des elften und im Beginn des zwölften Jahrhunderts. Graf Sizzo wurde der Gründer des nahe bei Schwarzburg liegenden Dorfes Sitzendorf. Sizzos Söhne wohnten auf den Schlössern Schwarzburg und Käfernburg. Aus dem fürstlichen Hause Schwarzburg gingen in später Zeit hervor ein deutscher Kaiser, zwei Erzbischöfe, ein Großmeister des Deutschen Ordens und mancher heldenmütige Streiter.

## *99. Der Greifenstein*

Ein thüringischer Graf des Namens Heinrich brachte aus einem Kreuzzuge einen Greifen mit, andere sagen einen Falken, der nur auf den Namen Greif gehört. Einst ließ der Graf den Greif nach einem Reiher steigen, er stieg und kam nicht wieder, das war dem Grafen sehr leid, und er gebot seinen Dienern, allüberall zu suchen und zu spähen, ob sie den Greif fänden – es war aber vergebens. Des andern Morgens ging der Graf selbst wiederum aus, den Falken zu suchen, den er sehr ungern mißte. Da erblickte er ihn nach dem Kesselberge zu hoch in der Luft schweben und im Nu auf einen Schwarm Vögel niederstoßen, die sich auf einem nahen Berge niederließen. Eilends bestieg der Graf diese Anhöhe und fand seinen Greif an dem Orte, wo sonst die Burggerichte gehalten wurden, im Gebüsche seine Beute verzehrend, rings umher aber Singvögel, die von ihren Nestern aufflatterten. Ei, ei, du loser Schelm, sagte der Graf scherzend, hab' ich dich nicht gehalten wie ein Kind, und doch willst du mich verlassen? Freilich ist's hier schöner als auf meiner Hand, und du hast dir wahrlich keine üble Residenz erwählt. So sprach der Graf, und seinen Greif auf die Hand nehmend und streichelnd, schaute er sich um, und weil ihm der Platz so wohl gefiele, da man von ihm aus Tal und Gegend weit überschaute, so kam es ihm in den Sinn, hier eine Burg zu erbauen. Noch in demselben Jahre wurde der Grund gelegt; der Bau währte mehrere Jahre, denn es wurde so fest und stark gebaut, wie wenn die Mauern ewig halten sollten; ja, der Mörtel, der noch jetzt mit unverwüstlicher Festigkeit die mürben Sandsteine zusammenhält, soll mit Wein angemengt worden sein, damit er die Steine um so fester kitte. Die Burg aber nannte der Graf zum Andenken seines Greifes, der den Platz erwählt, Greifenstein, das Volk nennt sie nur das alte Schloß und glaubt, sie sei bei einer Belagerung zerstört und verbrannt worden, obgleich diese Meinung der Geschichte zuwiderläuft; in der Geschichte aber heißt sie die Blankenburg, und die Grafen von Schwarzburg hatten sie inne und wohnten auf ihr.

## *100. Der Mönch auf Blankenburg*

Auf dem Burghofe der alten Blankenburg läßt sich in der Dämmerstunde oft ein Mönch mit grauem Haare und Barte sehen, der den Leuten winkt, sie möchten ihm folgen. Das hat aber bis jetzt noch niemand gewagt als ein Schäferknabe, der auf dem mit Gras bewachsenen Hofe seine Lämmer weidete. Den führte der Mann mit langer grauer Kutte, die mit einem Stricke umgürtet war, an ein eisernes Tor. Der Mönch berührte es mit dem Finger, und im Nu sprangen die Flügeltüren auf und eröffneten den Blick in unterirdische Säle, wo das Licht der Lampen, die von der Decke schimmerten, sich in tausend goldenen Geräten spiegelte. Der Saal war mit harten Talern gepflastert, und in den Winkeln lagen Haufen Goldstücke. Obgleich der Mönch winkte, hineinzutreten und zuzulangen, so traute sich doch der Bube nicht, und als er dem vor Staunen fast an die Stelle gebannten Knaben lange zugewinkt, verschwand er plötzlich, und es war keine Spur von Tor und Saal mehr zu sehen.

Das soll der Arzt Freidank sein, welcher den Kaiser Günther, der hier auf dieser Blankenburg geboren wurde, vergiftete und so lange hier umgehen muß, bis ihm, dem treulosen Verrräter, ein Mensch Zutrauen geschenkt hat.

Sonst mußte jedes Kind, welches zum ersten Male den Greifenstein besuchte, ein Stücklein Brot mitnehmen, womit es den

STADT BLANKENBURG UND
RUINE DES SCHLOSSES GREIFENSTEIN

Mönch begütigen könne, wenn er erschiene. Dabei wurde dem Kinde, das sich aus Furcht vor dem Mönche scheu an die Eltern schmiegte, der tiefe, jetzt leider fast ganz verschüttete Brunnen gezeigt, welcher ehemals so tief gewesen sein soll, daß ihm das Wasser aus der Schwarza zufloß, und aus dem der Storch die kleinen Kinder holt und sie den Müttern, den Geschwistern aber große Zuckertüten mitbringt.

## *101. Das gefährliche Pfand*

Auf einem Edelhofe unter Blankenburg, etwa in Watzdorf, war Spinnstube, es wurden Pfänder ausgelöst. Was soll tun das Pfand, das ich hab' in meiner Hand? wurde gefragt, und ein vorwitziges Mädchen sagte: Auf die Burg gehen und eine Kachel von dem alten Öfchen holen! Der kecke Vorschlag ging durch, aber selbst den beherzten Burschen graute vor der Ausführung. Das Pfand gehörte einem Mädchen – Sophie Brandt soll sie geheißen haben –, und sie machte sich, um nicht furchtsam zu erscheinen, auf den Weg. Als sie in das einzig übriggebliebene halbverfallene Stübchen der Burg tritt und eben beschäftigt ist, eine Kachel aus dem verwitterten Ofen zu brechen, hört sie in der Nähe Tritte und leise Stimmen. Sie schlüpft erschrocken hinter den Ofen und verbirgt sich. Es waren mehrere Räuber, die vom Raube kamen und hier ihre Beute teilen wollten. Sie schürten mitten im Zimmer ein Feuer an, aßen und tranken, und nachdem sie die Beute geteilt, streckten sie sich sorglos auf den Fußboden, um zu schlafen. Als das vor Angst halbtote Mädchen merkte, daß sie fest schliefen, schlich sie sich hervor, schritt über den Räuber, der sich vor die Tür gelagert, weg und entfloh aus allen Kräften, immer die Räuber auf ihren Fersen wähnend. Leichenblaß tritt sie in die Spinnstube; kaum hört sie den allgemeinen Jubel, womit sie empfangen wird, mit zitternder Hand legt sie die Kachel auf den Tisch – und sinkt entseelt zu Boden.

## *102. Die törichten Musikanten*

Mehrere Musikanten aus Kleingölitz, die in Blankenburg beim Tanze mit aufgespielt hatten, gingen auf dem Nachhausewege am alten Schlosse vorüber. Der Mond beleuchtete die gelben Mauern, und durch die verödeten Fenster neigten sich grüne Büsche. Der eine sagte: Wie wäre es, Kameraden, wenn wir den alten Grafen, die da oben umwandeln, ein Ständchen brächten; solche große Herren nehmen das gar gut auf, zumal wenn sie so selten Musik hören wie da oben! Den andern war es recht, und sie spielten einen gemütlichen Dreher. Die heitern Weisen hallten lustig in die Nacht hinein, und ihr Klang brach sich sanft widerhallend an den alten Mauern. Oben aus den Fensterhöhlen schienen verwitterte Gesichter freundlich zu nicken. Als die letzten Töne verklangen, trat ein graues Männchen – die Musikanten hatten es nicht kommen sehen – zu ihnen, schenkte jedem einen Buchenzweig und sagte: Bringt das eueren Kleinen mit, die schnabulieren gern Bucheckern! Unterwegs warfen alle den Zweig lachend weg und sagten: Wenn der wunderliche Mann uns wenigstens ein Zuckerbrötchen mitgegeben hätte, denn Bucheckern essen unsere Kleinen dieses Jahr nicht, da wir welsche Nüsse die Fülle haben, und in denen steckt doch ein ordentliches Bübchen (Kern). Nur der Baßspieler steckte das Zweiglein zum Andenken in seinen Baß. Des andern Morgens kamen seine Kinder fröhlich gehüpft und fragten: Vater, was habt Ihr uns denn für gelbe Nüßchen mitgebracht, die taugen doch nicht zum Essen, denn sie sind hart, daß man sich die Zähne dran ausbeißen könnte! Und als der Vater den Zweig betrachtete, siehe! da war er in pures Gold verwandelt, und so wurde er der reichste Mann im Dorfe. Die andern Musikanten durchsuchten nun jedes Gräschen am Wege, um ihr Zweiglein wiederzufinden, aber es blieb nicht nur verloren, sondern sie sollen noch obendrein von unsichtbaren Händen unbarmherzige Nasenstüber bekommen haben.

# 103. Heilsberg

Von der Einführung des Christentums in die Gegend von Blankenburg, Schwarzburg und Rudolstadt geht diese Sage. Winfried Bonifazius kam auf seinem Bekehrungszuge durch Thüringen über die steinige Hochebene, darauf jetzt Trappendorf liegt, durch öde Waldwildnisse. Da er nun mit seinen Gefährten in einem Talgrunde lagerte, so ließ er sein Pferd weiden, und da dessen Fuß wund war, scharrte es damit heftig, und da entsprang eine Quelle, von deren Wasser der Fuß des Rosses alsbald heil wurde, wie sich auch im Spring in Heiligenbrunn die göttliche Wunderkraft offenbart. Da drang gar bald der Ruf des heilenden Wassers zu den Bewohnern der Umgegend, sie strömten herbei, hörten Winfrieds Lehren, ließen sich aus der Heilsquelle taufen, und viele siedelten sich dort an. So ist das Dorf Heilsberg entstanden, darin nun Winfried eine Kirche gründete, deren Schutzpatron er hernachmals ward, auch nahm die Gemeinde des heiligen Mannes Bild in ihr Siegel auf, und am Turme der Kirche ward das Hufeisen jenes Rosses von dem geheilten Fuße befestigt.

Zur alten Bonifaziuskapelle in Heilsberg kam auf einem Zuge durch Thüringen König Ludwig, Karl des Großen Sohn, und vernahm die Geschichte der Gründung und Entstehung, betete allda und begabte das Kirchlein reichlich, ließ auch in einen großen Stein eine Inschrift graben, zum ewigen Gedächtnis seiner Schenkung, die ist allda bis zum Jahre 1816 geblieben, dann aber nach Weimar gebracht worden, allwo sie in sicherer Obhut aufbewahrt wird. Diese alte Schrift ist eine steinerne Rätselnuß, an der sich die Gelehrten ihre Weisheitszähne ausbeißen können, so sie deren haben. Noch keiner, weder in der Zopf- und Perücken- noch in der neuesten Waldschratbartzeit, hat diese Rätselschrift richtig und verständig gelöst und gelesen, und die Versuche solcher Lösung, welche in öffentlichen Druckschriften bekannt worden sind, sind bis jetzt auf der Kindheitstufe der Forschung stehengeblieben.

# 104. Die Totenschauerin

Auf dem Schlosse zu Rudolstadt lebte einst eine Prinzessin, die hat eine gar traurige Begabung gehabt. Wenn in dem fürstlichen Hause ein Sterbefall eintrat, so sahe sie statt der wirklichen Leiche auf dem Paradebette jedesmal die nächstfolgende. Und obschon dieses zweite Gesicht die Prinzessin gar traurig machte, weil ihr Herz stets den Schmerz um zwei Glieder der Familie empfand, so konnte sie doch nicht unterlassen, jedesmal in den Sarg zu blicken, doch behielt sie, was sie schaute, stets als tiefes Geheimnis in ihrer Brust verschlossen, aber ihr Leben ging dabei trübe und traurig hin. Zu einer Zeit aber setzte sie ihren letzten Willen auf, ordnete ihr Begräbnis an und entschlummerte bald darauf sanft – sie hatte sich selbst im letzten Sarge erblickt – und nahm diese dunkle Gabe mit in das Grab.

In der gewölbten Torhalle des Rudolstädter Schlosses ist eine eiserne, fest verschlossene Türe, durch diese tritt, ohne daß eine Angel sich regt, zu gewissen Zeiten zur Mitternachtstunde eine weiße Gestalt mit marmorbleichem Antlitz, schreitet die Stufen herab, wandelt über den Schloßhof und verschwindet dann wieder. Diese Erscheinung soll der Geist jener totenschauenden Prinzessin sein und jedesmal dann erblickt werden, wenn dem fürstlichen Hause ein Trauerfall bevorsteht.

## *105. Das Frühmahl*

Auf dem Schlosse zu Rudolstadt herrschte die verwitwete Katharina von Schwarzburg, eine geborene Fürstgräfin von Henneberg, als der niederländische Krieg durch die Lande wütete. Sie hatte für das Land ihrer unmündigen Söhne einen kaiserlichen Schutzbrief erwirkt, denn es nahten ihm des blutgierigen Herzogs Alba räuberische Scharen. Der Herzog kam in Rudolstadt an und lud sich auf ein Frühstück bei der Gräfin auf dem Schlosse ein, und diese Einladung konnte nicht abgelehnt werden. Während der Herzog mit seinen Begleitern und Gefolge sich's wohlschmecken ließ, taten die spanischen Soldaten nach ihrer Gewohnheit, trieben den Bauern das Vieh weg, plünderten und erpreßten Geld. Klage auf Klage traf ein, und die Gräfin hieß ihren ganzen männlichen Hofstaat und alle Schloßdienerschaft sich bis an die Zähne bewaffnen, dann trat sie in den Speisesaal zum Herzog Alba und schilderte ihm die Ungebühr seiner Soldateska, indem sie ihm des Kaisers Freibrief zeigte. Alba aber sagte: Krieg ist Krieg! – da sprach die Gräfin:

Schreibt einen Brief, Herr Herzog, an Euer Volk, daß sie meinen Untertanen alles wiedergeben, was sie raubten, und auf der Stelle ihrer Zügellosigkeit Einhalt tun. – Wie, Frau Gräfin? fragte unmutig der Herzog und zeigte keine Neigung, der Aufforderung Folge zu leisten, da rief die Gräfin ganz entrüstet: Ihr wollt nicht? Nun, bei Gott, Fürstenblut für Ochsenblut! – Ein Handwink der mutvollen und entschlossenen Frau, und durch alle Türen drängte sich, Mann an Mann, eine Schar Geharnischter mit bloßen Schwertern und spitzen, scharfen Partisanen. Der Herzog wurde blaß und flüsterte mit dem Herzog von Braunschweig, der mit ihm war. Dann schrieb er die Ordre. Der Herzog von Braunschweig lachte und lobte, äußerlich im Scherz, innerlich im Ernst, die herrliche deutsche Frau, die nun gar demütig dankte und die Bewaffneten entließ. Alba schwieg und ging und mag lange an das Rudolstädter Frühmahl gedacht haben. Diese wackere Gräfin ruht in der Kirche zu Rudolstadt, und über ihrer Gruft ist ein schönes metallenes Denkmal mit nachrühmender Schrift zu lesen. Sie war eine große Beschützerin verfolgter protestantischer Geistlichen, so namentlich des Kaspar Aquila und Justus Jonas.

## *106. Die Hangeeiche*

Überm Saalstrom drüben zwischen Rudolstadt und Saalfeld ist ein Bergzug, dessen höchster Gipfel der Kulm heißt, von dem auch manche Sage geht, da war einst ein schöner Eichenwald, und in demselben stand eine besonders große uralte Eiche. Es geschah zur Zeit des Dreißigjährigen Krieges, daß eine Abteilung Kriegsvolk im Dorfe Reichenbach am Fuß des Waldberges im Quartier lag, sich dort gütlich tat und dann weiterzog. Am Tag darauf sollte das heilige Abendmahl im Gotteshaus den Frommen dargereicht und dem Herrn für den Abzug der Soldateska gedankt werden, siehe, da fehlte der goldene Altarkelch, den in uralter Zeit ein frommer Mann der Kirche geschenkt hatte, und alle Anzeichen ließen vermuten, daß der Kelch von den Soldaten gestohlen worden sei. Da erbot sich der alte Schultheiß, ein bejahrter Mann, den Kriegern zu folgen und von dem Hauptmann den geraubten Kirchenpokal zurückzufordern, wie sehr er dabei auch sein Leben der Gefahr aussetzte. Er ereilte den Soldatenhaufen auf der mittlern Heide, und unter jenem mächtigen Eichbaum hingestreckt fand er den Hauptmann und brachte seine Klage vor. Mit strengem Blick hörte der Hauptmann die Beschuldigung, daß einer seiner Leute den Kelch geraubt, und befahl sofort, wenn der Schuldige unter ihnen sei, solle er den Becher herausgeben. Keine Hand rührte, kein Schuldiger meldete sich. Nun wohlan! rief jetzt der Hauptmann dem Schulzen zu, suche euren Kelch. Bei welchem du ihn findest, der soll auf der Stelle an dieser Eiche henken, findest du ihn aber nicht, so henkst du, dafür, daß du meine Leute solcher Tat geziehen!

Erschreckt bis zum Tode begann der Schultheiß sein Suchen und fand nichts. Schon glaubte er sein Leben dem Tode verfallen, da blinkt etwas hell aus dem Schatten eines Busches, da liegt ein schlafender Soldat, den Kopf auf dem Tornister ruhen lassend, und aus dem Tornister blinkt der Altarkelch. Gefunden! ruft laut der Schulze und zieht den Kelch hervor. Verwünschungen der Kameraden und Fußtritte wecken den Schlafenden, der ganz betäubt die Klage hört, und da tritt auch schon der Profoß heran mit dem Strick, und nach kurzer Frist bedeutete der Hauptmann ihn, den Dieb zu henken. Endlich hat dieser begriffen, um was es sich handelt, und beteuert laut seine Unschuld, und da alles nichts hilft und er zur Eiche hingedrängt wird, ruft er verzweiflungsvoll: So möge niemals, so wahr ich unschuldig sterbe, ein Eichbaum in diesem Walde grünen und aufkommen! So starb er und starb unschuldig. Der ihn aufhenkte, war der Dieb, der rasch und heimlich, als er des Hauptmanns Schwur hörte, den Kelch aus seinem Tornister nahm und in den des schlafenden Kameraden steckte. Kaum war nun der Kamerad gehenkt und der Schulze mit dem glücklich gefundenen und zurückerhaltenen Gottestischbecher nach Reichenbach zurückgeeilt, so erwachte die Natter des Gewissens in dem Henker, und er zitterte, wo er eines Eichbaums ansichtig wurde. Nirgend Rast und nirgend Ruhe findend, verließ er seine Fahne, ging zur Eiche zurück, schnitt den armen Kameraden ab, begrub ihn unter tausend bittern Reuetränen und knüpfte sich selbst an einen Ast der Eiche auf. Andere sagen, er habe sein Verbrechen dem Hauptmann eingestanden und dieser ihn alsbald am selben Baum sein Recht widerfahren lassen.

Auf der Heide aber starben bis auf die Hangeeiche alle Eichbäume ab, das machte die Verwünschung des unschuldig Gemordeten, und der Wald trägt keine mehr, selbst die Hangeeiche dorrte endlich ab oder ward vom Sturme gefällt.

## 107. Der Wassermann

Zu Unterpreilipp, einem Dorfe unterm hohen Kulm, das bis hinab zum Saalufer reicht, allwo ein uralt Kirchlein mit köstlichen Schnitzbildern und einem Handörgelein, das Herzog Ernst der Fromme selbst gespielt haben soll, ward nachts an die Türe der Wehmutter gepocht, und draußen hat ein kleiner Mann gestanden und sie gerufen; da sie nun herunterkam, ist er hinunter ins Unterdorf gegangen nach der Saale zu und hat ihr drunten eine Binde über die Augen geworfen und darauf mit einer Gerte auf das Wasser geschlagen, und da hat sich das Wasser auseinandergetan und sind die zwei auf Stufen tief hinuntergeschritten und zuletzt in eine kleine Stube gekommen, wo der kleine Mann der Frau das Tuch abnahm und sie eine kleine Frau in einem kleinen Bettchen liegen sah, die ihrer Hilfe dringend bedurfte, worauf der Mann die Stube verließ. Da nun die Wehmutter alle ihre Sachen mit gutem Glück verrichtet hatte, sprach die kleine Frau: Ich bin eine Christin getauft wie du, aber der greuliche Wassermann hat mich ausgetauscht, da ich noch ein Sechswochenkind war, der frißt meine Kindlein alle am dritten Tage. Er wird gleich wiederkommen und dir viel Geld bieten, nimm aber ja nicht mehr, als andere dir geben, ich weiß, eure Art nimmt gern so viel als möglich, nimm auch keinen Weck mit und trinke keinen Wein, wenn er dir es anbietet, sonst dreht er dir hinterdrein den Hals um. Die Wehmutter befolgte diese Lehren genau und ward glücklich und ohne Gefährde zurückgeleitet; beim Abschied grölzte noch der Wassermann: Du hast klug getan, nicht mehr zu nehmen, als dir gebührte – und da hat hernachmals die Hebamme auch nicht mehr bei den Leuten geschleckt und sich füttern lassen und auch noch mit nach Hause genommen und keine großen Taler gefordert von armen Leuten.

## 108. Der Wechselbalg zu Großwitz

In derselben Gegend, aber hinter Saalfeld, waren Burschen und Mädchen in einer Lichtstube versammelt und alle fröhlich, bis auf eine Kindsmagd im selben Hause, die war mürrisch und verdrießlich, weil sie gar zu große Not mit dem stets schreienden und mißgestalteten Kinde ihrer Dienstherrschaft hatte, welches leider Gottes ein Wechselbalg war. Hinten im Hofe war ein alter halbverfallener Keller, in welchem sich bisweilen ein Licht sehen ließ, und das geschah auch am selben Abend, wo die Burschen und Mädchen Spinnstube hatten, und da sagten die Mädchen, die Burschen sollten doch hineingehen in den Keller und sehen, was das für ein Licht sei. Die Burschen hatten aber keine Lust und sagten, die Mädchen sollten doch hineingehen, und die es tue, solle einen nagelneuen Rock gekauft bekommen, nur ein Wahrzeichen müsse sie mit herausbringen. Keine der Jungfern hatte Lust, bis auf die Verdrießliche, die sagte: Wenn ihr mir den kleinen Schreibalg da so lange halten wollt, will ich schon gehen. – Dies ward zugesagt und getan, und die Magd ging; der Keller stand auf, und in der Tiefe schimmerte ein Licht. Da nun die Magd hineinblickte, ob alles sicher sei, so grölzte es hinten hervor: Guckst du, so werf' ich! – Ganz unerschrocken aber versetzte die Magd: Wirfst du, so fang' ich! – Das wiederholte sich noch zweimal, und die Magd hob ihre Schürze auf, und da flog etwas Dunkles aus der Höhle hervor und plumpte schwer in die Schürze und zappelte, und war ein kleines Kind. Das war Wahrzeichen genug; eilend trug die Magd das Kind vor ins Haus, und wie alle es voll Verwunderung ansahen, trat die Hausfrau dazu und hub an zu schreien: Herr Gott! Herr Gott! Mein Kind, mein liebes Kind! Wie ist es wieder so schön geworden! – Und war wirklich dieser Frau ihr Kind, und der Wechselbalg in der Wiege war auf und davon. – Da ist in jener Gegend das Sprichwort aufgekommen, wenn einem oder einer ganz unversehens etwas zuteil wird: Ich bin dazu gekommen wie die Magd zum Kind.

## *109. Das Heringsmännchen*

Zu Saalfeld an der Johanniskirche ist ein uralt verbröckelt Steinbild zu sehen in Gestalt eines Männchens, das einen Fisch emporhält, das nennen sie das Heringsmännchen, und das ist das Wahrzeichen dieser uralten Stadt, in der leider Gottes im Jahre 875 die drei Enkel Karl des Großen, Ludwig des Deutschen Söhne Karlmann, Ludwig der Jüngere und Karl der Dicke, das große herrliche Deutsche Reich zum ersten unter sich geteilt haben. Die berühmte Benediktinerabtei daselbst hatte schon Karl der Große gegründet. Da, wo das Heringsmännchen steht, soll die alte Landesgrenze zwischen Thüringern und Sorbenwenden gewesen sein, welche mit den Thüringern in steter Feindschaft lebten und sie nicht anders nannten als Thüringer Heringsnasen. Die uralte Sorbenburg in Saalfeld, die am obern Ende der Stadt nach dem Fluß und Walde zu steht und noch als mächtige Trümmer bewundert wird, soll eine Trutzburg gegen die Sorben gewesen sein, wenn selbiges wahr ist; sie heißt im Volke gar nicht Sorbenburg, sondern der hohe Schwarm, welchen Namen die Diftler äußerst weise in arx alta Sorabarum verdolmetschten: Sorabarum – Sbarum – Schwarm, wie Chatten – Hatten – Hetten – Hessen – unumstößlich. Triffts's nicht, so fehlts's doch.

## *110. Kirche und Brücke ein Geld*

Es ist eine bekannte Sage unter dem Volke zu Saalfeld, daß die große und schöne Saalbrücke, welche fünf hohe und weite Bogen hat, gleichzeitig mit der Sankt-Johannis-Kirche erbaut worden sei, und da soll der Bau der Brücke doch noch drei Heller mehr als jener der Kirche gekostet haben. Einem deutschen Meister war der Bau der Kirche, einem welschen jener der Brücke übertragen. Beide wetteiferten miteinander, wessen Werk zuerst werde vollbracht sein, und aus dem Wetteifer ward ein häßlicher Kampf des Neides. Sie wollten den Wettkampf ausführen auf Tod und Leben, und so geschah es, daß immer einer das Fortschreiten vom Werk des andern eifersüchtig betrachtete. Endlich war die Kirche fertig, nur ein Stein war noch anzubringen an der Turmspitze und das Kreuz daraufzusetzen, doch die Nacht brach ein und zwang die Vollendung bis zum andern Morgen zu verschieben. Das erfuhr der Meister, welcher die Brücke baute, und trieb nun in einer wilden Sturmnacht die Vollendung seines Baues bei Fackeln und lodernden Pechkränzen, ja man sagt, er habe die Hilfe des Bösen erbeten und ihm seine Seele gelobt, nur um über den verhaßten Nebenbuhler triumphieren zu können. Dieser machte sich am frühen Morgen auf und erklomm die Turmspitze, aber wie sein Lehrling ihm nun den letzten Stein reichte, wie er diesen einsetzte und das Kreuz befestigen wollte, scholl ein lautes Freudengeschrei von der Brücke herauf zum Zeichen, daß sie vollendet sei; und ein tödlicher Schreck durchbebte den Meister. Das Turmkreuz aber entsank seiner Hand, das heilige Zeichen wollte nicht aufgesteckt sein von dem Mann mit einer Gesinnung voll Haß und Bosheit. Dem fallenden Kreuze stürzte sich der Meister nach und zerschellte an den scharfen Ecken der Strebepfeiler. Auf der Brücke aber ward im gleichen Augenblick eine gellende Hohnlache gehört, man wußte nicht, ob sie der Baumeister ausstieß oder ein Fremder, der bei ihm stand und der ihn gleich darauf von der Brücke hinwegführte. Keiner sah ihn wieder. – Eine dieser sehr ähnliche Sage geht auch vom Regensburger Dom und der Regensburger Brücke.

## 111. *Die Jungfrau mit dem Bart*

Auf der Brücke zu Saalfeld steht eine alte Kapelle mit einem Sankt-Gehilfen-Bilde, von welchem mehr als eine Sage geht. Zwei Grafen von Arnstadt sollen diese Kapelle gegründet haben, und war zu ihr am dritten Pfingsttage und am Allerheiligentage gar ein großer Zulauf um Ablaß. Die Sage zu Saalfeld berichtet, daß eines Sorbenwendenfürsten Tochter, insgeheim der Lehre Christi zugetan, jede Werbung heidnischer Liebhaber beharrlich ausgeschlagen und in ein Kloster habe gehen wollen. Dieses kundgewordene Bekenntnis und dieser Vorsatz reizten ihres Vaters Zorn, besonders aber ihr Abfall von den Slawengötzen, und er schwur, so sie sich nicht seinen Befehlen füge, solle sie den Tod des Christengottes sterben, den sie im Herzen trage und bekenne. Da nun die edle Jungfrau standhaft blieb, so hielt der unnatürliche Vater sein grausames Wort und ließ sie mit den Armen an ein Kreuz nageln. Da sie nun, also freventlich dem Auge der Menge zur Schau gestellt, am Kreuze hing, flehte sie zum Heiland in ihrer tiefen Marter, er möge doch die Gnade an ihr erzeigen und ihrer Gestalt Unkenntlichkeit verleihen, und ihre Bitte fand Erhörung durch ein Wunder, es wuchs ihr ein starker Mannsbart, und ihre Gestalt wurde in eine männliche verwandelt. Ein edler Jüngling, der heimlich die Jungfrau geliebt hatte, kam herbei und versüßte ihr den Tod mit seinem Saitenspiel, dem zum Danke ließ sie einen ihrer goldenen Schuhe vom Fuße fallen. Das ist hernachmals in einem schönen Steinbilde an der Brückenkapelle dargestellt worden, welches noch heute wohl erhalten ist.

Andere sagen, es stelle jenes Bild die heilige Kümmernis dar, welche ihr eigner Vater mit sündlicher Liebe verfolgt, bis sie sich von Gott die Verunstaltung erfleht und erbetet, worauf der Vater sie kreuzigen ließ, damit sie den Tod des Erlösers sterbe, an den sie glaubte. Solches geschah, und sie ward eine heilige Märtyrerin, und weil ihres Vaters Begehren und Strenge ihr den tiefsten Kummer ursachte, so ist sie hernachmals Sankt Kümmernis genannt worden, steht aber nicht im römischen Heiligenkalender, und wurden viele Bilder und Kapellen ihr zu Ehren aufgerichtet. Einstmals war ein armer Spielmann dem Hungertode nahe, der hatte in seinem eigenen Kummer ein gar großes Vertrauen zu Sankt Kümmernis und kniete vor ihrem Bilde und flehte sie um Hilfe an; selbiges Bild war aber gar ein reiches und prächtiges und trug goldne Schuhe. Da nun der Spielmann gebetet und vor dem Bilde eine andächtigfromme Weise aufgespielt hatte, ließ das Bild den einen goldnen Schuh vom Fuße fallen, gerade vor den Spielmann hin. Der nahm dankbar die werte Gabe und ging, sie zu verkaufen; der Goldschmied aber, der den Schuh wohl kannte, weil er ihn nebst dem dazugehörigen gefertigt, zog den Spielmann vor Gericht und klagte ihn des Diebstahls an, worauf derselbe gerichtet und zum Tode verurteilt wurde. Auf seinem letzten Gang ward der Spielmann wieder an dem Bilde vorbeigeführt, da kniete er noch einmal nieder und flehte die heilige Kümmernis an, seine Unschuld zu bezeugen, und siehe, da warf sie ihm sichtlich auch ihren anderen Schuh zu – daraus nun seine Unschuld klar ward, und alles Volk pries die göttliche Hilfe, den Erlöser und seine Heilige, dadurch wurden der Bilder von ihr noch mehr, und zwar nun solche mit dem Spielmann und dem ausgezogenen Schuh. Eins ist in Wien, eins in Ettersdorf bei Erlangen usw.

## *112. Das Nonnenkloster zu Saalfeld*

In unvordenklicher Zeit war das Haus der jetzigen Hofapotheke ein Nonnenkloster, es ist nach dem hohen Schwarm der uralteste, doch schon ganz byzantinische Bau der Stadt, und noch zeigt sich daran manch rätselhaftes Steingebilde. In selbigem Hause soll es vordessen greulich gespukt haben, es gingen darin, soviel der etwas beschränkte Raum erlaubte, sämtliche Nonnen, Priorinnen und Äbte um und wandelten durch die unterirdischen Gänge, von denen einer nach dem Peterskloster führte, auf dem jetzt das Schloß steht, ein anderer nach dem Barfüßerkloster, ein dritter unter der Saale hinweg nach Altensaalfeld, mit einem Stationspunkt unter der Gehilfenkapelle in einem Brückenpfeiler, ein vierter unter die Sorbenburg, ein fünfter unter das Schlößchen Kitzerstein, und wo sonst noch die Nonnen ihre Gänge hin hatten und ihre Besuche her empfingen. Wo jetzt das Laboratorium der Hofapotheke, da war ehedem das Refektorium, und in dem Gastzimmer war das Dormitorium der Nonnen. Unter dem Kohlengewölbe öffnete sich eine Falltüre zu einem Unterkeller, die soll hernachmals vermauert worden sein, darinnen setzten die Nonnen dasjenige im stillen bei, was die Welt nicht mit Augen sehen durfte. Aber von Zeit zu Zeit, hauptsächlich am Tage der unschuldigen Kindlein, ist dasjenige in blutiger und dräuender Gestalt erschienen und hat sich nicht durch aufgeschütteten Kalk, nicht durch die Falltüre und die Kellergewölbetüre bannen lassen. Auch ist im Kloster ein beständiger Hader und Unfriede – eifersuchtswegen – gewesen, und sagen die Leute, es wären dieserhalb außen am Hause Hund und Katze als ein Wahrzeichen angebracht worden – doch sind es die Gestalten eines Leuen und eines Bären. – Endlich ist an einem schönen Morgen das alte Kloster zugewesen und auch zugeblieben – kein Gesicht hat sich mehr darinnen erblicken lassen – und als man endlich öffnete, war das Innere so tot und öde, als habe seit Jahren niemand mehr drinnen gewohnt. Niemand kann sagen, wo die Nonnen hingekommen sind. Einige meinen, sie seien ihre gewohnten Gänge gegangen und nicht wiedergekommen: andere aber sagen, sie seien verwünscht, müßten ewiglich in diesen Räumen bleiben und so lange spuken, als nur ein Stein des uralten Klosterbaues auf dem andern stehe. Andere haben diesen Termin minder lang gestellt und sagen, sie haben bloß so lange spuken dürfen, als es Mönche zu Saalfeld gegeben, und diese Zeit sei schon längst vorüber, und wären die spukhaften Nönnlein nun alle erlöst. – Vor dem Hause lag oder liegt noch ein großer Stein, darauf sitzt in jeder Neumondnacht eine Schleiereule und schlägt mit den Flügeln und tut einen markdurchdringenden Eulenschrei, wie die Tut-Osel.

## 113. *Die silberne Orgel*

Zu Saalfeld war ein Barfüßerkloster, das hatte eine große und schöne Kirche, die war dem heiligen Andreas geweiht, und später wurde in die Kirche die Münzstätte verlegt, daher heißt sie, obschon die Münze längst ein eigenes Gebäude erhielt, immer noch die Münzkirche. In dieser Kirche und im ganzen damaligen Kloster ist es nicht geheuer, Mönche wandeln, Kohlen flimmern, Schätze glühen aus der Tiefe herauf. – Im Klostergebäude ist das frühere Lyzeum, jetzige Realgymnasium. Einst kam ein Lehrer in der Nacht die Straße herauf und sah die Kirche hell erleuchtet. Er trat hinein und erblickte eine Tafel voll brennender Kerzen und funkelndes Tischgeräte, daran saßen der Fürst und sein Hofstaat in vollem Glanze. Bergleute gruben in den Boden ein und warfen heftig Schutt aus, der flog bis dicht vor des Lehrers Füße, und es fiel ihm etwas auf und in die Schuhe. Hoho! Nur nicht zu hastig! rief der Lehrer halblaut einem Knappen zu. Da tat es einen Schlag wie ein Donner, die mächtige Türe flog zu, die Kerzen verloschten, und der Lehrer fand sich in tiefer grauenvoller Finsternis allein. Vor Angst zitternd sank er in die Knie, sprach ein Gebet, erhob sich dann und suchte einen Ausweg, den er auch durch das Sakristeipförtchen fand, wo er auf den Schulsaal gelangte. Am Morgen sieht er einen Glanz am Boden, der kommt von seinen Schuhen, aller Schutt und Staub, der in der Nacht auf und in sie hineingefallen, war zu klarem lichten Golde geworden.

Lange ging und noch immer geht die Sage, daß in der alten Münzkirche eine silberne Orgel tief vergraben sei. Das hätten die Mönche des Barfüßerklosters getan, als die Reformation sie aus Saalfeld vertrieb und sie mit ihrem Klosterschatz nach Erfurt flüchteten, die Orgel aber wohl nicht fortbringen konnten. Ein Saalfelder Herzog, Christian Ernst, wollte den Schatz heben, berief Bergknappen und Schätzebeschwörer und ließ in stiller Mitternachtstunde einschlagen. Bald kündete ein hohler metallener Klang, daß schon ein Kasten erreicht sei, kein Laut ward rege, alles lauschte mit verhaltenem Atem, die Bergknappen arbeiteten schweigend fort, da schrie auf einmal eine Stimme: Es brennt! Zugleich sah man Flammen lodern, und mit einem dumpfen Klang sank der Schatz zur Tiefe. Es war aber das Feuer kein Spuk der Geister, sondern es brannte in der Tat im Sparrwerk des Kirchendachs, und die Spur davon ist am Gebälk noch zu sehen. Niemand wußte, wie das Feuer ausgekommen, und ungehoben blieb bis heute der Schatz und die silberne Orgel.

## *114. Gottes Finger*

Nach der für den Kurfürsten Johann Friedrich den Großmütigen zu Sachsen so unglücklichen Schlacht bei Mühlberg mußte dieser Fürst als Gefangener seinem Überwinder Kaiser Karl V. folgen. Auf diesem Zuge kamen beide nach Saalfeld. Der Kaiser bezog das neuerbaute Gasthaus zur goldnen Gans in der Nähe des Rathauses, das jetzt zum goldenen Anker heißt, und der gefangene Kurfürst erhielt sein Losament in einem gewölbten Gemach nahe dem Hofe, vor welchem eine Leibwache spanischer Soldaten sich aufpflanzte. Das waren des neues Gasthofs erste Gäste. Der edle Gefangene, Herr des Landes und doch in Gewalt des Feindes, trug mit der Würde, die seinen Charakter auszeichnete, sein Los, aber in diesem Kerkergewölbe fiel eine Angst gleich einer Bergeslast auf seine Seele. Er vermochte nicht das Bangen, das ihn drückte, zu bewältigen und bat die Wachen, sie möchten ihm vergönnen, nur einen Augenblick im Hofe frische Luft schöpfen zu dürfen. Der Kaiser ward um Erlaubnis befragt und gewährte. Und kaum war Johannes Friedrich aus seinem Gefängnis getreten, so stürzte mit Donnergepolter das Gewölbe über jenem Gemach zusammen und hätte unfehlbar den Kurfürsten erschlagen, wenn er noch darunter geweilt. Dieses sichtliche Zeichen der allwachenden Vorsehung bewog Karl V., seinem erhabenen Gefangenen ein besseres Gemach anweisen zu lassen.

Fünf Jahre lang trug Johann Friedrich Last und Leiden der Gefangenschaft; als er endlich frei geworden, kam er wieder nach Saalfeld, wohnte, umjubelt von seinem treuanhänglichen Volke, wieder in der goldenen Gans und publizierte den getreuen Ständen in feierlicher Versammlung auf dem Rathaus seinen kaiserlichen Restitutionsbrief.

## *115. Das bescherte Glück*

Dicht bei Saalfeld liegt das Stift Graba, dort träumte einem jungen Menschen, es sei ihm ein großer Schatz beschrieben, er solle nur zur gehörigen Zeit nachgraben an einer Stelle, die der Traum ihm ganz genau bezeichnete, dort werde er einen Topf gefüllt mit Golde finden. Am Morgen darauf begegnete er einem seiner Bekannten und erzählte ihm den wunderlichen Traum. Dieser lachte darüber und redete ihm die Sache aus, ging aber in der folgenden Nacht in aller Stille hin, grub und fand wirlich den bezeichneten Topf. Leider aber war der Topf statt mit dem erwarteten Golde mit gelben Ameisen angefüllt bis zum Rande. Ärgerlich über die Täuschung und um sich für die gehabte Anstrengung und Nachtwache zu rächen, nahm dieser gute Freund den Fund und schüttete seinem Freunde, der den Anlaß zu sotaner herber Täuschung mit seiner Traumerzählung gegeben, die kleinen gelben Ameisen in das Bette. Vergebens aber lauschte er auf den Schrei, wenn dieser von den Bissen der Ameisen erwachen werde; der Freund schlief wie ein Toter. Als dem Träumer der anbrechende Morgen die Augen aufschloß, sah er sich in lauter Golde liegen – denn ihm war einmal das Glück beschert und nicht dem andern.

## *116. Das Mäuselein*

Nicht weit von Saalfeld liegt ein Ort mit einem Rittersitz, Unterwirbach, da wurde ein Knecht gar häufig und sehr von der Alptrude gedrückt und konnte gar keinen Frieden haben, und schlug auch kein Mittel an, denn das unfehlbare, das Verstopfen des Schlüsselloches, welches jener Gute in der Ruhl anwandte, kannte und erfuhr er nicht. Da schälte einer Zeit das Gesinde spät abends in der Stube Obst, und da kam einer Magd der Schlaf an, und sie legte sich auf die Bank, ein wenig zu ruhen. Wie sie nun eine Weile dortgelegen hatte und einige hinsahen, ob sie schlief oder ob sie nicht bald wieder aufwachen werde, siehe, da kroch dem schlafenden Mensch ein rotes Mäuselein zum Maule heraus, daß sich alle entsetzten und einander anstießen und sich's zeigten. Das Mäuselein lief am Getäfel hinauf an das Fensterbrett, dort klaffte ein Fenster, und husch war es hinaus. Eine Zofe, die bei dem Gesinde saß und Äpfel schälen und auch essen half, war neugierig und wollte die Schlafende wecken, die andern aber sagten ihr, sie solle das nicht tun, es sei vielleicht nicht gut; sie ließ sich aber nicht abhalten und ging doch hin und rüttelte die Schlafende, sie lag aber starr, wie recht eigentlich entseelt, obschon sie sich noch nach einer andern Stelle hin bewegen ließ. Bald hernach kam das rote Mäuslein wieder durchs Fenster hereingeschlüpft und wollte wieder einkriechen, wie jenes kleine fingerlange Tierchen in das Weibsbild, welches Schnitter bei Vilforde im Riederland fanden, und welches eine Mahr war, aber es fand nicht mehr an der Stelle, wo es ausgekrochen, den Mund der Magd, lief ängstlich hin und her, und endlich verschwand es. Die Magd aber erwachte nimmer zum Leben, sie war jetzt und blieb tot – vergebens bereute die Zofe ihren Vorwitz. Es war aber dieselbige Magd eine Trude gewesen, die den Knecht im Schlafe gedrückt hatte, denn seit sie tot war, blieb er von allem Alp- und Trudendrücken frei.

## *117. Der Fluch der Witwe*

Zwischen Saalfeld und Gräfenthal liegt Reichmannsdorf, allwo in frühern Zeiten des Bergsegens und Bergbaues kein Ende war, darum heißt noch immer ein Berg in der Nähe der Goldberg und ein anderer der Venusberg, darinnen eine Grube liegt, die den Namen führt Zufällig Glück, und mag wohl der, der in den Venusberg baute, zufällig Glück gehabt haben. Der Ort hatte früher auch einen andern Namen, da aber der ergiebige Bau alle Einwohner zu reichen Mannen machte, so bekam er den Namen Reichmannsdorf. Schon im Jahre 1335 stritten und verglichen sich die Grafen von Orlamünde und die von Schwarzburg über den Ertrag der Gold- und Silberbergwerke, die im Umfang von fast zwei Meilen um den Ort abgeteuft wurden und deren Anzahl zweihundertundzwanzig überstieg. Die Einwohner wurden, wie die Sage erzählt, so übermütig, weil sie so viel gewachsenes Gold und Silber gewannen, daß sie mit goldnen Kegeln spielten und mit goldnen Kugeln danach schoben. Der Ort genoß die Rechte einer Bergstadt und ward im Scherz die Vorstadt von Saalfeld genannt.

Zu einer Zeit geschah es, daß in einem der Reichmannsdorfer Schachte eine so große Stufe gediegenen Goldes gefunden wurde, daß sie viertausend Gulden geschätzt wurde. Das Mineral hatte im Bruch die Form eines Sessels bekommen, und da gerade zu jener Zeit ein Sachsenherzog kam, das reiche Gewerk zu beschauen, so legte man die Stufe auf ein mit Stricken befestigtes Brett, und darauf fuhr nun, von einem Knappen begleitet, der Herzog in den Schacht. Er kehrte befriedigt zurück und lohnte seinem jungen Geleitsmann mit einer Handvoll Dukaten. Der junge Gesell ließ bald darauf das Geld sehen und tat sich gütlich beim Kirmsentanz, und da kam er in den Verdacht, daß er Erze gestohlen habe, ward auch sofort auf heimliche Anklage eingezogen und mußte auf der Folter den Diebstahl eingestehen, den er doch nicht begangen hatte. Nach der Art jener Zeit, Diebe nicht jahrlang in Gewahrsam und liebevoller Verpflegung zu halten, vielmehr kurzen Prozeß mit ihnen zu machen, wurde der unschuldige Knappe auf den Richtplatz geführt, um dort an den Galgen gehenkt zu werden. Vergebens flehte seine arme alte Mutter für sein Leben, vergebens beschwur sie und er selbst seine Unschuld und daß jenes Gold ein Geschenk des gütigen Herzogs gewesen. Der Arme mußte henken. Da erfaßte Verzweiflung die alte Mutter, sie taumelte vom Richtplatz, sie wankte auf die reichste Grube zu, in welche der Sohn mit dem Herzog gefahren war, sie umwandelte diese dreimal und sprach in der Hölle Namen schreckliche Zauberflüche aus. Dann ergriff sie ein Gefäß voll Mohnsamen, das sie mit sich führte und schrie: Verflucht sei dieses Bergwerk um meines unschuldigen Sohnes willen! So viele Körnlein Mohnes hier niederrieseln in die Tiefe, so viele Jahre lang finde man kein Körnlein Goldes wieder! Und als sie so gerufen hatte, stürzte sie sich, den Zauber zu vollenden und den unterirdischen Geistern für die Erfüllung ihres Fluches ein lebendes Opfer darzubringen, in den tiefen Schacht. Wie sie unten zerschellte, durchdröhnte ein unterirdischer Wetterschlag das ganze Gebirge, der Hauptschacht stürzte zusammen, wilde Wasser ersäuften ihn, und der bei weitem größte Teil des Reichmannsdorfer Bergsegens hatte ein Ende, und mit ihm verschwand auch die Prachtliebe und der Glanz der Ortsbewohner. – Auf ähnliche Weise ist auch zu Schleiz im Vogtlande ein reicher Schacht von einer alten Hexe verflucht worden.

## *118. Die wilde Bertha*

In der Gegend um Saalfeld, im Saaltale, auf der Heide, in den Bergwerken von Kamsdorf, im Orlagau und nach dem Vogtlande hinüber, wie in diesem selbst, läßt die Sage des Volkes zahlreiche mythische Wesen in abgesonderten Gruppen bestehen; diese bilden das Volk der Riesen, der Zwerge, letztere als Bergmännchen, der Haus- und Hilfsgeister als Heimchen, der Wichtlein, Moosmänner, Holz- und Moosweibel als scheue Waldzwerge, die der wilde Jäger fast beständig in der Hurre hält, jagt und tötet, wie der Wode im Dithmarschenlande die Unterirdischen; sodann die Drachen, die Saalnixen und endlich der wilde Jäger selbst mit seiner Jagdfrau, der wilden Bertha. Er hat keinen bestimmten Namen, nur einmal halb verbürgt begegnet er unter dem Namen Berndietrich; sie aber heißt auch die eiserne Bertha, die Bildabertha, Hildabertha (Hulde-Bertha?) und im südlicheren Deutschland Perchta und Prechta. Bertha, Jäger und Moosleute erscheinen zottelig, ungekämmt, struppig, und die Hildabertha hat ganz die Eigenschaft der Hulda, die um den Hörseelenberg jagt, faulen Mägden den Flachs zu verwirren und den Rocken zu zerzausen, besonders am letzten Tage im Jahre. Manche Leute sollen deshalb an diesem Tage Klöße und Hering essen, der Thüringer Heringsnasen Lieblingskost, und den Kindern, die sie ohnehin viel mit Bertha zu fürchten machen, sagen, wenn sie das nicht äßen, komme die wilde Bertha, schneide ihnen den Bauch auf, nähme heraus, was darinnen und nähe den Bauch wieder zu, wobei sie sich statt der Nähnadel einer Pflugschar und statt des Heftfadens einer Hemmkette bediene. Es hat aber das Heringsessen am letzten Tag des Jahres noch einen weit verbreiteteren Grund, indem die Leute den Glauben haben, der Rogen des Herings, an diesem Tage genossen, bringe im nächsten Jahre Geld; aus gleichem Grunde werden mittags am selben Tage Linsen gegessen.

## *119. Das Beil im Kopfe*

Ein Bauer aus einem Walddorfe der Saalfelder Gegend fuhr zu Holze in den Zwölften, wo die Geister in Feldern und Wäldern häufig umfahren. Da kam ihm in einem engen Hohlweg die wilde Jagdfrau entgegen auf einem Wagen, den zwei Katzen zogen. Der Bauer konnte nicht ausweichen oder wollte nicht und hub an, greulich zu fluchen. Da hub aber die Frau Bertha ihr Beil auf und schlug es mit einem mächtigen Hiebe dem Bauer handtief mitten in der Stirn in den Schädel und fuhr brausend mit ihrem Gespann über seinen Kopf und seinen Wagen hinweg. Der mächtige Schlag hatte den Bauer betäubt, und er hatte gemeint, es wäre sein Letztes, doch als er zur Besinnung kam, fand er sich heil und unverletzt, aber – mitten in seinem Kopf stak samt dem Stiel, wie in das Fleisch gewachsen, die Spaltaxt der Frau Bertha und war nicht zum Wanken und Weichen zu bringen. So kam der Bauer in sein Dorf zurück, trug zu jedermanns Verwunderung die Axt im Kopf und mußte sich daheim halten oder beständig eine hohe Mütze tragen, denn kein Bader und Feldscher war imstande, ihm die Axt aus dem Kopf zu bringen. Doch konnte er seiner Arbeit warten. So geschah es, daß jener Bauer, der nun schon ein Jahr so gestraft war, eines Tages wieder zu Holze fuhr, und da begegnete ihm wieder die Jagdfrau, ganz wie das vorige Mal. Da war er aber geschwind mit Ausweichen und trieb sein Vieh zurück und gab der Frau Bertha Raum. Da dankte das Waldweib gar freundlich und strich ihm mit der Hand über die Stirne, und weg war die Bertha. Da fiel das Beil dem Bauer aus der Stirne in die Hand, und am Kopf sah und fühlte er keine Spur einer Wunde oder Schmarre, als er aber das Beil recht betrachtete und betrachten ließ, fand sich, daß es von lauterem Golde war.

## *120. Halbpart auf der Hohenwart*

Ein Anwohner des Sorbitzbaches wanderte des Nachts von der Hohenwart – am Saalufer bei Kaulsdorf – herunter dem Valleidatale zu. Das wilde Heer war gerade zur Jagd auf dem hohen Waldrücken ausgezogen, und aufgescheucht flohen die Waldweibchen und grauen Moosmännchen vor ihren Verfolgern her. Der Wanderer horchte dem furchtbaren Getöse zu, sah beim Mondenschein das tolle Treiben mit an, bis ihn vor Grausen selbst toller Mut ergriff, so daß er aufschrie:

Hussa! Hussa! Halbpart
mir hier auf der Hohenwart! –

Hussah! erging die Antwort darauf, und am Morgen lag ihm das ganze Haus voll Geflügel, dem insgesamt die Hälse umgedreht und die Beine ausgerupft waren, und Wildbret, wie es der Mann teilweise noch niemals gesehen, Wichteln und Wachteln durcheinander, und an den Türpfosten hingen Viertel von Waldweibchen und Moosmännchen, die stanken über alle Maßen.

## 121. *Hünschchen*

Auf der Heide, wo der Kulm ragt, der in den Heidenzeiten oft Feuer ausgestrahlt haben soll, und wo die Hangeeiche steht, liebt der wilde Jäger oft zu hetzen und die Moosleute zu jagen. Einstmals hörte ihn ein Bauer aus Arnsgereuth, der tat auch seinen Jagdjauchzer, wie der Sorbitzbächler, und geriet ihm ebenso wohl, doch nicht ganz so reichlich, das machte, weil er nur in die wilde Jagd hineinjuhut hatte und nicht gleich halbpart begehrt. Er wurde der glückliche Finder eines Moosweibchenviertels, das vor Fäulnis schon ganz grün war, das war an seiner Haustüre aufgehängt, an den Haken, daran er, wenn er schlachtete, sein Kalb oder sein Schwein aufzuhängen pflegte. Voll Entsetzen lief der Bauer zu einem Gutsherrn und fragte den um Rat, der sagte, er möchte das Fleisch ja nicht anrühren, solle es nur hangen lassen. Solches tat das Bäuerlein, und da kam das übelstinkende Viertel hinweg. Der hat nicht wieder mitgeschrieen.

Auf der Kegelbahn in Preilipp, wo man die Saale weithin überschauen kann, waren Sonntags die jungen Burschen des Dorfes versammelt bis in die sinkende Nacht hinein und machten sich lustig. Auf einmal erblickten sie den wilden Jäger, wie er ohne Kopf über der Saale drüben hinritt. – Wartet, dem muß ich eins anhängen, rief ein vorlauter Bursche, ich weiß, wie man ihn recht ärgern kann! – Vergebens gaben ihm die andern gute Worte, er solle doch ja stille sein; er trat vor und rief laut:

Hünschchen, Hünschchen!
Hast schöne rote Strümpfchen! –

Kaum hatte er das Wort ausgesprochen, da plätscherte es durch die Saale, und der wilde Jäger rückte an. Eiligst ergriffen die Burschen die Flucht und sprangen in das erste beste Haus hinein, worin sie sich verschlossen und verriegelten. Sie waren kaum hinein, da hielt der wilde Jäger auch schon vor der Türe und pochte und tobte greulich, und als beim anbrechenden Morgenlichte das junge, geängstigt gewesene Volk heraustrat, lag ein Stück rohes Fleisch vor der Haustüre, das einen fürchterlichen Gestank verbreitete. Das Schlimmste bei der Sache war, sooft auch das stinkende Fleisch weggeschafft wurde, es kam ein- und allemal von selber wieder bis zum nächsten Sonnabendabend, da verschwand es.

## *122. Frau Welle*

Die Hohewart liegt bei Kaulsdorf über Saalfeld und hat den Namen von einem Turme, der daraufstand, und in dem Turme hat eine weise Frau gewohnt, welche die Umwohner zu Rate zogen, diese Rune wurde Frau Welle genannt, und man nennt nach ihr noch das Tal unter der Hohenwart das Valleidatal. Bisweilen hielt sich Frau Welle auch in einer Berghöhle auf, und dort soll sie fort und fort noch als ein Geist erschienen sein, ganz in schneeweißes Linnen gekleidet, mit einem breiten Gürtel aufgeschürzt und mit fliegendem, bis auf die Fersen herabwallendem Haar. Auch sie soll sich in der Nähe, ja selbst im Gefolge des wilden Heeres befunden haben, wo sie aber die Waldmännchen und -weibchen nicht verfolgen half, sondern denselben ihren Schutz gewährte. Die zunächst anwohnenden Bauern sahen sie zuweilen, wenn sie spät aus dem Holze heimkehrten, auf einer Anhöhe im Walde, wie sie auf den Ton der Jagdhörner horchte, wenn das wilde Heer auszog. Einstmals – erzählt man – war ein Bauer vorwitzig genug und fragte das am Berge vorüberziehende wilde Heer, ob es etwa der Frau dort etwas von der gemachten Jagdbeute ablassen wolle. Tags darauf fand man diesen Mann auf einem breiten Steine des Valledenberges mit ganz zerstückeltem Leibe liegen. Bisweilen irrte diese Frau auch unter der Gestalt einer fahlen Kuh in den Gebirgsschluchten umher.

Im nahen Loquitzgrunde ist ein Felsberg, der heißt die Trudenkuppe; auch auf ihr geht eine weiße Frau um, deren lange nachschleppende Haare im Winde flattern. Sie trägt ein großes Messer und soll einsame Wanderer in das Dickicht locken und dann auf einem alten mächtigen Opfersteine schlachten.

## *123. Die Saalnixen*

Von den Saalnixen gehen der Sagen viele; der Fluß zieht in mannigfaltiger Krümmung durch weite Länderstrecken von seinem Ursprung auf dem Fichtelgebirge bis zu seiner Einmündung in den Elbstrom in der Nähe von Barby.

Zu Wilhelmsdorf zwischen der Saale und dem Städtchen Ranis hat sich eine Saalnixe zum öftern gezeigt. In der Berggrube bleichte sie ihre Wäsche, die war blütenweiß und rot gerändelt. Ein Bauer, der dort vorüberfuhr, hieb mit seiner dreckigen Mistgeischel ein paarmal darüber hin, daß man garstige Schmitzen sah. Da stand die Nixe plötzlich an seinem Wagen und schalt, er solle das nicht noch einmal tun, sonst wär' es aus mit ihm. Murrend fuhr der Knecht davon. Als er das nächstemal wieder an derselben Stelle vorbeikam, lag der Weich wieder dort, aber es war keine Nixe dabei. Da trieb der angeborene Frevelsinn, der manchem im Leibe steckt, den Burschen an, nach Herzenslust auf die blütenweiße Wäsche zu schlagen und sie mit dreckigen Striemen zu zeichnen, und über dieser Frevelübung merkte er gar nicht, daß aus der nahen Berggrube hervor endlos Wasser strömte, bis er es an den Füßen spürte, bis es über die Knie ihm schwoll, und da er sich nun hinauf auf seinen Wagen vor der mehr und mehr anschwellenden Flut retten wollte, war die Nixe da, riß ihn zurück, tauchte ihn unter und hielt ihn fest, bis ihm der Odem ausging.

Lange Zeit trieb diese Saalnixe zum Zeitvertreib ihr Wesen in der Kosterquelle und den runden Teichen auf der Walperwiese bei Wilhelmsdorf. Einstmals ging ein Mann aus dem Dorfe nach dem schwarzen Holze an der Herthigstelle, sich dort einen Peitschenstecken zu holen. Die Sonne ging gerade auf, als der Wilhelmsdorfer über die Walperwiese schritt. Er sah, wie die Nixe blendendweiße Wäsche an dem Rande der Kosterquelle ausgebreitet hatte zum Trocknen. Daneben saß sie selber und wiegte ihr noch schlafendes Kind. Erschrocken darüber wollte er von der unheimlichen Stelle ausbiegen, doch die Nixe hatte ihn schon gewahrt. Sie fragte nach seinem Anliegen und versprach ihm einen Peitschenstecken, mit dem er gewiß zufrieden sein solle, wenn er unterdes das kleine Nixlein recht schön wiegen wolle. Der Mann wollte die Nixe nicht böse machen und setzte sich bei der Wiege nieder. Unbeholfen stößt er daran und bringt sie nach seiner Weise in starken Schwung. Eines solchen Wiegens ungewohnt, erhub die kleine Nixe wehklagend ihre Stimme. Da schaute die Nixenmutter sich um, dräute mit der Hand und gebot ihm Schonung für ihr Kind. Der Mann aus Wilhelmsdorf aber wurde dadurch so aus der Fassung gebracht, daß er die Wiege gar umwarf und dann entfloh. Die zurückkehrende Saalnixe schwur dem Fliehenden Rache, und ehe dreimal vierundzwanzig Stunden vergangen waren, lag der Frevler als toter Mann in der Saale.

Einem Manne aus Reitzengeschwenda, der besser gewiegt hatte, wurde von der Nixe ein goldner Peitschenstecken verehrt.

Ein anderer traf die Nixe weinend und jammernd an, ihr Kind war gestorben, und sie wußte nicht, was sie damit anfangen sollte;

da erbot er sich, es auf seinem Wagen mit ins Dorf zu nehmen und auf den Kirchhof zu begraben. Des war die trauernde Nixe herzlich froh, ließ es geschehen und belohnte reichlich den Mann.

Einmal hatte die Nixe einen jungen Ehemann an sich gelockt, dessen Frau schöpfte Verdacht, ging ihm nach und traf ihn bei der Nixe in zärtlicher Umarmung. Da erhob sie ein entsetzliches Jammergeschrei und raufte sich die Haare aus. Als die Nixe den Schmerz der Frau gewahrte und wie lieb sie ihren Mann hatte, ließ sie diesen los und sprach: Nimm ihn hin, er sei und bleibe dein, aber er nahe nicht wieder dem Ufer, sonst möchte mich's reuen und ich mir ihn holen. Und glitt hinweg und verschwand im Strome.

Eine Saalnixe kam auch oft nach Saalfeld in die Stadt in die Fleischbänke; sie hatte große wässerige Augen wie ein Fisch, grüne Zähne und unterm Rock einen triefenden Schweif. In Jena fordern sie jedes Jahr ein Menschenleben als Opfer, desgleichen in Halle, davon ein Scherzreim geht:

Wißt ihr wohl, wo Halle liegt?
Halle liegt im Tale.
Da sind schöne Jungfern drein
und Nixen in der Saale.

Einer hallischen Wehmutter erging es ähnlich wie der zu Preilipp, die ward auch von einem Wassermann unter den Strom geführt, dort von der Kindbetterin vor ihres Mannes, des Nix, Tükken gewarnt und bedeutet, Dosten und Dorant zu erfassen und festzuhalten, diesen Kräutern und denen, welche sie tragen, können weder Nixen noch Kobolde etwas anhaben, so kam auch jene glücklich zurück.

## *124. Milch- und Gelddrachen*

In der Saalfelder Gegend wie im nachbarlichen Orlagau und im Vogtlande, aber auch in Thüringen und weit nach Franken hinein ist der Glaube an Drachen verbreitet, welche den Teufelsbündnern Reichtum zutragen. Auf gar vielen Orten bezeichnen die Einwohner geradezu die Häuser und nennen die Leute ohne Scheu mit Namen. Die Drachen erscheinen in feuriger Gestalt und werden in gute und arme Drachen unterschieden. Die meisten fallen in Form einer Feuerkugel durch den Schornstein in die Häuser und schütten daselbst ihre Schätze, Milch, Eier und Geld, aus. Man nennt sie die guten Drachen. Bisweilen zieht der Drache aber auch in Gestalt eines langen Wiesebaums durch die Fensterzwickel in die Wohnungen und hinterläßt statt der Reichtümer einen furchtbaren Gestank. Das ist der arme Drache. Wenn der Einzug des guten Drachen gewahrt wird, werden schnell die Milchgefäße gereinigt, und man setzt sie in Küche und Keller, damit der Drache seine Milch darin ausschütten könne. Um ihn anzuziehen, werden die Butterfässer aus Holzarten gefertigt, welche zu heidnischer Zeit für heilig gehalten wurden, Wacholder, Eibisch, Linde. Das Holz wird am heiligen Abende des Weihnachtsfestes geholt und sogleich abgeschält. Butter wird nur am Freitage ausgerührt, nachdem man zu drei verschiedenen Malen Milch in das Butterfaß gegossen hat. Noch jetzt werden häufig in den Kellern eingegrabene Töpfe von eigentümlicher Beschaffenheit gefunden. Sie sind hoch an Form, unten zugespitzt, haben neun Ringe in der Mitte und sind ohne Henkel. Der ursprüngliche Deckel ist an dem Rande abgeschlagen und so inwendig in den Boden des Topfes eingepaßt, und an des Deckels Stelle ist eine Schieferplatte gefügt. Lauter Anstalten, um das Geschäft des Drachen in Vermehrung der Milch zu erleichtern.

Wieder eine andere Art feuriger Drachen sind die, welche die Sage als Schätzehüter insgemein erscheinen und von denen erblickt werden läßt, welche dem Geschäft des Schätzehebens obliegen, das nur zu oft den Hals und das ewige Seelenheil dazu kostet, das sind die Gelddrachen, die auch oft auf zwei Beinen mit Menschengesichtern umgehen.

Nicht weit von dem Dorfe Peisla unweit Ranis erhebt sich der Engelsberg, ganz mit Rotbuchen bewachsen. An seinem Fuße zieht sich ein tiefer Graben nach Norden, den man den Poppengraben nennt und welcher an den Poppenbiel stößt. Auf der östlichen Seite des Berges öffnet sich eine Höhle, die der Sage nach durch den ganzen Berg sich erstrecken soll. Zwei feurige Drachen liegen darin an Ketten und haben einen großen Schatz, der daselbst verborgen ist, zu bewachen. Ein graues Männchen wird nach Jahrhunderten die Stelle andeuten, wo der große Schlüssel liegt, mit welchem der Zugang zum Schatze geöffnet werden kann, indem das Männchen mit einem Stabe einem der großen Steine, die am Wege von Peisla nach Dobian liegen, ein Malzeichen aufdrücken wird.

## *125. Von Moosleuten, Holzweibeln und Heimchen*

Es ist schwer, eine sondernde Linie zu ziehen zwischen den verwandtschaftlichen Beziehungen der Elbe, die das Volk so verschieden benennt und kennzeichnet, und könnte einer ein Buch allein über sotanes Völklein schreiben, ungleich reichhaltiger als des Iren T. Knightleys Mythologie der Feen und Elfen. Aus Büchern aber darf es einer nicht lernen wollen, er muß selbst an Orten und Stellen hinhorchen, was die Leute sich auf den Dörfern davon erzählen. Und wie das gespenstige Zwergvölklein sich nicht streng sondern läßt, so lassen sich auch die Sagen von ihm nicht sondern, denn es erscheint bald da, bald dort, bald in dieser, bald in jener Gestalt und Gesellschaft oder auch ganz allein. Aber die Moosleute sind keine Hilfsgeister, die Holzweibel keine Moosleute und die Heimchen sind auch nur wenig von allen diesen, höchstens Hilfsgeister; sie bilden das Gefolge der wilden Bertha, sind aber nicht wild, sondern traulich, wie ihr Name, der traulichste, der in deutscher Zunge klingt und daher auch einem Tiere gegeben ward, das heimlich am heimischen Herde, am Backofen, in der Wärme weilt, und dessen Zirpen der Volksglaube prophetische Bedeutung beilegt. Sie heißen in diesem Lande Heimchen, nicht mit Heinchen oder Heinzchen zu verwechseln. Im Orlagau heißt Perchta die Heimchenkönigin und erscheint umschwärmt von dieser neckischen Elbenschar. Wie anderorts die Zwerge über Flüsse sich schiffen ließen und fortzogen, so bei den Dörfern Kosdorf und Rödern, welche nicht mehr vorhanden sind, im Orlagau die Heimchen. An einigen Orten dieser Gegend heißen sie auch Butzelmännchen, Heimele, Erdmännele und werden gedacht als ganz winzig kleine Erdgeister, welche nur fingerslang sind und in den Mäuselöchern der Häuser wohnen. Gewöhnlich lassen sie sich in den Abendstunden sehen, sind weiß bekleidet, erweisen sich freundlichen Gemütes und führen in Zahl von mehreren Hunderten liebliche Kreiseltänze auf. Sie zeigen den Bewohnern des Hauses Glück oder Unglück im voraus an und hinterlassen zuweilen, wenn man sie sorgsam hegt, köstliche, obschon höchst niedliche Geschenke, welche zur Morgenstunde in goldnen Kästchen vor den Mäuselöchern aufgestellt sich finden.

Im Schnerfert bei Grobengereuth auf dem roten Biel gab es vorzeiten Waldweibchen in Menge. Sie sprangen auf den Heuschobern und den Getreidegarben herum und spielten miteinander wie die Kinder. Wenn Leute dazukamen, die sich bei dem Anblick der Kleinen blöde und furchtsam zeigten, so riefen sie ihnen freundlich zu: Kommt immer her, treibt, was ihr wollt, wir tun euch nichts. Doch benaschten sie die Arbeiter im Schnerfert gern und trugen ihnen wohl halbe und ganze Brote weg.

In der ganzen Gegend um Altengesees herum, die bis heutzutage sehr holzreich ist, standen die Bauern mit den Holzweibeln im freundlichsten Verkehr. Sooft Holz gefällt wurde, waren sie gleich bei der Hand, baten die Holzmacher, daß sie doch, ehe der fallende Baum den Erdboden erreiche, drei Kreuze in den Stock hauen möchten, so daß sie darauf Schutz vor der wilden Jagd finden könnten. Gern taten dies die Leute, und die Waldweibeln halfen den Arbeitern dafür, wo sie wußten und konnten. Gingen die Bauern am Morgen in den Wald, so legten sie ein Stückchen Brot oder einen Kloß für ihre kleinen Gehilfen auf die bekreuzten Stöcke, und diese luden freundlich ein, fleißig Holz zu holen mit den Worten:

War Hulz braucht, kumm,
war arm is, namm.

## *126. Kümmelbrot*

Im Schallholz, eine Viertelstunde westlich von Merkendorf, hausten auch Holzmännel und Holzweibel; die waren den Leuten gern behilflich und dienstbar, halfen auch Heu machen, waren aber nicht blöde und ließen sich oft ungefragt die Klöße aus den Töpfen und die Brote aus den Öfen gefallen. Das war zuletzt den Leuten nicht recht, sie gedachten diese unliebsamen Gäste loszuwerden und wendeten die Mittel an, die dazu dienlich waren. Der Müller, dem sie treulich geholfen, Mehl und Mühle gefegt hatten, legte ihnen neue Kleider hin, das verdroß die kleinen Hilfswesen, und sie zogen ab und kamen nicht wieder. Andere Leute buken Kümmel unter das Brot oder bestreuten, wie es noch heute üblich ist, die Rinde damit. Da klagten die Holzweibel:

Kümmelbrot,
unser Tod.

Und dann sagten sie im Weggehen, da sie fortzogen, um nimmer wiederzukehren:

Eßt ihr euer Kümmelbrot,
tragt auch eure schlimme Not.

Und nacher ist es den Leuten auch nie wieder so gut und wohl geworden wie früher.

## 127. *Das hohle Brot*

Zu einem Hirtenmädchen aus Gefell kam oft ein Holzweibel auf die Hut, und das Mädel war mit dem Weibel gut vertraut. Eines Tages, als sie daheim frisch gebacken hatten und kein Mangel vorhanden war, nahm das Mädchen einen ganzen Laib Brot für das Holzweibel mit. Das empfing das Brot mit großer Freude, brach es auf und höhlte alle Krume heraus, dann sammelte es Laub am Hutrain und stopfte das hohle Brot damit voll. Dieses kindische Tun verdroß die junge Hirtin, es dauerte sie das liebe Brot. Und auf einmal lag das Brot bei ihr, und das Holzweibel war verschwunden. Nun hatte das Mädchen nichts Eiligeres zu tun, als das Laub aus dem gehöhlten Brot zu schütten, und das letztere nahm es wieder mit nach Hause. Da klapperte etwas im Brot, und das Mädchen dachte, es möchte etwa ein kleiner Stein sein, der mit dem Laub in das Brot gekommen, schüttete es nochmals aus, aber siehe, da waren aus einigen Blättern Laub, die innen hängengeblieben waren, einige Laubtaler geworden. Wie schnell lief die Hirtin nach dem Rain, wie suchte sie nach dem köstlichen Laube, fand es auch noch und trug's in der Schürze heim, aber es wollten daraus keine Laubtaler werden, und nie sah sie das dankbare Holzweiblein wieder.

## 128. *Das erschrockene Wichtel*

Eine Bauersfrau aus Gössitz war daran, auf ihrer Holzwiese im Schlingengrunde gerade den letzten Heuschober auszubreiten, da saß auf dem Schober, mit dem Rücken der Frau zugekehrt, ein winzigkleines Männchen. Was war zu tun? Fertig wollte die Frau gern mit ihrer Arbeit werden und getraute sich doch nicht, den Kleinen anzureden und heruntergehn zu heißen. Kurz bedacht schlich sie von hinten heran und zapfte mit dem Rechen Heu unten von dem Schober weg. Das Wichtel merkte nichts davon. Die Frau zupfte wieder und immer wieder; endlich kriegt der Schober oben das Übergewicht und bricht zusammen. Das erschrockene Männchen kreischte laut auf im Fallen und rang sich mit Mühe aus dem Heu hervor. Aus dem Holze aber kam ein ganzer Haufe kleiner Wichtel und rief:

Sag an, sag an!
hat es dir was getan?

Das sich vom Schrecken erholende Wichtel schaute aber immer nur den eingefallenen Heuschober an, schüttelte den Kopf und sprach:

Ei, ei! Das Ding fiel nur so ein;
da bin ich so erschrocken!

und lief, ohne auf die Bauersfrau achtzugeben, was es laufen konnte, mit seinen Kameraden in den Wald zurück.

## *129. Die bestrafte Magd*

Eine kecke Magd schritt am Dreikönigsabend von Neidenberga nach Saaltal, ein Dorf unweit Wilhelmsdorf dicht an der Saale, heim. Sie war in einer Lichtstube zu Neidenberga spinnen gewesen und hatte ihren Rocken rein abgesponnen, auch hatten junge Burschen ihr das Geleit gegeben bis zum Bergabhang, der sich in das Flußtal senkt. Den Bergpfad herauf zog Perchta mit dem Heimchenvolke, und die Magd stutzte, als sie eine stattliche Frau sah, von einer so großen Schar Kinder umwimmelt, die noch dazu sich abmühten, einen großen Ackerpflug zu ziehen und bergauf zu schieben und anderes Geräte zu schleppen. Das kam ihr ganz komisch vor, und sie lachte hellauf, daß es drüben von der Bergwand widerhallte. Darob erschraken die Heimchen, daß sie abließen von ihrem Gerät, und alles samt dem Pflug rollte wieder den steilen Pfad hinab. Zürnend trat Frau Perchta vor die Unbesonnene und blies ihr in die Augen. Alsbald schlossen sich diese in starrer Blindheit. Angstvoll irrte sie nun und pfadlos über Stock und

Stein, irrte die ganze Nacht, und erst am Morgen fand man sie und fuhr sie über den Strom zu ihrer Herrschaft in Saaltal, die sie nun aus dem Dienst wies, und so wurde die Hilflose eine Bettlerin. Da saß sie nun oft weinend und ihren Vorwitz bereuend am Weg und an der Überfahrstelle, und das geschah auch, als der Dreikönigsabend wiederkehrte. Die Blinde hörte, daß eine Frau des Weges kam, Gewänder rauschten, und es trippelte und trappelte wie von vielen Kindern, und sie erhob ihre Stimme und flehte um eine Gabe. Die Frau aber war Perchta mit ihrem Völklein und sprach: Du sollt eine Gabe han. Vorm Jahr blies ich dir zwei Lichtlein aus, heuer zünd' ich sie wieder an, blies der Bettlerin ins Gesicht und schritt weiter. Mit einemmal taten sich die Augen der Magd auf, und sie sah wieder wie zuvor. Nie vergaß sie, was ihr geschehen, und erzählte es oft, andern zur Warnung und zur guten Lehre.

Auch bei Neustadt an der Orla in der sogenannten Sorge geht dieselbe Sage von einer Spinnerin, welcher Perchta die Augen ausblies.

## *130. Die Buschgroßmutter*

In der Nähe von Leutenberg und am linken Saalufer haust nach der Sage des Landvolkes ein dämonisches Wesen, das heißt die Buschgroßmutter. Die hat viele Töchter, und diese werden Moosfräuleins genannt, mit denen zieht sie durch das Land zu gewissen Zeiten und in heiligen Nächten. Es ist nicht gut, ihr zu begegnen, sie hat gar starre Augen und wirre Haare. Oft fährt sie auf einem kleinen Rollwagen daher, und da ist es wohlgetan, ihr zeitig auszuweichen. Die Kinder absonderlich scheuen diese Putzmommel und machen einander mit ihr zu fürchten. Es ist kein anderes Gespenst als die Hulda oder Bertha, die wilde Jagdfrau, welcher die örtliche Sage hier Kinder verleiht, wie in der Nachbargegend die Heimchen ihr folgen.

# *131. Der Futtergupel*

Auf dem Rittergut zu Miesitz bei Neustadt an der Orla zog ein Schafknecht an namens Speck. Dort trieb ein Gupel (Kobold) sein Wesen, fütterte die Schafe des Nachts, und man hörte die Tiere deutlich auf die Kästen und Raufen springen, um das Aufgesteckte zu fressen. Durch ein Fenster hatte der neue Schafknecht zugesehen, wie der kleine Hilfsgeist Heu unter dem Arme herbeischleppte und davon vorlegte, wobei sich die Schafe gar nicht schüchtern zeigten. Ein ganzes Jahr lang war das so fortgegangen; da machte sich Speck aus Neugier einen Bung – ein Nachtlager mit einer Schütte Stroh – auf die Bahre im Stalle, um, wo möglich, dem Gupel seine Fütterungsweise abzulernen. Das war aber ein großer Fehler, denn der Gupel blieb von da ab weg auf immer; die Schafe aber wurden von der Zeit an so dürre, daß die Sonne durch sie hindurchscheinen konnte – und das will doch etwas besagen – setzte Speck bedauernd hinzu, als er die Mär erzählte.

Auch zu Weißbach war einmal im alten Schlosse gar ein treues Futtermännchen von der größten Tätigkeit. Dem nähete endlich eine junge Frau, die in das Schloß geheiratet hatte, ein neues Hemdchen. Da zog das Männchen unter strömenden Tränen ab und klagte, wie jene Hütchen in der Ruhl: Ich muß nun auf und davon, ich habe meinen Lohn – und ward seitdem nicht mehr gesehen.

Ähnliches erlebte ein Schafmeister in der Nähe von Ranis, der sah einmal zufällig im Winter die Fußspur seines hilfreichen Futtermännels und nahm mit Betrübnis wahr, daß selbiges barfuß ging. Eilig nahm er nach Länge und Breite der Fußspur das Maß und ließ dem Männel ein Paar saubere nette Schuh machen, die er hinstellte. Das Futtermännel kam, sah die Schuh, nahm sie, besah sie von oben und von unten, seufzte tief und sprach:

So hab' ich deine Schuh,
so hab' ich meine Ruh. –

verschwand und ward nimmer wieder gesehen.

## *132. Das Baumännchen*

Da man zu Großkamsdorf zwischen Saalfeld und Ranis, wo die bedeutenden Bergwerke sind, die Kirche baute, ward man ein kleines graues Männchen mit verschrumpfeltem Gesicht gewahr, das keiner kannte und das gar fleißig mithalf. Bald war es da, bald dort, bald sichtbar, bald unsichtbar, bald trug es Steine, bald rührte es Mörtel, bald kletterte es auf den Gerüsten umher, wo es absonderlich zur Mittagsstunde bemerkt wurde, denn man sah es nie essen oder trinken. Es war da und schwand hinweg, keiner wußte, woher es kam und wohin es ging. Wenn der Werkmeister den Wochenlohn auszahlte, war es nie unter den andern Meistern und Gesellen. Die alten wachten darüber, daß dieses Männchen von den jüngeren Gesellen nicht beleidigt wurde, und flüsterten ihnen heimlich zu: Es ist ein Baumännchen, das dürfen wir beileibe nicht erzürnen, sonst ist's gefehlt. Und es ging auch der ganze Kirchenbau ohne einen einzigen Unglücksfall trefflich zu Ende, und der Bau war unglaublich schnell fertig geworden. Da nun die Kirche eingeweiht wurde, sah man das Baumännchen bald oben auf der Empore, bald auf dem Orgelchor, bald unter der Kanzel, bis der Segen über das neue Gotteshaus gesprochen wurde. Da schwand es vor aller Augen hinweg und ward niemals wieder gesehen.

## *133. Kamsdorfer Berggeister*

In den Kamsdorfer Gruben gibt es Berggeister von mancherlei Art und Gestalt, so auch von gutem und schlimmem Wesen. Sie erscheinen bald als graue Zwerge, führen als solche den Namen Bergmönche und zeigen den Bergleuten reichhaltige Erzgänge an; bald sitzen sie als feurige Riesen auf den Halden des Bergwerkes und warnen die Arbeiter vor dem Anfahren, wenn ihnen ein Unglück zuzustoßen droht. In beider Gestalt beweisen sie sich von Natur gutartig, nur können sie großes Geräusch und Neckereien nicht leiden. Darum vermeidet der Bergmann jedes unnötige Lärmen bei seiner unterirdischen Arbeit, und keiner wagt dort im Dunkeln zu pfeifen oder Fluchworte auszustoßen, wie beides wohl stündlich von ihm ungescheut am hellen Tage geschieht.

Den Flucher stürzen sie hinunter in die tiefsten Schachte oder drehen ihm den Hals um, das Gesicht auf dem Rücken. Oft helfen sie auch, in graue Kutten gekleidet, dem Bergmanne, dem sie wohlwollen, bei seiner Arbeit, und alles geht dann wunderbar schnell vonstatten. Ihre Stimme gleicht dem Krähen eines Hahnes. Bisweilen sieht man diese Berggeister in Katzengestalt auf den Erzstufen sitzen, die zu Tage gefördert worden sind, und mit großen feurigen Augen diese Schätze bewachen. In einer dieser Kamsdorfer Gruben hielt sich so ein Bergmönch auf, klein und dick, garstigen Aussehens, mit Augen im Kopfe so groß wie die Käsenäpfe. Dabei ist er aber ganz gutmütig gewesen, hat still vor sich hingelebt und in dem Bergwerke wacker mitgearbeitet. Besonders hat er die armen Bergjungen, wenn sie müde geworden sind, unterstützt und abgelöst; aber gesprochen hat er nie ein Wort dabei. An jedem Morgen hat der anfahrende Junge ihm eine Pfennigsemmel mitbringen und an einen bestimmten Platz legen müssen. Einstmals kommt ein anderer Junge darüber, der dem Bergmönch gern hat einen Schabernack antun wollen, und ißt die Semmel weg. Als später der Kübel in die Höhe gezogen wird und oben anlangt, findet sich der Junge, der die Semmel gegessen hat, darin. Er ist tot gewesen, der Mönch hat ihm den Hals umgedreht und ihn in den Kübel gedrückt, daß ihm Hören und Sehen und Semmelessen auf immer vergangen ist.

## *134. Die Bilbzen*

In dieser Gegend herrscht im Landvolke noch immer der Glaube an dämonische teils, teils menschliche Getreidemäher, auch Bilbsen-, Bilsen- und Binsenschnitter genannt. Die Schilderung von ihnen ist mannigfaltig, manche sollen dreieckte Hütchen tragen. Als elbische Geister erschienen sie oft den Landleuten, wenn sie spät am Abend durch ihre Flur nach Hause gingen. Sie hatten fliegendes Haar und waren meist mit weißer Leinwand bekleidet. Oftmals wälzen sich diese Bilbzen in Gestalt einer mächtig großen Kugel durch die Felder und richten ungeheuren Schaden an. Zur Erntezeit kommen sie bisweilen auch als furchtbare Wirbelwinde und führen das geschnittene Getreide mit sich fort. In beiden Fällen pflegen die Bauern, wenn sie es bemerken, ein Taschenmesser, auf dessen Klinge drei Kreuze eingedrückt sein müssen, der Bilbze entgegenzuwerfen und dabei auszurufen: Da hast du es, Bilbze! Es gibt aber auch, und dies ist allgemeiner Volksglaube, noch heutigen Tages solche Bilsenschnitter, das sind Leute, die an den Tagen Himmelfahrt, Johannis und der heiligen Dreieinigkeit ganz früh hinaus auf die Felder gehen, barfuß, an die große Zehe des rechten Fußes ein kleines sichelförmiges Messer gebunden. Sie schreiten durch die Saaten und schneiden mit dem Messer einen Strich durch dieselben. Zur Zeit der Ernte und des Ausdrusches muß dann der zehnte Teil der Frucht eines solchen Feldes dem Bilsenschnitter zuteil werden. Das Geschäft ist jedoch mit großer Gefahr verbunden. Wird der Bilsenschnitter während seines Tuns von jemand angerufen oder mit einer Flinte über ihn hinweggeschossen, so muß er noch in demselben Jahre sterben. Falls dieser den Ankömmling früher gewahrt und anredet, fällt das Todeslos auf den andern. Die meisten Bauern suchen sich gegen den Verlust, der auf diese Weise ihren Äckern droht, dadurch zu sichern, daß sie das Feld zuerst von außen umackern und besäen, denn in das solchermaßen bestellte Getreide kann kein Binsenschnitter einbrechen. Wird das Getreide gedroschen, das durchschnitten war, so kommt der Bilsenschnitter und gibt gute Worte, daß man ihm irgend etwas aus der Wirtschaft borgen möge, was aber nicht geschehen darf. Zur Rache an dem Bilsenschnitter legt man wohl auch beim Ausdrusch des gezehnteten Getreides einige Reiser von Wacholder mit an. Jeder Schlag mit dem Dreschflegel darauf trifft dann den Bilsenschnitter, bis er zuletzt gelaufen kommt und um alles in der Welt bittet, man möge doch anders wieder zum Dreschen anlegen.

## *135. Des Bilsenschnitters Lohn*

Ein habsüchtiger Mann, der ein Bilbze war, rüstete sich an einem Johannistage bald nach Mitternacht, um noch vor Sonnenaufgang seinen unheimlichen Gang anzutreten. Aus einem der verborgensten Winkel seines Bodens brachte er ein sorgfältig verstecktes dreieckiges Hütchen und zwei kleine sichelförmige eiserne Instrumente und verwahrte dieselben unter seinem Kittel. Indem er nun den Marsch zu seines Nachbars Kornfelde richtete, vermied er jemand zu begegnen, denn wenn jemand den Bilsenschnitter auf solchem Wege anredet und grüßt, kostet es diesem das Leben. Gierig überblickte er das in Üppigkeit dastehende Getreide und freute sich im voraus, dasselbe durch seine Höllenkunst zur Hälfte in seine Gewalt zu bekommen. Eilig wurde nun das Hütchen aufgesetzt, die Sicheln an die großen Zehen gebunden und, quer durch das Feld schreitend, die Halmen abgesichelt. Schon war er auf seinem Rückwege an die ersten Häuser des Dorfes gekommen und hatte nicht bemerkt, daß er unter die Kuhherde des Gutsbesitzers geraten war. Eiligst schlüpfte er in ein Seitengäßchen, um nicht durch den Morgengruß des Hirten unglücklich zu werden. Aus Verdruß aber tat er im Vorbeigehen es den Kühen an, daß sie blutige Milch gaben. Die Mägde riefen nach dem Abendmelken den Hirten und beklagten das Unglück. Der schlaue Hirte aber ahnte den Zusammenhang, eilte zum klugen Manne, der in einem nahen Waldhause lebte, und erzählte das Ereignis. Dieser hieß nun den Hirten ruhig nach Hause gehen, indem der Täter sich schon selbst anzeigen werde. Und nun tat der kluge Mann durch Künste der Sympathie und Antipathie dem, der die Kühe geschädigt, die Angst an, das heißt nach dem Volksglauben, er machte, daß jener nicht Ruhe noch Rast hatte, bis ihm der Eigentümer des Viehes etwas borgte. Fürchterliche Angst ergriff den Bilsenschnitter, es zog ihn mit aller Gewalt zu dem Gutsbesitzer, er stürzte ohne zu grüßen in dessen Zimmer und bat um Gottes willen, ihm ein Brot zu borgen. Der Gutsherr erstaunte über das ungewöhnliche Verlangen und überlegte, was hier zu tun sei; nun fiel der Bilsenschnitter in der größten Angst auf seine Knie und flehte, ihm nur ein Stückchen Brot zu leihen. Der Gutsherr erfüllte endlich den Wunsch, und der Bilsenschnitter entfernte sich eiligst. Bald aber traf ihn eine größere Not; sein Nachbar bemerkte nur zu bald, wer ihm den Gang in seinem Kornfelde gemacht. Dieser raffte in großem Ärger eine Handvoll Ähren, welche von dem Bilsenschnitter abgeschnitten waren, auf, band sie zusammen und hing sie in seinen Schornstein, denn das war das kräftigste Gegenmittel gegen den bösen Zauber. Von dem Tage an begann der ruchlose Bilsenschnitter in ein abzehrendes Siechtum zu verfallen, und da der Grundstücksbesitzer die Ähren nicht wieder aus der Feueresse tat, so vertrocknete jener gleich den Ähren, wurde eine lebendige Mumie und allen Leuten ein Scheusal, bis er elendiglich dahinstarb. Das war der Lohn seiner verruchten Frevel.

## 136. *Das Teufelswehr*

Auf dem Eichrück im Forstdistrikte Walsburg an der Saale unweit Ziegenrück hauste in der Vorzeit der Teufel mit seinem Gefolge, und wer sich jener Stelle näherte, den suchte er mit List zu fangen. Einstmals kam ein Maurermeister dahin. Mit ihm ging der Böse eine Wette ein, daß er vor des Maurers Augen von Mitternacht bis zum Hahnenschrei über die reißendsten Fluten des Flusses ein Wehr erbauen wolle. Der Maurermeister ging darauf ein und stieg auf einen Baum in der Nähe, um von dort aus die Sache mit anzusehen. Zu seinem Schrecken gewahrte er, wie der Teufel große Felsblöcke aus den Bergen herausriß, sie in die Saale stürzte und mit den Füßen festtrat. Kaum fehlten noch ein Mandel Ellen an der Vollendung des Werkes, da rief der Maurer auf dem Baume in der größten Seelenangst mit lauter Stimme: Kikeriki! Kikeriki! Kikeriki! – so täuschend, daß der Teufel wähnte, ein wirklicher Hahn habe gekrähet. Wütend darüber schlug er mit seiner Hand auf einen neben ihm befindlichen Felsen, so daß noch heute der Eindruck, den der Schlag gemacht, darauf zu sehen ist, und fuhr dann auf und davon. Das Wehr steht noch unvollendet mit der von dem Teufel gelassenen Öffnung und wird das Teufelswehr genannt.

Auf einem großen in der Nähe des Wehrs befindlichen Steine sind teller- und schüsselartige Vertiefungen, aus denen vor Beginn des Wehrbaues der Teufel mit seinem Gefolge gegessen haben soll.

## 137. *Die Hüttenmännchen im Klosterhammer*

Im Klosterhammer bei Lobenstein hausten in frühern Zeiten Hüttenmännchen, die den Hüttenarbeitern vorarbeiteten. Oftmals beobachtete man sie, wie sie in grünen Hemdchen geschäftig sich bezeigten. Das eine Hüttenmännchen legte Kohlen an, das andere brachte Eisen getragen, ein drittes ließ den großen Hammer los. Wenn die Hüttenarbeiter kamen, war der größte Teil ihrer Arbeit schon verrichtet. Seit die Männchen verschwunden sind, ist die gute Zeit der Hüttenarbeiter vorüber.

## *138. Das Licht für sich*

Bei der Lerch, einem kleinen Dorfe in der Nähe von Hirschberg, wurde vor nicht allzu langen Jahren häufig ein Licht gesehen; es kam und ging eine gewisse Strecke und diese dann wieder zurück, und das zu dreien Malen, dann verschwand es. Niemand wagte sich hinan, ihm zu begegnen oder es zu verstören. Endlich kam einmal ein ganz junges Halbwisserlein, das hatte im Seminarium mächtigliche Aufklärung in sich geschluckt und war ganz voll davon; das lachte und schalt die dummen Bauern in der Lerch aus, daß sie an einen solchen abergläubigen Spuk glaubten, und sprach: Es gibt nur ein Licht, das ist das Licht unserer Vernunft und unserer Aufklärung! – und sie sollten ihm nur das Licht zeigen, er wollte es wohl fragen, was es für ein Licht sei, und es ihnen dann schon aus der Natur erklären. Die Bauern warteten einen der gewissen Abende ab, an welchem das Licht zu wandeln pflegte, und geleiteten das Schulmeisterlein hin zu dem Orte, und da kam das Licht. Frisch und keck schritt der Schulmeister auf das Licht zu und rief, als er ihm nahe kam: Heda! Was bist du für ein Licht? – Die Bauern aber waren zurückgeblieben, doch nahe genug, daß sie einen mächtigen Patsch hörten und gleich darauf noch einen und die Worte von einer gellenden Stimme:

Bekümmre dich um dich!
Ich bin ein Licht für mich! –

Und dabei hatte der vorlaute Aufklärer zwei fetzenmäßige Ohrfeigen erhalten. Von da an gaben ihm die Bauern in der Lerch den Spottnamen Lichtfreund. Er schwur aber Stein und Bein, er wäre keiner.

## *139. Der Dockenteich*

Eine halbe Stunde nordwestlich von Merkendorf bei Auma, bei der Aumamühle, liegt ein Teich, der Dockenteich genannt; vor langer Zeit sollen in ihm ein Vater und zwei wunderliebliche Töchter gehaust haben, deren Zartheit und Anmut die Leute nicht besser zu bezeichnen wußten, als daß sie die Schwestern, welche ihnen sonst unbekannt waren, mit dem Namen der Dokken bezeichneten. Diese Mädchen teilten auch mit Erdentöchtern die Schwachheit, Freundinnen vom Tanze zu sein, ließen sich daher oft herab, nach Merkendorf und Piesigitz zu kommen. Natürlich fanden sie bald Anbeter, und diese unterließen nicht, sie nach Hause zu geleiten; an dem Teiche angekommen, fanden sie eine Art Tür, hinter welcher Stufen hinabführten, auf denen sie bald zu einer bequemen und geräumigen Wohnung gelangten. Doch versteckten die Mädchen ihre Begleiter sorgfältig hinter der Haustür, indem sie äußerten, ihr Vater, der alte Nix, müßte erst zur Ruhe und könnte keine Christen reichen (riechen). Hier hatten sie Gelegenheit, mit Zittern ein Gespräch zwischen den Töchtern und dem Vater zu belauschen, worin letzterer äußerte: Entweder seid ihr bei Christen gewesen oder habt ihr Christen bei euch; indem sie ersteres bejahten, wurde der Vater ruhiger. Diesen Docken war von dem Vater sehr streng anbefohlen, abends zehn Uhr nach Hause zu kommen, indem er drohte, sie sonst umzubringen. Absichtlich hielten sie einst die Merkendorfer Burschen länger zurück und begleiteten sie dann. Bei dem längeren Ausbleiben der Burschen sagten die Merkendorfer Jungfrauen ahnungsvoll zu der Jugend, morgen früh sollten sie nur hinten nach dem Teich sehen; wäre das Wasser des Teiches rot, so wären sie ermordet. Früh war wirklich der Teich blutrot, und von den Burschen und Mädchen sah man niemals etwas wieder.

## *140. Geist Karrstet*

In Bunzig lebte vor langer Zeit ein Edelmann, Karrstet, der bei Belgrad gegen die Türken mitgefochten hatte, ein wilder, trotziger Mann. Als er nach einem nicht friedevollen Leben endlich gestorben war, wurde sein Leichnam in die Kirche zu Hohenleuben begraben, aber noch jetzt reitet das Gespenst dieses Toten nächtlicherweile auf einem weißen Streitrosse den Weg entlang, auf welchem die Leiche nach Hohenleuben gebracht wurde, ja selbst bis in die Kirche hinein dringt der Spuk. Denn einstmals schickte der Prediger zu Hohenleuben einen seiner Söhne im Zwielichte des Abends in die Kirche, ein auf dem Altar liegendes Buch zu holen, und derselbe nahm zu seiner Begleitung zwei Söhne des Kantors mit. Kindischer Mutwille trieb den einen dieser Knaben, die Kanzel zu besteigen und zu rufen: Geist Karrstet, komm! Geist

Karrstet, komm! Siehe, da erdröhnte das Gebäude, und schrecklich und grauserlich ritt der Spuk mit lautem Getöse über die Weiberstühle dahin. Die Knaben wurden bewußtlos auf dem Kirchhofe gefunden. Seitdem hat keiner wieder den Geist gerufen.

## *141. Tripstrill*

Es ist eine gemeine Scherzrede im Vogtlande und dem angrenzenden Thüringen und Sachsen, daß auf die neugierige Frage, wohin man gehe, wenn nicht für nötig befunden wird, dem Frager die Wahrheit zu berichten, man antwortet: Nach Tripstrill! Dieser Scherz haftet am Städtlein Triptis, und hat es damit folgende Bewandtnis. Drei Schlösser oder Burgfesten soll es einst in der Gegend, wo jetzt die Stadt Triptis liegt, gegeben haben – die eine auf dem großen Hocker, die andere da, wo jetzt das Schloßgebäude steht, und die dritte da, wo jetzt der Friedhof befindlich; diese drei Burgen nannte man das Trio oder Drillo und wurde daraus der Scherzname Trips-Trill gebildet.

Bei Triptis ist eine Quelle befindlich, die heutzutage den nicht schönen Namen die Pfütze führt, und man sagt von ihr scherzhaft: Die Pfütze hängt über die Weide. Vor alten Zeiten war dort ein angenehmes, schattenreiches Plätzchen. Eine uralte und große Weide stand dort, übergrünte Quelle und Rasen und hatte eine starke Wurzel unter dem Wasser hingetrieben, die man in der klaren Flut sah und immer noch sieht. Es war dieselbe Quelle, in welcher die schöne Gräfin von Groitzsch vorahnend das Bild ihres künftigen Gemahls erblickte. Doch die Weide starb ab, und nur die Wurzel blieb; weil nun über ihr das Wasser steht, bildete sich das Scherzwort im Volke aus: Die Pfütze hängt über die Weide.

# 142. *Rungele*

Im Monat September 1654 trug sich zu Schleiz eine wunderliche Geschichte zu. In eines Schusters Haus am Markte, der Hans Frank hieß, war, wie die Sage geht, ein Gespenst in die Stube gehext worden, welches ein ganzes Vierteljahr alle Tage von abends sechs Uhr an bis neun Uhr sein Wesen trieb und mit allerhand Sachen die Kinder und das Gesinde warf. Wenn die Magd nach dem Abendessen in der Stube aufwusch, zog es ihr den Hader aus dem Scheuerstutz und warf ihr wohl dann den nassen Lappen ins Gesicht. Als das Gerücht davon laut wurde, kamen jeden Abend Nachbarn und andere Leute in das Haus, um zuzusehen, und auch diese wurden geworfen, so daß mancher nicht wiederkam. Bei Tage versteckte es Messer und Löffel, daß, wenn die Leute zu Mittag essen wollten, sie weder Löffel noch Messer fanden. Des Schusters Tochter nannte das Gespenst Rungele und rief: Rungele, bring mir doch mein Messer und Löffel wieder! – da wurden die Messer bei hellem Tage auf den Tisch geworfen, daß sie in die Höhe sprangen. Als der Schuster ein Speckschwein schlachten ließ und die Würste in die Stube auf Stroh gebracht wurden, nahm Rungele eine Weißwurst und legte diese dem Fleischhauer gleich einer Krause um den Hals. Über dem Essen warf es eine Handvoll Zwiebeln in die Suppe, daß diese rundum aus der Schüssel spritzte. Dem Schuster zog es das Geld aus der Tasche und warf es dann, wenn die Kinder Milch aßen, in diese hinein, daß die Kleinen das Geld mit Löffeln aus der Milch fischten, wie manche Klugnieser die Weisheit. Einstmals waren die Kinder allein zu Hause, und abends, als es dunkel wurde und sie miteinander in der Stube spielten, da erschien plötzlich das Rungele in Gestalt eines kleinen Kindes mit einem weißen Hemd und bloßer Brust, die blutig war, und lief auf einer Stange herum. Als es das Mädchen erblickte, fing dieses an zu schreien, und die Kinder liefen ängstlich hierhin und dorthin und suchten ihre Nachbarn und Eltern. Als diese und andere Leute nun kamen, schickten sie das Mädchen, welches das Rungele jederzeit gerufen, allein in die Stube, um zu sehen, ob das Kind noch vorhanden, welches das Mädchen auch hinter dem Ofen stehend fand. Das fragte: Was willst du, Kindlein? – Da antwortete die Erscheinung: Du kannst mir doch nicht helfen! – Auf das Geheiß einer Frau, welche vor der Stubentüre stand, mußte das Mädchen noch mancherlei fragen und erhielt allezeit Antwort. Endlich, als das Mädchen sagen mußte: Gehe hin, Kindlein, in deine Ruhe und komme nicht wieder! – da wich es zwar aus der Stube, allein es hielt sich immer noch eine ziemliche

Zeit im Hause auf und hat, wenn die Kinder zu Bette gegangen, diese geklitscht, gerauft, bei der Nase gezogen, ja bisweilen sogar Maulschellen ausgeteilt, es kam auch vor des Schusters Bette und wiegte das kleine Kind in der Wiege so stark, daß diese hinten und vorne aufsprang. Es zog die Schlüssel von den Gesperren ab, nahm die Bratwürste, legte diese auf einen Rost und briet sie im Ofen und verzehrte sie auch, wobei es die Schalen im Ofenloch liegen ließ. Wollte der Schuhmacher zu Markte gehen, dann nahm es ihm die Schuhe von der Stange und schleifte hin und wieder etliche Male ganze Häute zusehends hinweg. Endlich geriet das böse Gespenst in einen Kuhstall, wo es etlichemal die Treppe, die vom Heuboden hinab in den Stall führte, abhob und vor die Stalltür legte, darnach löste es die Kühe ab und jagte sie im Stall herum, daß der Schaum auf ihnen stand. Als es nun darüber ein paarmal verstört wurde, ist es endlich gar ausgewichen. Es hat sich aber hernach in andern Häusern sehen lassen, wo es großen Schaden getan. Einem Tuchmacher hat es die Weste, die dieser trocknen wollte, mehrmals entzweigeschnitten, an einem andern Orte hat es Kuhkot in die Milch geworfen und die Milchmagd mit Steinen aus dem Stalle getrieben.

## *143. Das dienstfertige Licht*

Bei Schleiz, zwischen Neundorf und Görkwitz, führt der Weg an einem beträchtlichen Sumpfe vorüber, und gefahrvoll war es bei der Nachtzeit, dorthin zu reisen, bevor die jetzige Kunststraße gebaut worden war. Doch ließ sich alldort zum öftern ein Licht sehen und suchte vor Verirrung und Unglück die Reisenden zu behüten. Einst kam ein Fuhrmann diesen Weg des Nachts und warf an jener sumpfigen Stelle seinen Wagen um. Schon war er im Begriff, nach Neundorf zurückzulaufen, um Hilfe zu holen, weil er bei der großen Dunkelheit sich nicht allein zu helfen wußte, als er eine Laterne gewahrte, die schnell sich näherte. Bald war sie hinter seinem Wagen angekommen. Der Fuhrmann wollte sehen, wer sich ihm so dienstfertig beweise, zu seiner großen Verwunderung sah er aber auch kein menschliches Wesen, sondern nur ein Licht, das in der Luft schwebte und einen hellen Schein um sich verbreitete. Gleichwohl war ihm in seiner bedrängten Lage dieses dienstfertige Licht hochwillkommen, er hub bei dessen hellem Scheine den Wagen auf, richtete sein Fuhrwerk zum Weiterfahren her und begab sich dann zu dem Lichte hinter dem Wagen, sich bei ihm für die geleistete Hilfe bestens zu bedanken. Kaum hatte jedoch der Fuhrmann das Wort Dank ausgesprochen, so rief das seltsamliche Licht mit sanfter, aber hellklingender Stimme:

Hab du Dank für deinen Dank!
Nun bin ich erlöset sonder Wank!

schwebte mit diesen Worten empor und verschwand in den Wolken.

## *144. Tanzende Katzen*

Oberhalb Berga, nahe beim Dorfe Pöltschen, hat vorzeiten ein Nonnenkloster gestanden, das hieß Queerfurt; dort soll es nach vieler Einwohner des nahegelegenen Dorfes Pöltschen Aussagen durchaus nicht geheuer sein. Vornehmlich haben dort zum öftern die Hexen in Katzengestalt nächtliche Tänze gehalten. So erzählte ein alter Einwohner und Hauswirt des sonst Lemmerschen, jetzt Geynschen Hauses öfters: Eines Abends sprang meine Katze von außen an das zugemachte Fenster, setzte sich auf den Fensterstock und kratzte. Ich öffnete, gab ihr einen Klitsch mit der Mütze und sagte dabei: Du alte Saumähre warst gestern abends auch mit im Kloster dabei! Mit einem Male war die Katze weg, und die Mütze dazu. Wir suchten draußen unter dem Fenster alles aus, doch die Mütze war und blieb fort, und die Katze kam niemals wieder. Es hatte aber frisch geschneit, und die dunkle Mütze hätte sich leicht finden müssen.

Dasselbe erzählte vordessen ein Bewohner des jetzt Pufeschen Hauses zu Pöltschen: Ich habe oft genug des Nachts im Kloster Queerfurt Katzen tanzen sehen. Einer Nacht ging ich von Berga, wo ich in Geschäften war, nach Hause zurück; da erblickte ich Lichter im alten Kloster, und wie ich näherkam und in mein gegenüberliegendes Haus kam, sah ich drüben viele Katzen tanzen, darunter auch meine eigene. Wie ich ihrer nun andern Tags ansichtig wurde, so rief ich ihr zu: Verfluchtes Aas, du warst nächten auch im Kloster, und ich habe dich tanzen sehen. Da fing das Tier auf einmal an zu pfauchen und zu pfuien, schoß fort und zum

Fenster hinaus gerade durch die Scheibe und kam mir nimmermehr wieder vor die Augen.

Zu anderer Zeit sah ein Mann aus Pöltschen vier Katzen im alten Kloster tanzen, und dabei war seine eigene und leuchtete. Wie sie nun andern Tags wiederkam und ganz zerkratzt aussah, fragte er sie: Was hast du gemacht? Ich hab dich gestern wohl gesehen. Du hast geleuchtet, aber deine Sache gut gemacht! Da fuhr die Katze herum, sprang an ihrem Herrn empor, kratzte ihn ins Gesicht und sprang dann mit einem Satz zum Fenster hinaus, auch durch die Tafel. Niemals kam sie wieder.

## *145. Der wahre Christbaum*

Eine Meile von Gera ist ein Dorf, darin stand noch im vorigen Jahrhundert ein Apfelbaum, welcher Borsdorfer Äpfel trug; er begann aber sein erstes Blühen in jeder Christnacht und trug reife Äpfel. Die Leute sagen, daß dieser Baum zum ersten Male in der Nacht geblüht habe, da der Heiland geboren worden, und habe auch in derselben Nacht Früchte getragen. Durch ein sonderbares Wunder sei derselbe erhalten worden.

## *146. Der blaue Dunst*

Die Stadt Gera im Vogtlande und ihre Umgegend ist voll von Sagen aus der Pestzeit. Eine Menge Ortschaften wurden von der Pest ergriffen, und die Einwohner starben nur so hin, da hat sich allerlei ereignet, das noch sagenhaft fortlebt.

Zu Gera kamen zwei fremde Gesellen in ein Haus, darinnen schon etliche Personen an der Pest gestorben waren, und zechten miteinander. Da sah der eine einen seltsam blauen Rauch, wie ein dünner Nebel, in einem Winkel ganz sachte aufsteigen, stieß seinen Kameraden an, und da sah der den blauen Dunst auch, und sahen beide, wie derselbe sich in eine Klunze in der Wand sachte hinein verschlich. Da schnitzte geschwind der erste Geselle zur Kurzweil einen Pflock, schlug den in die Klunze und verkeilte sie damit, und als die Gesellen ihre Zeche bezahlt, zogen sie weiter. Nachderhand ist niemand mehr an der Pest gestorben. Nun geschah es ein paar Jahre später, daß der eine Geselle zufällig wieder nach Gera kam, da niemand mehr an die schlimme Sache dachte, und war in derselben Wirtsstube und sahe von ungefähr seinen damals eingeschlagenen Pflock, daß der noch an dem vorigen Ort stak; lachte daher und sprach zu den andern Zechgesellen: Schaut! Vor ein paar Jahren hab' ich dahinein einen blauen Vogel gesperrt, wollen doch sehen, ob er noch darinnen ist. Zog alsobald den Pflock heraus, da quoll gleich hinterm Pflock her der blaue Dunst, und das war die Pest, die befiel gleich einige Leute im Haus, und breitete sich in der ganzen Stadt aus, und raffte noch weit mehr Leute hin denn das erstemal.

Ähnlich ging es in Mora bei Ranis; alldort war die Pest auch in einen Balken verkeilt. Ein Knabe schlug aus Mutwillen den Keil heraus, da zog sie als ein blauer Dunst über Häuser und Höfe und übers Feld, nahm die Richtung nach Böhmersdorf und Zeulenroda und ergriff die Ortschaften, so daß viele Menschen ihr erlagen. In Zadelsdorf starb alles, und der Zeulenrodaer Totengräber begrub das ganze Dorf; auf einmal fand er eine alte Jungfer unter den Toten, die lebte noch und sperrte sich; da sagte er: Ei was, da könnte jeder kommen und sagen, ich lebe noch – und wollte sie durchaus mit in die Grube werfen, sie entfloh ihm aber glücklich und machte sich auf den Zeizberg bei Gera, das ist der bekannte Berg, den die alten Jungfern mit Stecknadeln umgraben müssen und in Fingerhüten wegtragen. Und wenn sie dann gestorben sind, so werden sie zu Unken, sitzen im Sumpfteich und singen:

Unk, unk, unk
Vor Zeiten war ich jungk.
Hätt' ich einen Mann genommen,
Wär' ich nicht in'n Sumpf gekommen;
Unk, unk unk,
Wär' ich noch einmal jungk!

## *147. Prechtenbier*

Unweit der Stadt Pößneck liegt Bodelwitz, und nicht weit von Bodelwitz liegt Döbritz, und nahezu bei Döbritz liegt ein dreiekkiger Acker, den ackert zuzeiten die wilde Prechta. Ein Mädchen von Döbritz war nach Bodelwitz geschickt, dort Bier zu holen, wie jene Knaben bei Schwarza, denen die Hullenpöpel das Bier aussoffen, hier aber zeigte die Prechta das gleiche Gelüsten. Als das Mädchen mit gefüllter Gießkanne zurückkam, traf es, schon wieder dem Dorfe nahe, an dem dreieckigen Acker auf Prechta mit ihrem Ackerpfluge. Die fragte das Mädchen, wo es gewesen sei und was es in der Kanne geholt habe. Drauf nahm sie die Gießkanne dem Mädchen aus den Händen und trank das Bier aus bis auf den Grund. Als sie das getan, so pißte Perchta in den Gießer, gab ihn zurück und sprach: Komm bald wieder! Einige Holzspäne wollte sie dem Mädchen noch zum Geschenke machen und stopfte, als das Geschenk verachtet wurde, sie der Davonlaufenden noch in die Schuhe. Sie wiesen sich in Döbritz, bei Lichte besehen, als sechs Goldstücke aus. Das mitgebrachte Bier schmeckte besser wie das Köstritzer und wollte gar kein Ende nehmen, bis dem Mädchen angst und bange darüber wurde. Als es ausgebeichtet hatte, wie es mit dem Gießer zugegangen, war die Kanne mit einem Male leer. Dieses Mädchen ist hernachmals immer glücklich gewesen, war auch treu und fleißig und keins von denen, wie sie vordessen zu Bodelwitz waren, auf welche der Spottreim im Lande umging:

Wißt ihr nich, wu Budels liegt?
Budels liegt im Grunne.
Sin a feine Mädlich drin,
Sin faul wie die Hunne.
Früh murgens, wann der Härte tutt,
Schrein se: Ach du lieber Gutt!
Mer han nuch nich gemulken. –

## *148. Urbanuspredigt*

In der Kirche zu Oelsen wird an der Nordseite ein Steingebild erblickt, das stellt einen Schäfer vor, der auf einem Schafe reitet, und wird davon diese Sage erzählt. Auf dem Clidenfelsen oberhalb Oelsen stand in frühen Zeiten ein Braukessel, den die Bewohner des Dorfes fleißig zur Bierbrauerei benutzten. Der Kessel mußte jedesmal auf Borg erbeten und abgeholt werden. Wurde er wieder zurückgebracht, so durfte ein Maß Bier und eine Zeile Semmeln darin nicht fehlen. Ein Schafknecht, von Hunger und Durst getrieben, machte sich einstmals über diese aufgefundene Mahlzeit und zehrte selbige auf. Zur Strafe versanken Schafknecht, Herde und Braukessel in die Erde, und zur Sühne dafür, daß er die Semmeln gegessen und das Bier ausgelöffelt, hat der versinkende Schafknecht ein Vermächtnis gestiftet, so daß alle Jahre an dem Tage, an welchem er den Frevel begangen hatte, war Sankt Urbanus' Tag, Gottesdienst gehalten, für seine arme Seele gebetet und dabei allen Menschen, die dazu sich einfinden würden, ein Brötchen aus seiner Verlassenschaft gebacken und verabreicht werden solle. Solches geschieht auch noch. Diese Brötchen besitzen die Kraft, daß sie niemals schimmelig werden; auch wird heilig und teuer versichert, solange man sie aufbewahre, mangele es nicht an Brot im Hause.

## *149. Der Riese mit dem goldnen Pantoffel*

Bei Pößneck liegt eine malerische Felspartie, deren steiler Abhang gegen Osten nach Oppurg zu gerichtet ist. In jeder Nacht, wann in Pößneck die Kirchenuhr zwölf schläft, geht aus diesem Felsenhaus ein Riese und nach dem Galgenberg hinüber, der trägt am linken Fuß einen goldenen Pantoffel. Wenn jemand mit dem Riesen zugleich am Felsen die Schritte ansetzt und ihn einholt, so verliert der Riese den Pantoffel, und jener wird dessen Besitzer und reich für immer.

## 150. *Die Schätze in den Camsenbergen*

Zwischen Pößneck und Oppurg liegen zwei Berge, die Camsen- oder Chamsenberge genannt. Einer zeigt nach Süden zu eine Felsenspalte, diese soll der Eingang zur großen Schatzhöhle der Camsenberge sein. Die Sage geht, daß erst ein schmaler Gang lange durch das Innere führe, der sich dann zu einer mächtigen Halle erweitere. Ganz in der Tiefe endlich da steht eine Braupfanne voll roten Goldes, aber abgeschlossen durch eine eiserne Doppeltüre und gehütet von einem feuerschnaubenden Drachen. Wer so glücklich wäre, hineindringen zu können und im finstern Höhlengraus den Kampf mit dem Drachen zu bestehen, der würde Besitzer des Goldhortes werden. Die Camsenberge sind bezüglich ihres Sagenreichtums, was die Hörseelenberge, die Hermannsberge, der Wartberg, der Singerberg, der Schneetopf und andere thüringische Höhen. Ein Schloß des Namens Osteralitz ist dort versunken; ein weißes wandelndes Fräulein hütet die Schätze. Wandernde Musikanten sahen ein leuchtendes Licht, laufen davon, nur der Baßträger, der ärmste, kann nicht so schnell nach. Das Licht kommt näher, wird zur Feuerkugel, zerplatzt knallend, feurige Kohlen stäuben umher, einige fallen auch durch das Schalloch in den Rumpelbaß und werden drinnen zu Goldstücken. – Graue Männlein laden und führen Bauern, Schäfer, Hirten, Knaben in das Bergesinnere, viele kehren begabt zurück. Eine Magd ward hineingelockt, die ein Kind trug; Brot und Gold sollte sie nehmen, doch zugleich. Sie setzt das Kind auf die Tafel, rafft zusammen, was nur in die Schürze geht, rennt fort nach Oberoppurg zur Herrschaft. Wo hast du das Kind? – Herr Gott, vergessen im Camsenberge! – Rennt wieder hin, findet den Eingang noch offen, findet das Kind, nimmt es vom Tische, trägt's heraus – wie sie herauskommt, ist es Asche. Vieh ward von den Herden entführt und in die Stallung des versunkenen Schlosses gebracht, doch der Verlust den Hirten reich vergolten. Die Wunderblumen fehlen so wenig wie die Wunder am und im Camsenberge. Es gibt Orte, an denen die Sagen selbst dem quillenden Silber im Harzwald bei Thale zu vergleichen sind – die Camsenberge sind ein solcher Ort.

## *151. Silberschaumquell*

Nahe bei Orlamünde liegt der Ort Heilingen, in dessen Nähe ist eine Wüstung. Dort hütete einstmals ein Junge Schafe. Auf einmal tat sich vor ihm ein Loch in der Erde auf, aus dem ein weißer Schaum, wie Reif anzusehen, emporstieg und sich um den ganzen Rand der Öffnung legte. Lange staunte der Junge das Loch und das weiße Zeug darin an, endlich trieb er die Schafe hinweg, kam nach Hause und erzählte, was er Sonderbares gesehen habe. Da brach der Schafmeister in Scheltworte aus: Dummer Junge! nicht jedem ist solch Glück beschieden, wie dir beschert war. Hättest du doch zugegriffen und das Weiße abgenommen. Dir wäre geholfen gewesen auf immer, denn das war reines Silber. – Tag für Tag hat der Schafjunge hernach auf dieselbe Stelle hingetrieben, aber vergebens, er hat das Silberloch sein Lebtage nicht wieder gefunden. Es geht andern Schafjungen nicht besser, selbst wenn sie Brillen aufsetzten.

## *152. Die Unkluge*

Über Heilingen stand ein altes Ritterschloß. Der letzte Ritter, der es bewohnte, hatte eine einzige Tochter, diese ward geliebt von einem Jüngling, den sie wieder liebte, der Vater aber haßte ihn und schoß ihn nieder; da stürzte sich das Ritterfräulein vom Turme, der Alte starb vor Reue, und das Schloß ward eine Trümmer. Das Fräulein wandelt nun als ruheloser Geist umher, doch ist sie ein gütiger Geist und hat schon manche begabt. Sie hat auch den Schlüssel zu dem verborgenen Weinkeller, der noch große Fässer voll des besten Weins enthält. Schade, daß solche Keller und solche Fräulein so rar sind!

Ein Bauer zu Heilingen hatte eine Tochter, die war unklug, was man so insgeheim simpel nennt, doch nicht ganz stumpfsinnig, sondern nur blöd. Bei dem war einmal eine Trink- und Kartgesellschaft von guten Nachbarn und desgleichen, und da meinten die Bäuerlein, und sprachen diese Meinung auch aus: Wer doch nur den Keller in dem alten Schlosse auffinden könnte, darin des Weines und Goldes die Menge liegt! – Da rief die blödsinnige Tochter: Ich weiß den Keller, ich weiß ihn! – Ja, du sähest mir danach aus! sprach der Vater. – Ich weiß ihn doch, wiederholte die Unkluge, und will euch gleich Wein daraus holen. – Damit nahm sie einen Topf, ging und brachte in kurzer Zeit den Topf zurück bis zum Rande angefüllt mit Wein. – Den Keller muß ich auch sehen, sprach der Vater, komm du und geh mit mir hin. – Sie machten sich beide auf den Weg, doch jede Spur war jetzt für die Einfältige verschwunden. – Wäre ich nur allein gewesen, sprach sie bei der Rückkehr in die Bauernstube, ich hätte meinen Keller schon finden wollen. Da regte sich die Lust nach wiederholtem Trunke des guten Weines. Die Bauern legten zusammen und boten Geld, wenn sie noch einmal Wein zur Stelle schaffen wolle. Sie ging, brachte Wein, klagte aber dabei: Nun ist es mit dem Weinschank aus. Das weiße Fräulein läßt mich nicht wieder hinein, weil ich von euch das dumme Geld genommen habe. Das Fräulein läßt euch sagen, für eure Strumpfgurgeln wäre der Wein viel zu gut, euch gehörte Kovent, ihr wäret alle zusammen keine Kanne Wein wert. – Die Bauern lächelten, wie jene bei der Schmeichelei des Amtmanns in Gellerts Fabel, und sprachen untereinander: Laßt sie reden, sie ist halt unklug. –

## *153. Der Stadtpfeifer aus Orlamünde*

Zu Orlamünde war ein Stadtpfeifer, sie nannten ihn den Hausmann, ein munterer Geselle, doch ein ehrlich Blut, nicht mehr ganz jung an Jahren, aber frischen Gemütes und kein Verächter des edeln Rebensaftes, der Gottesgabe. Nun war einstmals besagter Hausmann mit seinen Leuten zu Heilingen, andere sagen, in einem Dorfe unterm Schauenforst, gewesen und hatten bei einer Hochzeit aufgespielt, waren auch schön bewirtet worden, zogen daher, als der Tag graute, fröhlich und wohlgemut am alten Schloß vorbei, oder an dem Schauenforst, und da sprach der Hausmann: Wir wollen doch heute den Tag mit einem Morgenlied anblasen, und zugleich dem weißen Fräulein da droben! Sie stellten sich also auf und bliesen mit frommem Sinne frisch drauflos. Noch waren sie mit ihrem Choral nicht fertig, da trat das weiße Fräulein heraus, auf die Musikanten zu und bot freundlich auf einem Teller, nach der Zahl der Leute, so viele Becher Weines. Sie tranken, und aus Dankbarkeit bliesen sie noch ein Stück. Das Fräulein kam zum zweitenmal, reichte aber auf dem Teller eine

Anzahl Knochen dar. Mochten sie da auch große Augen machen, so hatte doch keiner das Herz, die wunderliche Gabe auszuschlagen. Sobald sie aber den Turm aus den Augen hatten, warfen die Gesellen ihr Teil in den nächsten Kornacker. Ehrbar aber hatte der Hausmann seinen Knochen in die Tasche gesteckt, und so wurde er bei der Heimkehr mit dem Rocke in den Kleiderschrank gehängt. Am nächsten Sonntag verlangte der Mann seinen Staatsrock. Die Frau holte ihn. Aber, fragte sie, was hast du denn eingesteckt? Das ist ja schwerer als ein Klumpen Eisen! – Ich wüßte nicht, war seine Antwort, wer mir etwas gegeben hätte, zeig doch her! – Sie langte eine lange Rolle Gold aus der Tasche, in die der fromme Stadtpfeifer den Knochen gesteckt hatte.

Das war den Gesellen, die ihre Knochen weggeworfen hatten, außer dem Spaß, als sie das hörten; sie liefen spornstreichs nach dem Kornacker zurück, und, o Freude, sie fanden die Knochen und trugen sie jubelnd nach Hause. Als sie sie dort aus der Tasche zogen, hatte jeder ein Stück beinerne Flöte – ihr gehofftes Glück war flöten gegangen, und konnten sich nun selbst was pfeifen.

## *154. Die Gräfin von Orlamünde*

Es war ein Graf zu Orlamünde, Otto, der starb und hinterließ seine Gemahlin Agnes, die ihm zwei Kinder geboren, als eine noch sehr junge Witwe; sie war eine geborene Herzogin von Meran, und so war ihr als Erbe neben der Grafschaft Orlamünde in Thüringen auch die Plassenburg und deren Gebiet in Franken zugefallen, und sie wohnte bisweilen dort. Da geschah es, daß sie eine heftige Liebe gewann zu Albrecht dem Schönen, Markgrafen von Brandenburg und Burggrafen zu Nürnberg, und heimlich forschen ließ, ob dieser wohl geneigt sei, sich mit ihr zu verbinden. Es war aber schon zwischen dem Markgrafen und der Gräfin Sophia von Henneberg eine Verbindung im Gange, welche des Markgrafen Eltern lebhaft wünschten, und Albrecht ließ die Äußerung fallen, als ihm unter der Hand von der Neigung der Gräfin Orlamünde Kenntnis zuging: Wenn vier Augen nicht wären. Dieses hörte die Gräfin und deutete es auf ihre zwei schuldlosen Kindlein, das eine, ein Söhnlein, von drei, das zweite, ein Töchterlein, von zwei Jahren, und ward von unsinniger Liebe zu dem

Markgrafen also verblendet, daß sie den schwarzen Entschluß in ihrer Seele faßte, die Kindlein aus dem Wege zu räumen. Darauf gewann sie mit Gaben einen Dienstmann, Haider, die Kindlein umzubringen, und als dieser zur Tat schritt, soll der kleine Graf gefleht haben:

Lieber Haider, laß mich leben,
Ich will dir Orlamünde geben;
Auch Plassenburg, das neue,
Auf daß es dich nicht reue! –

und das Töchterlein:

Lieber Haider, laß mich leben,
Ich will dir alle meine Docken geben! –

aber der Mörder ließ sich nicht erflehen und vollbrachte die Untat, hat aber nachher auf der Folter bekannt, daß sie ihm schrecklich gereut habe, wenn er der Worte der unschuldigen Kinder, insonderheit des Mägdleins, gedacht. Da nun die Gräfin ihren Zweck dennoch nicht erreichte, fiel sie in Reue und Verzweiflung, übte schwere Buße und fand auch nach ihrem Tode keine Ruhe, sondern wandelt als die bekannte weiße Frau auf dem Schlosse Plassenburg umher. Sie rutschte auf ihren Knien bis zum Kloster Himmelskron und liegt alldort begraben.

## *155. Das Gleichensche Doppelbette*

Auf der Wegmitte zwischen Stadtilm und Rudolstadt liegt das Dorf Ehrenstein, daselbst ist noch eine Burgtrümmer gleichen Namens vorhanden, das war ein Schloß, welches den Grafen von Gleichen zugehörte, und der Mittelpunkt der kleinen Herrschaft Ehrenstein, die durch Heirat von den Grafen von Schwarzburg an das gräfliche Haus Gleichen und nach deren Absterben wieder an Schwarzburg-Rudolstadt kam. Die Burg war ein stattlich Gebäu mit Ringmauern und Türmen, nicht unähnlich der Ehrenburg über Plaue. Davon geht seit lange die Sage, daß es jener Sarazenin, die Graf Ernst von Gleichen im Morgenlande aus den Sklavenketten befreite und die er als seine zweite Gemahlin der noch lebenden ersten im Freudentale zuführte, zum Wittum verschrieben worden sei. Dort hielt sich oft jener Graf von Gleichen auf, und man zeigt noch oder zeigte doch sonst ein altes geräumiges

Himmelbett mit verblichener Malerei und Vergoldung, darin jener Graf in der Mitte seiner beiden Frauen geschlafen haben soll.

## *156. Schloß Kranichfelder Wahrzeichen*

Auf dem Kranichfelder Oberschlosse saßen einst zwei Brüder, Wolfer und Lütger geheißen, die gerieten miteinander in Streit, und darüber beschlossen sie, sich zu trennen und ihr gemeinschaftliches Besitztum und die Herrschaft Kranichfeld zu teilen. Ich baue mir selbst eine neue Burg! sprach Lütger und deutete auf den Berg hinüber, darauf hernach Niederkranichfeld sich erhob. Des lachte Wolfer und sprach: Wenn du dahinüber baust, will ich dir dies und das tun, was keiner kann und tut! Darauf sagte Lütger: Topp, ein Ritter hält sein Wort! und verließ seinen Bruder. Darauf hat er den Bau der Niederburg begonnen und ihn groß und stattlich aufgeführt, und ist dem Wolfer sehr bange geworden, hat sich lösen wollen mit großem Gut und Gelde, aber Lütger hat das mitnichten angenommen, vielmehr darauf bestanden, daß Wolfer dasjenige tue, dessen er sich verheißen. Und hat dieser solches auch getan, aber darüber sich das Rückgrat zerbrochen, und so fiel die Oberburg auch wieder an Lütger, der zum Wahrzeichen seines Bruders Gestalt in der übeln und nicht schönen Stellung an einem Erker der Burg anbringen ließ, das noch heute zu sehen ist.

Ein gleiches Bild ist in Arnstadt in der Liebfrauenkirche an einem Chorpfeiler zu erblicken, und wird davon erzählt, daß eine fromme Gräfin von Schwarzburg diese Kirche erbaut, deren Mittel zum Bau nicht auszureichen schienen, da habe der Baumeister sich das gleiche zu tun vermessen, was jener Dynast von Kranichfeld getan, und als die Gräfin ihren letzten Heller ausgegeben, war auch der Kirchenbau vollendet, und der Baumeister mußte sich bequemen, das Allerunbequemste zu tun.

## *157. Die verschiedenen Türme*

Von der Liebfrauenkirche zu Arnstadt gehen viele Sagen. Dieselbe hat außer dem großen Glockenturm zu Seiten des westlichen Portales zwei Türme, von denen ist einer im byzantinischen, der andere im gotischen Baustile aufgeführt und soll den einen der Meister, den andern sein Geselle allein erbaut haben. Da nun der Turm des Gesellen als der schönere und zierlichere allgemein gepriesen worden, sei des Meisters Eifersucht erwacht, und er habe den Gesellen unversehens von seinem Turme herabgeworfen; da sei dem Gesellen dessen treuer Hund nachgesprungen und hernachmals als ein Steinbild zur Zier und zum Andenken am Turme angebracht worden, wie noch heute zu sehen ist. In der öden Liebfrauenkirche ist es nicht geheuer, Geister halten darinnen um Mitternacht ihre Wetten. Von den Türmen zu Naumburg und vielen andern geht ganz dieselbe oder eine doch wenig unterschiedene Sage. Innen über einer Türe hängt auch eine Riesenrippe; dieses Riesen Grab ist unterm Walperberge, und am Wege nach Haarhausen hat derselbige seinen Löffel in die Erde gesteckt.

## *158. Der Jungfernsprung und die Böhlersmännchen*

Bei Arnstadt ist eine enge und tiefe Talrinne, das Jonastal; warum es diesen Namen führt, weiß niemand; im Tale aber ist eine senkrechte schroffe Felsenwand, die heißt der Jungfernsprung, dort sprang eine von einem Reiter verfolgte Jungfrau hinunter, indem sie sich den Engeln anbefahl; diese haben sie auch umfangen und sanft zu Boden getragen, der Reiter aber sprengte, da er sein Roß nicht mehr zu zügeln vermochte, ihr nach, und Mann und Roß zerschmetterten im tiefen Abgrund. Am Eingang dieses Tales liegt der Schöne Brunnen, der hat früher der Jungfernbrunnen geheißen. Vor ungefähr fünfzig Jahren soll einmal ein kleiner Arnstädter Chorschüler hinauf auf den Jungfernsprungfels spazierengegangen sein, da habe ihn aber ein heftiger Sturmwind ergriffen, daß er sich nicht habe halten können, zumal der Wind in seinen Mantel wie ein Segel geblasen, und habe ihn in die Tiefe gerissen, aber im Heruntersinken sei der Chormantel dem Knaben zum Fallschirm geworden und jener ohne Verletzung davongekommen.

In der Tiefe dieses Tales, weiter oben, ist ein Felsloch, das Böhlersloch genannt, darinnen wohnen Zwerge, die Böhlersmännchen genannt, gutartig und boshaft, nach der viel geschilderten Tückebolde Art. Sie gleichen den Nievelmännchen und Duwelmännchen, von denen man zu Limburg an der Maas erzählt. Es ist in dieser Talrinne, die noch höher hinauf nach Espenfeld zu das Götzental heißt, gar nicht geheuer; nächtlichen Wanderern hokken sich Gespenster auf den Rücken und lassen sich eine gute Strecke huckepack tragen. Das ist schon manchem geschehen, der spät von Schönbrunnen, allwo es gutes Weizenbier zu trinken gibt, jenen Weg ging.

An vielen andern Orten in Thüringen gibt es noch Zwerghöhlen und werden da und dort Wichtleinslöcher und Wichtleinshöhlen genannt, so bei Buffart an der Ilm, bei Salzmünde, bei Meiningen, bei Dillstädt und Wichtshausen, und geht an manchen Orten die Sage, daß zur Zeit der Hunneneinfälle die Menschen sich vor den schrecklichen Heunen gleich als kleine furchtsame Wichtlein in diese Löcher verkrochen.

## *159. Voll Maß! Voll Maß!*

Bei Arnstadt liegt ein schöner kräuterreicher Bergwald, das Walperholz, so geheißen, weil auf der Höhe in alten Zeiten ein Kloster zur heiligen Walpurgis gestanden hat. Dort ist eine Waldekke, wo man es nennt an den hohen Buchen, und steht auch eine sogenannte Jagdbuche dort. An dieser Buche befindet sich ein runder Platz, darauf nie Rasen wächst, auch sonst kein Gras und kein Kraut. Dorthin ist gebannt der ruhelose Geist einer Bierzapferin, weil sie bei ihrem Leben zu geringes Maß gegeben hat, deren Name ist Frau Holle. Zuzeiten sieht man sie in altväterischer Tracht rastlos um die Jagdbuche wandern und hört einen kläglichen Ruf, den sie fort und fort ausstößt: Voll Maß, voll Maß!

In dieser Sage ist sicher der mythische Name Frau Holle auf den des gebannten Geistes übertragen worden; sie erinnert an die Wandlerin unterm reißenden Stein bei Mehlis, welche die Kunden vervorteilte und gebannt wurde und immer ruft: Drei Quärtchen für eine Kanne! Drei Viertel für ein Pfund!

## *160. Kinderzüge und Kindertanz*

Zu einer Zeit (1212) kam unter die Kinder in Thüringen und auch im übrigen Deutschland, wie in Frankreich, gar ein sonderer Trieb und eine wunderbare Phantasei, sich zusammenzuscharen und hinwegzuziehen, das Heilige Grab zu gewinnen.

Die Sage geht, daß ein fremder schöner Knabe durch die Gaue gewandelt und das Kreuzfahrerlied gesungen habe, da seien ihm alle Kinder scharenweise gefolgt mit unwiderstehlichem Triebe, da weder Worte noch Schläge, noch Bande sie abhielten, und sollen aus Deutschland zwanzigtausend, aus Frankreich aber dreißigtausend Knaben so fortgewandert sein; kamen aber auf ihrem Wege über die Alpen in unwegsamen Gebirgen um, und jene, die das Meer erreichten, durch schreckliche Seestürme, und hat ihrer keiner die Heimat wiedergesehen.

Wie dieser Zug im großen, ist auch einer im Jahre 1237 im kleinen geschehen, doch war derselbe wieder anderer Art und Ausganges, gab aber Zeugnis, wie ein unbekanntes Etwas die Menge gewaltig ergreifen und fortreißen kann, ohne daß sie sich Rechenschaft zu geben weiß von ihrem oft ganz wahnvollem Tun.

Es kam am 15. des Brachmonats im genannten Jahre unter die Kinder in der Stadt Erfurt eine sonderbare Tanzlust, sie sammelten sich zu einer Schar von mehr als eintausend und machten einen Tanz, Hände in Hände, in großen Ketten, vom Löbertor zu Erfurt hinauf auf den Steigerwald bis zum Dorfe Waltersleben und von da nach Eischleben, von Eischleben nach Ichtershausen und über Rudisleben nach Arnstadt, eine Wegstrecke von vier guten Stunden immer tanzend, singend und springend guter Dinge und hingerissen, bis sie am Abend todmüde in Arnstadt ankamen. Die Bürger von Arnstadt verwunderten sich gar sehr, wo nur die vielen Kinder auf einmal herkämen, und nahmen sie auf, und die Bürger in Erfurt wußten nicht, wo ihre Kinder hin waren, und war eine überaus große Bestürzung in der Stadt, da fast in jedem Hause Kinder fehlten, die dauerte die ganze Nacht hindurch, bis endlich am frühen Morgen Botschaft von Arnstadt kam. Da haben die Erfurter viele Wagen genommen und sind hinüber nach Arnstadt gefahren und haben diesen Bürgern gar herzlich gedankt für die Gastfreundschaft, so sie ihren Kindern erwiesen, und haben die Kinder wieder mit sich nach Hause genommen. Die Kinder aber haben alle nicht sagen können, wer ihnen geheißen, diesen weiten Weg tanzend zurückzulegen, es wäre ihnen so angekommen, und sie wären wohl noch weiter gegangen, wenn sie nicht müde und hungrig geworden. Aber viele dieser Kinder starben bald darauf, und die Mehrzahl der übrigen blieb bis zum Tode mit einem anhaltenden Zittern behaftet. Ihr Tanz war ein Verhängnis.

## *161. Das stille Kind*

Im März des Jahres 1677 hat sich in der Erfurter Flurmarkung ein zehnjährig Mägdlein sehen lassen; seine Haare waren in Zöpfe geflochten, hatte ein weißes Kleid an und sah im Gesicht ganz bleich aus. Es ging durch die Alacher und Bindersleber Felder, redete mit sich selbst, niemand aber konnte es verstehen. In der Hand hatte es ein braunrot Stäblein und schlug damit, indem es durchs Getreide oder über die Wiesen ging, die Blumen ab, daß man solche aller Orten herumliegen sahe. Wollte diesem stillen Kinde jemand entgegengehen, ihm Rede abzugewinnen oder nachgehen, es um seine Herkunft und sein seltsames Tun zu befragen, so kam den Leuten ein so gewaltiges Grauen an, daß sie es nicht wagten, sondern scheu zurückwichen. Und niemand hat erfahren, welche Bewandtnis es mit dem stillen Kinde gehabt hat.

## *162. Des Grafen Sprichwort*

Einst lebte ein Graf zu Schwarzburg, Heinrich der Siebente geheißen, der führte ein häßlich Sprichwort im Munde, wenn er sich etwas Hohem vermaß, und sprach: Tue ich das, so müsse ich im

Abtritt ersaufen. Und hat es sich zugetragen, daß dieser Graf, ein mannlicher Herr, der vielen Reichstagen und Turnieren beiwohnte, im Jahr 1186 mit Kaiser Heinrich VI. auf dem Reichstag zu Erfurt war, wohin auch Landgraf Ludwig von Thüringen und Erzbischof Konrad von Mainz kamen, die lange Zeit miteinander gestritten und sich gegenseitig ihre Länder verheert hatten. Da wurde geteidingt und Frieden gemacht zwischen diesen beiden im Beisein des Kaisers und vieler edlen Fürsten, Grafen und Herren in einem Saale des Sankt-Peters-Klosters, und da der Boden dieses Saales alt und morsch war, so brach er plötzlich zusammen von der Last so vieler Personen. Unten aber war ein Kloak, darin aller Unrat aus den heimlichen Gemächern zusammenfloß, dahinein stürzten und erstickten elendiglich der Graf Heinrich von Schwarzburg und Friedrich Graf von Arnsberg; auch fanden noch ihren Tod Gosmar Graf von Hessen, Gottfried Graf von Ziegenhain, Burggraf Friedrich von Kirchberg, Beringer von Meldingen und andere. Der Kaiser und der Bischof hatten im Gespräch in einer Fensternische gestanden, hielten sich fest am Eisengitter und wurden gerettet. Der Thüringer Landgraf teilte den Unglückssturz, doch kam er davon ohne Verletzung. So erfüllte sich auf eine gar traurige Weise der Schwur des Schwarzburgers.

## *163. Doktor Fausts Gäßchen*

Gegen die Mitte der Schlössergasse zu Erfurt geht ein Gäßchen zwischen Häusern durch, so schmal, daß ein Dicker nicht durch kann; das ist Doktor Fausts Gäßchen, und da hindurch fuhr Faustus, als er in Erfurt war, mit einem ganzen Fuder Heu. Er wohnte in der Michaelsgasse, nahe dem großen Kollegium, darin er selbst Kollegia las, den Studenten den Homer erklärte und die Geister homerischer Helden ihnen vor Augen stellte und zuletzt den greulichen Riesen Polyphemus, vor dem alle erschrocken und davongelaufen. In der Schlössergasse wohnte ein edler Junker, der war Fausti Freund, und waren oft beisammen; das Haus ist durch einen Anker auf dem Dachgiebel kenntlich, da gab Faustus manche Gasterei, zapfte Wein aus dem Tisch, ritt durchs Dach in die Luft und ließ ein Loch im Dach, das sich niemals wieder mit Ziegeln hat zulegen lassen. Bald sprach Stadt und Land von niemand als vom Doktor Faust, der Adel kam aus der Nachbarschaft in die Stadt herein, den Wundermann und seine Künste zu sehen, und da entstand die Furcht, es möchten allzu viele sich zu Teufelskünsten verlocken lassen, und ward ein Mönch zu Faustum gesandt, der sollte ihn bekehren. Faustus wollte aber nicht bekehrt sein, und auf das Erbieten des Mönchs, ihn durch Messelesen und Gebet vom Teufel loszureißen, hat Doktor Faust erwidert: Nein, mein guter Doktor Klinge! Es würde mir sehr unrühmlich sein, meinen mit meinem Blute geschriebenen Vertrag zu brechen, das wäre nicht redlich. Der Teufel hat mir ehrlich gehalten, was er mir zugesagt, so will ich ihm auch mein Wort halten. – Ei, so fahre hin zum Teufel, du verfluchter Teufelsbraten und Teufelsbündner! schrie da zornig der Mönch; fahre hin in das ewige Feuer, das bereitet ist dem Teufel und seinen Engeln! – und rannte fort zum Rektor magnificus und zeigte dem an, Faustus sei ein ganz verstockter unverbesserlicher Sünder. Darauf ist der Doktor Faustus aus der guten Stadt Erfurt ausgewiesen worden als ein gar schlimmer Literatus.

## *164. Die Geißelfahrer*

Da sich in deutschen Landen die Geißelfahrer auftraten, so kam diese Volksseuche, welche die Köpfe ergriff wie ein Schwindel, auch nach Thüringen, und da rückte eine Schar von nicht weniger als dreitausend Flagellanten auf Erfurt los. Sie gingen Paar auf Paar, waren alle, bis auf die mit Leinwandschürzen gegürteten Lenden, fasernackt, und der vorderste trug eine Fahne; auf den Köpfen hatten sie weiße Hüte, an jedem hinten und vorn ein weißes Kreuz. Sie sangen das bekannte Geißlerlied, warfen sich kreuzweis auf die Erde, knieten auch hin und peitschten sich mit dreistriemigen Riemengeißeln, die in einem mit eisernen Nägeln gespickten Knoten endeten; zweimal des Tages und einmal des Nachts wurde die Geißelung vorgenommen. Es war eitel das ärmste und armseligste Lumpengesindel, welches dieses scheinheilige religiöse Possenspiel aufführte, Männer, Weiber und Kinder. Geld heischten sie nicht, aber Eßwaren ließen sie sich gern reichen. Wenn sie in eine Kirche kamen, machten sie ein so nichtsnutzes Geplärre, daß alles vor ihnen schweigen und verstimmen mußte. Der Stadtrat zu Erfurt ließ diesem faulen Gesindel sein Stadttor vor der Nase zuschlagen, und es mußte Gott danken, daß es bei Ilversgehofen über Nacht lagern durfte. Einer unter diesen Geißelfahrern trieb die Narrheit so weit, zu sagen, er sei Gottes Sohn; möglich, daß er dieses auch von sich glaubte, es gedieh ihm aber übel, er wurde aufgegriffen und ohne weiteres auf dem großen Markt zu Erfurt verbrannt. Damals lebte ein Poet daselbst, der nannte sich Heinrich von Erfurt, der sang von dieser Zeit und bezeichnete mit wahrem Wort der Geißelfahrer Vaganten- und Flegelantenwesen:

Pestis regnavit, plebis quoque millia stravit,
Insolitus populus flagellat se seminudus. –

## *165. Die Sondersiechen*

Der Rat zu Erfurt hatte mit schlimmem Volk seine tausendfache Not, aber er ließ seine Macht fühlen und strafte unnachsichtlich jede Übeltat. Einst war auf der Gleichenschen Burg Ehrenstein ein junger Ritter, der liebte eine Jungfrau aus dem Gefolge der Gräfin von Gleichen und entführte sie mit ihrer Zustimmung. Sie saß hinter ihm auf, und beide erreichten glücklich das Stadttor. Es war aber leider schon abends zehn Uhr, und das Tor wurde nicht aufgetan. Da ritten sie zurück voll Angst und kamen an das Haus der Sondersiechen, dort um Einlaß bittend, nachdem der Ritter sein Roß an einen Zaun angebunden hatte. Es ward ihnen aufgetan, aber die Siechen, lauter Männer, als sie sahen, daß die Maid schön war, warfen sie sich auf den Ritter und erwürgten ihn und büßten an der Jungfrau ihre schändliche Lust so, daß sie starb; dann verscharrten sie ihre Leichen. Als aber die Flucht bekannt wurde, jagte vom Schlosse Ehrenstein und von Remde her eine Schar Verfolger nach, kamen auch nach Erfurt und fragten am Tore nach den Flüchtigen. Da sagte der Torwärter: Ja, es ist gestern zur Nacht einer dagewesen, so Einlaß begehrt, ich durft' ihm aber nicht auftuen, denn es war zu spät. Da ritten die Verfolger vor das Siechenhaus und fragten draußen gleichfalls nach, aber da hieß es: Zu uns kommt niemand, wir sind die Leprosen und Sondersiechen. Indem so hörte das am Zaun hinterm Haus angebundene Roß, welches die Siechen noch gar nicht gewahr worden, bekannte Stimmen, mocht' auch Hunger haben, und begann laut zu wiehern. Als nun jene das ihnen wohlbekannte Pferd fanden, drangen sie ein in das Haus und umstellten es und sendeten in die Stadt zum Magistrat, und der schickte seine Richter und Schöppen, die forschten und fragten und fanden die grauenvolle Tat und schöpften ihr Urteil. Darauf umfing ein ehrlich Grab bei Sankt Thoma den Ritter und sein armes Lieb; um das Siechenhaus herum aber wurde Scheitholz gelegt, rundherum, und Stroh und Reisig bis zum Dach, ein mächtiger Haufe, darauf ward es an den vier Ecken mit Feuer angestoßen, daß es mit Mann und Maus, so darinnen waren, zu Asche verbrannte. Hernach ist an des Hauses Statt ein Kreuz von Steinen errichtet worden, an dessen einer Seite ein Ritter, an der andern eine kniende Jungfrau zu sehen war.

## *166. Kurzer Prozeß*

Absonderlich kurzen Prozeß machte der Erfurter Stadtrat mit Mordbrennern, sie mochten solche scheußliche Tat getan oder auch nur ausführen gewollt haben. Nach Donndorf, einem erfurtischen Dorfe, kam ein Mann, der bot von Haus zu Haus Gänse feil, die Bauern argwohnten aber in besagtem Gänsemann einen Auskundschafter, verstrickten ihn und führten ihn nach Erfurt, dort ward er scharf befragt und bekannte, er habe des Dorfes Gelegenheit allerdings auskundschaften und verraten wollen, sei auch dabei gewesen, wie das Dorf Berlstedt angesteckt worden. Darauf ward er wieder nach Donndorf geführt, ihm alldort der Kopf abgeschlagen und der Leib gevierteilt.

In Erfurt selbst ward einer gesehen, der trug einen Strohwisch und ging damit zum Tore hinaus. Das erregte Verdacht, es ward ihm nachgesendet, und er wurde gefangen eingebracht. Befragt, und ohne Zweifel mit der scharfen Frage, bekannte der Mann, er habe erfurtische Dörfer anstecken wollen, worauf man ihm, erzählt die Chronik, den Kopf abschlug und ihn hingehen ließ, wohin er wollte.

## 167. *Sibyllentürmchen*

Unter der Feste Cyriaksburg nahe bei Erfurt, links an der alten Fahrstraße nach Gotha, steht ein großer steinerner Bildstock mit altgotischer Zier und erhabener Steinhauerarbeit, der wird das Sibyllentürmchen genannt. Mehr als eine Sage wird davon erzählt, doch ist die nachstehende die am meisten bekannte. Es war ein junger Graf von Gleichen, der liebte eine junge Gräfin von Käfernburg, und der Tag ihrer Verbindung war schon anberaumt und nahe. Sehnsuchtsvoll erwartete ihn sein Lieb, allein er kam nicht. In Begleitung von zwei Knappen war er von seiner Burg herein nach Erfurt geritten, allda Schmuck für seine Braut zu kaufen; ein ihm feindlich gesinnter Schnapphahn aus der Gegend hatte davon Kundschaft erhalten, lauerte dem Grafen mit einigen Mordgesellen unten am Fuße der Cyriaksburg, an deren Stelle damals ein Nonnenkloster stand, und erschlug nach kurzem Kampfe den jungen Grafen samt den beiden Knappen. Da ward groß Trauern und Herzleid bei der Braut auf der Käfernburg; sie verließ ihre Burg und ihr Erbe, ließ dem Geliebten, der an jener Stelle mit seinen Begleitern begraben ward, ein Kreuz setzen und auch auf jedes Knappengrab ein Kreuz und daneben den großen und hohen Bildstock errichten, nahm den Nonnenschleier im Kloster Sankt Cyriaki auf dem Berge und ging alltäglich herab zu dem Bildstock, der ihren Namen bis auf die gegenwärtige Zeit brachte, um am Grabe ihres Liebsten zu beten, bis der Tod sie von ihrem stillen Gram erlöste.

## 168. *Der zärtliche Wolf*

Im Jahre 1555 im Sommer lief etliche Wochen lang im Weichbild der Stadt Erfurt ein Wolf herum, der lief den Leuten auf dem Felde nach, umarmte, herzte und drückte sie, absonderlich die Weibspersonen, tat ihnen aber sonst kein Leides und biß niemand. Wenn er aber so eine oder die andere umschlungen hielt und den Rachen aufriß, der von einer ungewöhnlichen Größe war, ist sie doch so erschrocken, daß sie fast den Tod davon hatte. Glaubwürdige Leute sollen das gesehen und ausgesagt haben.

## *169. Der Wolfram*

Im hohen Chor des Domes zu Erfurt steht, gegen den Hochaltar gekehrt, ein ehern Bildnis, eine Mannesgestalt von der Größe eines Knaben, das wird der Wolfram genannt; es hält in jeder Hand einen Kirchenleuchter und soll, wie die Mesner sagen, aus Heidenzeiten herrühren; doch dem ist nicht also. Ein junger Patrizier des Namens Wolfram beging ein großes fleischliches Vergehen; solches zu sühnen, verurteilte ihn der Papst zu harter und langer Kirchenbuße, daß er ein ganzes Jahr lang täglich, in der Hand einen Leuchter mit zwei brennenden Kerzen, vor dem Altar stehen sollte, und zwar so lange, als der Dienst der Messe daure. Dies tat nun auch Wolfram, aber er fiel darob ganz von Kräften und vermochte sich kaum aufrecht zu erhalten. Da ward heftig für ihn gebeten, bis ihm die Strafe erlassen wurde, doch stiftete er noch zur Sühne und zum Gedächtnis seiner Reue und Buße das metallene Bild und trat darauf in einen strengen Orden, darin er bald hernach Todes verblichen ist.

## *170. Der Graf von Gleichen*

Das Geschlecht der Grafen von Gleichen hat seinen Ursprung hoch hinauf in der Zeiten Frühe verlegt, doch stimmen die Stammsagen desselben darin überein, daß zuerst zwei Brüder, Edle zu Rom, ihre Heimat Italien verlassen und in der Nähe von Göttingen jene zwei Burgen erbaut und bewohnt, die man noch heute die Gleichenschen Burgen nennt. Darauf sollen aber sie selbst oder ihre nächsten Nachkommen von dort hinweggezogen oder vertrieben worden sein und in Thüringen die drei Burgen erbaut haben, welche man die drei Gleichen nennt. Diese Burgen liegen in einem Dreieck zwischen den drei Städten Erfurt, Gotha und Arnstadt, zwei sind Trümmern, die eine, das ist die eigentliche Burg Gleichen, genannt das Wandersleber Schloß, die andere war Schloß Mühlberg. Die dritte, die höchste und festeste, ist die Wachsenburg benannt und noch immer bewohnt. Die Grafen von Gleichen hatten viel Landes inne in Thüringen, Westfalen und auf dem Eichsfelde. Wittekind, der schwarze Ritter, soll nicht ein Verwandter des großen Wittekind gewesen sein, son-

DIE DREI GLEICHEN

dern der Enkel Ernsts, des Stammvaters der Grafen von Gleichen, und soll zwei Söhne gehabt haben, Ludwig und Karl, und dieser Ludwig soll Schloß Gleichen in Thüringen zuerst erbaut haben. Einer des edlen Geschlechts hieß Siegmund, der bekriegte im Bündnis mit den Grafen von Käfernburg und denen von Arnstadt die Stadt Erfurt und tat ihr merklichen Schaden, so daß sie ihn den Thüringer Teufel nannten.

Da Kaiser Friedrich II. einen Kreuzzug begann, an welchem Landgraf Ludwig von Thüringen teilnahm mit den meisten seiner Vasallen, zog auch Graf Ernst III. von Gleichen mit hinweg und stritt tapfer gegen die Heiden. Der Landgraf war gestorben, der Kaiser schloß zu Akkon Waffenstillstand mit dem Sultan und kehrte zurück, ließ aber den Grafen von Gleichen und andere zum Schutze Akkons zurück. Auf einem Ritt in die Wüste wurde der Graf gefangengenommen und in schwerer Dienstbarkeit als ein Sklave gehalten. Endlich, da er als ein Gärtner arbeitete, nahm die schöne Tochter des Sultans seiner wahr und gewann ihn lieb, auch entdeckte seiner mitgefangenen Diener einer ihr seinen Stand. Da bot sie ihm Befreiung, sich selbst und alle ihre Schätze an, wenn er sie zum ehelichen Weibe nehmen und mit ihr entfliehen wolle. Nun hatte aber Graf Ernst von Gleichen daheim bereits eine Gemahlin und zwei Kinder, doch dünkte dieses der sarazenischen Jungfrau kein Hindernis. Da nun der Graf erwog, daß ohne Benutzung des Erbietens der Sultanstochter er die Freiheit nie erlangen und für seine Gemahlin und seine Kinder tot und verloren bleiben werde, so hoffte er, der Papst werde ihm die zweite Ehe einzugehen bewilligen, zumal da die schöne Heidin gern bereit war, dem Grafen zuliebe eine Christin zu werden. Die Flucht gelang, die Sarazenin nahm große Schätze mit sich fort, und glücklich kamen die Liebenden und ihr Gefolge in Italien an, zogen gen Rom, und nachdem die Sultanstochter getauft war, wurde sie dem Grafen als rechte Gemahlin angetraut. Hierauf setzten sie ihre Reise nach Thüringen fort, und der Graf eilte voraus zu seiner Gemahlin, die den Totgeglaubten freudiglich empfing, und entdeckte ihr alles. Sie segnete dankbar die Fremde, die ihr den Gemahl, ihren Kindern den Vater zurückbrachte, und verhieß, sie als eine Schwester zu lieben. Darauf zogen sie der Nahenden entgegen, empfingen sie unten am Fuße der Burg gar herrlich und nannten diese Stätte das Freudental, welchen Namen sie behalten hat bis auf den heutigen Tag. Einträchtiglich und liebevoll lebten die drei Verbundenen beisammen, doch gewann die Sarazenin keine Kinder. Viele Wahrzeichen dieser Begebenheit im eigentlichsten Wortsinn gab es und gibt es noch; auf Burg

Gleichen über Wandersleben wurde bis in das zweite Jahrzehnt dieses Jahrhunderts die dreischläferige Ehebettstelle gezeigt, wichtiger als diese ist der im Dome zu Erfurt noch vorhandene Grabstein, auf welchem der Graf zwischen seinen beiden Gemahlinnen dargestellt ist, und ist die Tracht völlig übereinstimmend mit jener der Zeit des Kreuzzugs Kaiser Friedrich II.; ebenso ist diese Tracht beider Frauen deutsch. Man zeigt noch dort die Gebeine, insonderheit die Schädel der drei Vereinten. Von Burg Gleichen herab in das Freudental führte ein gepflasterter Weg, der Türkin Weg, weil alles, was aus dem Morgenlande kam, der damaligen Zeit türkisch hieß. Im Gleichenschen Schlosse zu Tonna ward der Türkenbund der Sarazenin – der auf dem Grabstein nicht zu erkennen, da tragen beide Frauen rote goldverzierte Kronenreife – und ein goldnes Kreuz gezeigt, auf dem zu Farnroda ein Teppich, dessen Bildwerk die Erzählung vorstelle, zu Ohrdruf in einer Kirche ein Schnitzwerk, im Schlosse daselbst wie zu Schloß Pyrmont, auf Burg Ehrenstein und auf dem Vorwerk Werningsroda bei Emleben überall ein dreischläferiges Bette.

## *171. Der Mordgarten*

Unter der Burg Gleichen beim Freudentale liegt ein vormals von alten Bäumen umschatteter Platz, der wird der Mordgarten genannt; er war ein Ort der Zweikämpfe. Es ist nun weit über hundert Jahre her, daß zwei junge Männer zugleich eine schöne Arnstädterin liebten, die nur einen von ihnen begünstigte. Der verschmähte Nebenbuhler suchte Händel mit dem Beglückten, die sich beim Spiele leicht fanden; man forderte sich und schlug sich im Mordgarten auf Pistolen. Die Geliebte sandte ahnungsvoll am Morgen des Kampftages ihrem Liebsten das übliche Brauthemde – es wurde sein Totenhemd, er wurde darin begraben, denn er fiel auf den ersten Schuß. Darauf hat die Jungfrau ihrem Freund im Freudentale, das ihr ein Jammertal ward, gleich jener Käfernburgerin Sibylle ein Kreuz an der Stätte errichten lassen, an welcher er um sie den Tod empfangen. Dies alte Kreuz mag wohl noch stehen; im Jahre 1820 stand es noch und wurde darauf gelesen der Name und die folgende Schrift:

HERR CHRISTIAN
FRIEDRICH CARL v. BOSE
ward hier getödtet den 9. Marty
Anno 1717.
Christi Blut hat mich befreit von der Höllen
Rachen
Mein Blut
Umb Rache
schreyt
GOTT befehl ich mein
Sachen.

Die Bäume des vormaligen sogenannten Baum- und Mordgartens sind verschwunden. Das Steinkreuz steht einsam am Saume eines unbebauten Hügels unterhalb der Burgruine, südlich von dem Freudentale.

## *172. Herr Augustin*

Zu Gotha am Jakobsplatz steht ein steinern Haus mit einem Steingebilde, darauf ist ein Mann zu erblicken, der zweien Kindlein Brötchen darreicht, und stellt solches Bild den Herrn Augustin vor, welcher ein absonderlicher Kinderfreund war. Stets beschenkte er arme Kinder, ging niemals aus ohne die Taschen voll Gaben, und es war, als ob es aus sotanen Taschen quölle und sie nimmer leer würden. Selbiger Herr Augustin wurde achtzig Jahre alt unter solcher Liebe zu den Kindern und der Kinder zu ihm, und da es mit ihm zum Sterben gedieh, hat man zwei Knäblein an seinem Lager sitzen sehen, welche ihm die Augen schlossen, und auf seinem Grabe ist drei Tage lang ein Knäblein sitzend gesehen worden, niemand aber hat dasselbe gekannt.

## *173. Schatz auf dem Friedenstein*

Auf dem Schlosse Friedenstein zu Gotha, darinnen die Ahnfrau des herzoglichen Hauses umwandelt, war ein Mann vom Soldatenstande des Namens Eckart Hofverwalter und pflegte bisweilen in der Hofstube auf einer Bank die Nacht hinzubringen, besonders dann, wenn langanhaltende Festlichkeiten bei Hofe seinen Dienst bis in die späte Nacht erfordert hatten. Der erblickte einst in dieser Stube einen Geist, der ihm zu folgen winkte. Eckart nahm das noch brennende Licht und ging ohne Furcht dem Geist nach. Dieser führte ihn durch mehrere Gänge in ein Gewölbe, da stand ein großer Kessel ganz voll Goldstücke, und der Geist bedeutete dem Mann, er solle zugreifen und den Schatz heben. Aber es kam ihm Grauen und Entsetzen an, und er wich nach der Hofstube zurück. Der Geist folgte ihm und suchte ihn unter beweglichen Gebärden zu vermögen, umzukehren. Er solle nur ein Drittel des Schatzes für sich nehmen und die beiden andern Dritteile der Landesherrschaft geben, aber Eckart ließ sich nicht darauf ein. Am folgenden Morgen eröffnete er den Vorgang seinem Herrn, dem Herzog Friedrich II., und bat um Verhaltungsbefehle in dieser Sache. Der Herzog sprach, er befehle ihm hierin nichts, wolle er fürder mit dem Geist gehen, so möge er es auf eigene Gefahr tun. Nach einiger Zeit fand man die Hofstube verschlossen, und der Hofverwalter war nicht zu sehen. Man klopfte und rief, so stark man konnte, und endlich ward die Türe aufgebrochen. Der Hofverwalter lag fast leblos mit dem Kopfe auf dem Tische; er wurde zwar wieder zu sich gebracht, doch war nichts aus ihm herauszubringen. Nur einem Geistlichen hat er hernachmals offenbart, daß der Geist ihm abermals erschienen und gar wehmütig gefleht, gleich wie das Gespenst bei der Edelfrau zu Gehofen, doch den ihm bescherten Schatz zu heben. Er solle sich nur nicht fürchten; es werde zwar eine Geistesgestalt wie ein welscher Hahn ihm zwischen den Beinen hindurchfahren, doch ohne Schaden, und der Wert des Schatzes betrage vierzigtausend Taler. Er, der Hofverwalter, habe aber gesagt, er tue es nicht, er liebe und lobe sich die welschen Hahnen gebraten vor ihm in der Schüssel und nicht also, wie der Geist zu verstehen gegeben, da habe der letztere schrecklich wehmütige und entsetzliche Gebärden gemacht, so daß er, Eckart, darüber ganz die Besinnung verloren habe. Der Geistliche gab den Rat, nicht mehr in der Hofstube zu schlafen, sich einen fetten Konsistorialvogel braten zu lassen und zur Stärkung eine Flasche Wein dazu zu trinken, wobei er ihm auf Verlangen Gesellschaft zu leisten gern erbötig; selbiges hat Eckart getan und ist nachher von dem Geist unbeschwert geblieben, sonach dürfte der Schatz noch zu heben sein, wenn der Geist nicht einen andern Mann gefunden hat. Eckart hat nachher noch manchen welschen Hahnen vor sich erscheinen lassen, dabei zum öftern sein Erlebnis erzählt und ist als herzoglicher Major zu Gotha nach einem löblichen Leben seliglich verstorben.

## *174. Thüringer Fluten*

Große und greuliche Wasserfluten haben oft das Thüringerland heimgesucht. Eine der schrecklichsten war die am 17. Maimond 1558; die Erde erbebte, und die Schleusen des Himmels gossen stromgleiche Fluten auf die Fluren zwischen Gotha und Langensalza nieder. Im Orte der Grafen von Gleichen, Burgtonna, wurden fast vierzig Häuser und Scheunen zumal und von Grund aus verwüstet, daß man hernach nicht mehr sah, wo Haus oder Scheuer gestanden. Starke Bäume wurden mit den Wurzeln ausgerissen und davongeführt, sechsundvierzig Personen fanden nur allein in Burgtonna ihren Tod. In einem der hinweggerissenen Häuser, des Hirten Wohnung, lag eine Wöchnerin, die Tags vorher geboren hatte. Das Kindlein lag in einer Mulde, das Haus stürzte zusammen, die Mutter verdarb, das Neugeborene schwamm in seiner Mulde unversehrt neunzig Schritte weit davon, blieb im Gezweig eines Apfelbaumes hangen und ward gefunden lebend und ohne Leid. An manchen Stellen im Dorfe hat das Wasser dreier Männer Höhe übereinander erreicht. Ein Mann sang noch im Untersinken: Nun bitten wir den Heiligen Geist; ein anderer reckte seine Hand im Sinken aus dem Wasser und segnete die, so noch lebendig. Ein Knabe, ein Knecht und ein Futterschneider gewannen einen hohen Birnbaum, die erhielten ihr Leben. Ein im Lande umwandernder Buchträger, heutzutage neumodisch Kolporteur genannt, kam auf einen Balken rittlings zu sitzen, schwemmte fünf Ackerlängen hinweg und brachte sich und seinen Bücherranzen glücklich und unversehrt ins Trockene.

Das war aber alles nichts gegen eine Flut, dergleichen nie vorher und nie nachher erhöret worden im Thüringer Lande, die geschahe am 29. Mai 1613. Da kamen Wetter von allen Seiten und standen viele Meilen in die Runde über dem Lande und tobten ge-

geneinander, daß alle Leute glaubten, der Erde jüngster und letzter Tag sei herbeigekommen, das reichte von der Saale bis zum Harz und von der Werra bis zur Elbe. Die Ilm überschwoll ihr Bette zehn bis zwölf Ellen hoch, riß in Weimar vierundvierzig Häuser und Scheuern weg, ertränkte vierundsiebzig Menschen und zweihundert Stück Vieh; noch ist am Kegeltor daselbst der schwarze Strich, das Wahrzeichen, wie hoch dort die Flut stand. In Oberweimar ertranken vierzehn Menschen, stürzten zweiundzwanzig Häuser ein; in Mellingen raffte die Flut zweiundzwanzig Menschen hinweg und zertrümmerte sechsunddreißig Häuser. Eines Hirten Weib ertrank mit zugleich vier Kindern; der Vater, der sich rettete, hörte noch, wie das jüngste, als seine kleine Lagerstätte schon schwamm, die Mutter fragte: Kommen wir auch in den Himmel, wenn wir ertrinken? – und als jene mit Ja! antwortete, hat das Kindlein gerufen: Ei, so will ich gern mit ertrinken! Gut Nacht, lieb Vater und Mutter! – Mehrere Dörfer wurden fast ganz hinweggerissen, so daß nur wenige Häuser stehenblieben. In Gotha blieb kaum ein Fenster ganz von den Schloßen, kein Halm auf den Äckern. Mühlhausen litt ungemein; der Schade, den Wetter und Flut in Langensalza tat, ward allein auf eine Tonne Goldes geschätzt, aber der ganze Schade im Thüringer Lande auf mehrere Millionen Taler. Nur allein zwischen Jena und Magdeburg ertranken über zweitausend Personen oder wurden von einstürzenden Häusern begraben. Diesen furchtbaren Wassererguß nannte man hernachmals die Thüringer Sündflut und erkannte in ihr ein strafendes Gottesurteil, um so mehr, als alle römischen Zahlbuchstaben dieses strafenden Jahres in einem einzigen Worte enthalten waren, und das war das Wort IVDICIVM (MDCXIII).

## *175. Die Nägelstedter Weide*

Zwischen Langensalza und Großvargula, allwo Winfried Bonifazius eine Kirche gründete und zum Zeichen der Wahrheit der Christuslehre seinen Stab in den Boden stieß, aus dem ein grünender Baum wurde, liegt das Dorf Nägelstedt und dabei eine Trift, die ist verrufen und heißt die Nägelstedter Weide. Zum öftern sind Geister dorthin gebannt worden. So lebte zu Langensalza ein wunderlicher Doktor, der von aller Welt sich abgeschieden hielt, doch ließ er reiche Gaben an die Armen durch seinen Diener austeilen. Er starb endlich alt und vielleicht auch lebenssatt; da es nun zu seinem Begräbnis kam und der Sarg schon in der Flur stand, sangen die Kurrendschüler vor dem Hause nach üblicher Weise ein Sterbelied – siehe, da schaute oben der alte tote Doktor in seiner weißen Zipfelmütze und mit einer grünen Brille zum Fenster heraus. Man eilte bestürzt in das Haus, öffnete den Sarg – da lag der Alte starr und steif; man erhob rasch den Sarg und trug ihn zum Gottesacker hin, während der Doktor wiederum gemütlich nachsah, wie man mit ihm dahinlief, als wäre er ein zu begrabender Jude. Von da an schaute von jedem Mittagsglockenschlag zwölf Uhr bis um ein Uhr der Geist des Doktors aus dem Fenster, und niemand wollte in das Haus ziehen. Da ließ man einen Hullen- und Pöpelsträger kommen, das war ein Jesuit vom Eichsfeld, der brachte einen Fuhrmannskober mit, bannte den Geist dahinein und trug ihn in die Nägelstedter Weide. Acht Tage darauf geschah es von ungefähr, daß ein Brautpaar aus dem Dorfe durch die Weide ging, wollte in die Stadt und wollte Einkäufe zur Hochzeit machen, hatte aber des Geldes nicht gar viel, und da tat die Braut einen Wunsch: Ach, wenn wir doch einen Schatz fänden, da wäre unserer Sorge mit einem Male abgeholfen! – Jaja, sagte der Bräutigam, hat sich was mit Schatz finden! – Da aber gewahrte sein Blick an einer alten Eiche einen Kober, der mit Stricken fest umwunden war, der hing an einem Astrest, und da rief der Bräutigam scherzend: Fundus! hier hängt unser Schatz. – Rasch wurde der Kober vom Baume genommen, er war sehr schwer, gewiß enthielt er Geld – und wurde etwas seitab vom Wege geöffnet. Wie die fest geknoteten Stricke mühsam gelöst waren und der Deckel abgehoben war, siehe, da ging es dem Brautpaar wie dem Fischer im ersten Märchen der Tausendundeinen Nacht, der die alte Wärmflasche aufgefischt und aufgeschraubt, es stieg ein Qualm aus dem Kober, der roch wie Teufelsdreck, Baldrian und Moschus durcheinander, und aus diesem Qualm formte sich die Gestalt eines uralten hockeruckerigen Männleins, und das war der Langensalzer Doktor, der sprach gar freundlich: Habt Dank, ihr jungen Leutchen, daß ihr mich aus dem Kober erlöst habt, in den mich der gottverfluchte Jesuiter hineingebannt, und empfanget zum Danke diesen Goldgulden, dafür mögt ihr kaufen, was ihr wollt, er wird immer wieder zu euch zurückkehren. Doch mißbraucht nie die Gabe meines Dankes. Da wurde das Brautpaar reich und glücklich. Der Geist des alten Doktors ging aber nicht wieder in das Haus nach Langensalza zurück, sondern blieb in der Nägelstedter Weide, wo er sich noch immer bisweilen sehen läßt. Eine ähnliche Sage wird vom Webicht, einem Walde bei Weimar, erzählt, wo es auch nicht geheuer sein soll, zumal an dieses Laubwaldes unterm Ende, nach Tiefurt zu, auch die Ilmnixe sich sehen läßt, ihr grünes Haar strählt und flicht und Leute in das Wasser lockt.

## *176. Blutgraben*

Im Jahre 1555 am 6. des Heumonds hat der Schloßgraben zu Weimar an einer Stelle hinten bei der Rentnerei angefangen zu wallen und überzuquellen, als ob das Wasser siede. Und war dessen Farbe fleischfarb, ja bisweilen gar rot wie Blut, daß sogar der Schatten, so von dem Sonnenschein an das Schloß gefallen, am Gemäuer feuerrot gesehen wurde. Bisweilen hat sich dieses Aufwallen an einer Stelle, bisweilen auch an mehreren erhoben und ist mit Gewalt mitten im ruhigen Flusse emporgedrungen, obschon im Grund keine Quelle vorhanden war. Das hat für und für angehalten bis an den dritten Tag, und da hat man den Graben abgelassen, aber keine Ursache des Aufwallens und der Farbe gefunden; am Erdreich aber hing es wie Blutstropfen, und in Gefäßen aufbewahrt blieb das Wasser klar wie roter Wein. Zu Erfurt wurde damals auch ein Brunnen blutrot, und ein Feldwegs von Weimar begann eine Brunnquelle, die das Jahr vor dem Bauernkrieg auch in Blut verwandelt worden, aufs neue rötlich über sich zu sprudeln, wie auch noch ein Brunnen im Thüringerland in gleicher Gestalt gesehen worden. Was es bedeute, wußte man damals nicht zu sagen, hernachmals aber ist es klar geworden mit Schrecken, denn in dieser Zeit hoben sich die Grumbachischen Händel an, welche auf thüringischer Erde gar manchem Mann das Leben kosteten und die beiden Brüderherzoge zu Sachsen, Johann Friedrich den Mittlern und Johann Wilhelm, auf den Tod entzweiten, auch den ersteren guten, glaubenseifrigen und freundestreuen Fürsten in lebenslängliches Gefängnis brachten.

## 177. *Das Schwedenglöckchen*

Zu Weimar auf dem Stadtkirchturm hängt ein altes, später aber umgegossenes Glöckchen, das hat zu zweien Malen in der Nacht um zwei Uhr plötzlich von selbst Sturm zu läuten begonnen, und das geschah das erstemal im spanischen Kriege, da der Alba in Thüringen hauste, und da hatten die Spaniolen einen Anschlag gemacht, die Stadt Weimar zu überfallen; da sie aber die Wächterglocke hörten, so die Bürgerschaft ins Gewehr brachte, brachen sie wieder auf und zogen von dannen. Zum zweiten Male geschah es im Dreißigjährigen Kriege, als die Schweden unversehens der Stadt zur Nachtzeit sich näherten und auf dem Acker hinter der alten Burg, den man noch die Schwedenschanze nennt, andere sagen, am Ettersberge, Lager schlugen. Da trat zu dem jungen Herzogssohn Johann Ernst ein kleines weißgekleidetes Knäblein, rief den Prinzen wach und sagte ihm, es sei große Gefahr vorhanden, er solle es seinem Vater ansagen. Zugleich schlug hell vom Turme das Glöcklein an; da wurden die Bürger wach und rüsteten sich zu guter Hut und Abwehr, denn die Schweden waren auch in Freundes Landen ein wüstes verderbliches Kriegsvolk und hätten Weimar nicht geschont, obgleich die heldenmütigen Brüder Wilhelm und Bernhard, Herzoge zu Sachsen-Weimar, mit dem Schwedenkönige Gustav Adolf im Bündnis, ja dessen berühmte Feldherren waren. Zum Angedenken jenes Läutens, das von einem Engel geschehen sein soll, wurde hernach, wohl zwei Jahrhunderte lang, in jeder Nacht um zwei Uhr das Schwedenglöckchen eine Weile geläutet, nunmehr aber ist solches Läuten abgestellt worden, wie so mancher andere alte Brauch, vornehmlich aber an vielen Orten die dankbare Erinnerung.

## 178. *Die sieben Wunder von Jena*

Jena ist eine berühmte Stadt wegen seiner Hochschule, seines thüringischen Weines und seiner sieben Wunder. Letztere besonders wurden in den früheren Zeiten gar sehr gepriesen und hochgehalten und in Versen aller Sprachen geschildert. Der bekannteste dieser Verse lautet:

Ara, caput, draco, mons, pons, vulpecula turris,
Weigeliana domus, septem miracula Jenae.

Der Altar in der Hauptkirche ist als ein Wunder erachtet worden, weil unter ihm eine offene Torwölbung und Straße hindurchführt, was wohl kaum irgendwo bei einer Kirche der Welt stattfindet, daß dicht unterm Altar Heu- und Mistwagen durchfahren können. Der Kopf war ein Kunstwerk an der Rathausuhr, der die Kunst konnte, sovielmal zu gähnen, als die Uhr Schläge tat, welches aufmunternde Gaukelspiel einen ebenso langweiligen Distelkopf vermochte, von diesem Gähnen des Kopfes den Namen der Stadt herzuleiten, als habe sie jemals Gähna geheißen. Der Drache ist ein künstliches Monstrum, ein Gerippe, das in der Universitätsbibliothek steht und viele Hundeköpfe hat, ähnlich dem apokalytischen Tiere. Der Berg ist der Hausberg, oder auch der Gleisberg, beide trugen alte Burgen. Die Brücke ist die Saalbrücke, an welcher sich einige Wahrzeichen befinden; dieselbe mochte in der Zeit, als sie neu war, wohl ein Wunder vorstellen. Der Fuchsturm ist allbekannt, er heißt auch der Riesenfinger, und es geht von ihm eine Riesensage: der Riese habe seine Mutter geschlagen, da sei ein Berg über ihn zusammengebrochen und habe ihn bedeckt, doch den Zeigefinger mußte er warnend aus seinem Grabe hervorstecken, das ist der gewaltige hohe Turm. Das Weigelische Haus war wohl von allen diesen sogenannten Wundern das sehenswerteste. Man konnte in ihm die Sterne am hellen Tage sehen und von unten nach oben ohne Treppen gelangen.

## *179. Fuchsturm und Fuchsname*

Der Turm, welcher heutzutage und schon geraume Zeit der Fuchsturm genannt wird, war die Warte des Stammschlosses der Grafen von Kirchberg, die diesen Landesteil inne hatten; das Schloß hieß Kirchberg, weil es über einer Kirche sich erhob, die schon der heilige Bonifazius gegründet hatte. Dieser Turm beherbergte vor grauen Zeiten einen gar hohen und berühmten Gast, das war Graf Konrad von Wettin, zubenannt der Große, aller Sachsenherrscher vieledler Stammherr. Graf Wiprecht von Groitzsch hatte Neigung gezeigt, sich die Markgrafschaft Meißen anzueignen, und das Gerücht verbreiten lassen, dessen rechtmäßiger Herr, der junge Markgraf Heinrich, sei an Gift gestorben, darüber kam es zu einer sehr verwickelten und unklaren Fehde, bei welcher Graf Konrad von Wettin nicht unbeteiligt blieb, zumal er selbst zum Markgrafen von Meißen sich ernennen ließ, indem er die Behauptung aufstellte, Heinrich der Jüngere, Markgraf von Meißen, sei mitnichten sein naher Verwandter, sondern der untergeschobene Sohn eines Kochs. Dies weckte wieder zwischen beiden eine ernste Fehde, in welcher Konrad von Wettin Heinrichs Gefangener wurde. Dieser rächte den Schimpf, der seiner Mutter und ihm durch Konrad angetan worden, sehr empfindlich; er hing ihn in einen festen Käfig, gleich einem raren Vogel, außen an den Wartturm, und es wäre vielleicht um diesen Stammvater geschehen gewesen, wenn nicht Heinrich bald darauf kinderlos gestorben und Konrad, sein einziger und rechtmäßiger Erbe, dadurch befreit worden wäre.

Als Ruine hat sotane Turmwarte denen jenaischen Studenten oft zum Zielpunkt ihrer vergnüglichen Ausflüge dienen müssen. Als die Hochschule durch die Sachsenherzoge begründet worden, ward ein Gelehrter von der Schule zu Naumburg nach Jena als Professor der griechischen Sprache berufen, der hieß Brysomann, war ein kleines seltsames Männlein und trug Sommer und Winter ein Mäntelein, das mit Fuchspelzen verbrämt war. Weil er nun von einer Schule hergekommen, so nannten ihn die Studenten Schulfuchs, und dann nannten sie jeden so, der auf einer Schule war oder von der Schule kam, und hatten sie diese Ankömmlinge früherhin geplagt und gehänselt als Pennale – von der Federbüchse der Schüler –, so plagten und hänselten sie dieselben nun als Füchse, und da sie diese Schwänke gern im Freien an Lieblingsplätzen trieben und der hohe Gipfel des Kirchbergschlosses ein solcher Platz war, so bekam die Warte den Namen Fuchsturm, und wurde dort den armen unerfahrenen jungen Füchslein häufig gar übel mitgespielt.

## *180. Die Jenaische Christnacht*

Zu Jena hat sich's zugetragen, daß ein Student des Namens Weber aus Zwickau, der bereits in Leipzig studiert hatte, sich mit noch einigen Gesellen und einem Schäfer verband, in einem Weinbergshäuslein, allwo sich eine weiße Jungfer zum öfteren blicken ließ und ein Schatz liegen sollte, den Teufel zu zitieren und Schätze oder Brutpfennige von ihm zu gewinnen. Es ging aber selbiges Kunststück gar übel aus, denn obschon sie sich Doktor Fausts Höllenzwang nebst anderem Zaubergerät verschafft und in der Christnacht des Jahres 1715 in dem Häuslein sich zusammenfanden, so sind sie doch am andern Morgen nicht in die Stadt zurückgekommen und nachmittags der Student ganz betäubt und sinnlos, der Schäfer und noch ein Bauer aber tot in dem Häuschen gefunden worden. Als nun solches Ereignis der Obrigkeit angezeigt wurde, geschah Verordnung, daß zu den Leichnamen, nachdem der Student in den Gasthof zum gelben Engel herabgeschafft worden war, drei Wächter bestellt wurden, zu denen sich noch zwei andere Personen freiwillig gesellten, die aber in der späten Nacht wieder herab in die Stadt gingen. Da nun die drei Gesellen beisammensaßen und wachten, hat es gar arg an die Türe des Häuschens gekratzt, und es ist ein Geist in Größe eines Knaben eingetreten, der sich her- und hinbewegte und dann die Türe mit einem Krachen zuwarf, als sei sie in tausend Stücke gefahren. Am andern Morgen lagen diese Wächter für tot bei den Leichnamen, und zwei davon blieben auch tot. Alle aber hatten blaue Flecken und Striemen auf der Haut. Diese Geschichte machte ringsum vieles Aufsehen und wurde viel darüber geschrieben und in Druck gegeben. Man nannte sie nicht anders als die Jenaische Christnachttragödie.

## *181. Die vierzig Ritter*

Zu Eisfeld zwischen dem Schwan und dem Adler floß vor alten Zeiten die Werra vorüber und bildete einen sumpfigen Weiher. In diesen gerieten vierzig geharnischte Ritter, welche von Feinden verfolgt wurden; sie blieben, gehemmt durch ihre schweren Rüstungen, samt ihren Pferden im Sumpf und Morast stecken und starben eines jämmerlichen Todes.

Diese Sage, die so einfach und seltsam aus ferner Zeit herüberklingt, scheint eigentümlich nach jenen vierzig römischen Rittern hinzudeuten, deren Märtyrertag der neunte März, welche Kaiser Licinius im Jahr 320 nach Christo im kalten Winter, aber nakkend, auf einen gefrornen Weiher setzen und elend umkommen ließ.

## *182. Frau Holle verbrannt*

Zu Eisfeld ist ein alter Brauch, daß am Sonntage Epiphanias nach der Nachmittagskirche unter Musikbegleitung ein kirchliches Lied abgesungen wird; dabei ist die ganze Bevölkerung zugegen, und Kinder und Alte rufen einander zu: Frau Holle wird verbrannt! Über diesen Brauch wissen die Leute nichts Bestimmtes zu sagen, und eine Mär, die sie berichten, läßt über den Namen Frau Holle und deren Verbrennung im unklaren. Vor uralten Zeiten, sagen sie, war zu Eisfeld ein Mönchskloster und ein Nonnenkloster, die lagen einander gegenüber und waren miteinander durch einen unterirdischen Gang verbunden. Dieser Gang soll bis zum vorletzten großen Brande noch offen, dann aber verschüttet worden sein. Durch diesen Gang nun besuchten die Münchlein die Nünnelein, und da trug sich's zu, daß auch die Frau Äbtissin selbst in andere Umstände kam, die ihr mitnichten lieb waren, und sogar zweier Knäblein auf einmal genas, und konnte die Schmach nicht verhehlt werden. Da nun der Täter unenthüllt blieb, so mußte der Allerweltsbuhlgeist, der arme Teufel, ihr Buhle gewesen sein, der eigentliche Sündenbock, auf dessen Rükken Last und Laster in Fülle geschoben wurden. Er trug auch diese neue Last geduldig, aber die Frau Äbtissin wurde nachmittags am Sonntag nach dem Neujahr auf öffentlichem Markt verbrannt. Möglich, daß sie Hulda hieß, so wäre das Rätsel der Hollenverbrennung gelöst.

## *183. Der Erbsenacker*

Hoch über dem Dorfe Crock, eine Stunde von Eisfeld, steht auf einem steilen Hügel die alte Kirche des Ortes, die man vorzeiten

Irmenkirche nannte. In ihrer Nähe ist auch ein tiefer Brunnen befindlich, der wird der Irmenbrunnen genannt. Dort soll, so geht die Sage, eine Königstochter gewohnt haben, die an diesen Ort geflüchtet war aus heimlicher Liebe. Endlich aber war ihre ganze Habe verzehrt, der Liebste von hinnen, und sie besaß nichts weiter als ein Mäßchen Erbsen, das nahm sie und ging traurig von dannen nach Eisfeld. Aber das Säcklein, darin die Erbsen waren, hatte ein Loch, und am Crocker Berge verlor sie fast alle. Wo die Prinzessin, die am Irminborn gewohnt, hingekommen ist, das weiß man nicht, aber die Erbsen wurden alle zu Steinen und zeugen noch von ihr, denn tagtäglich findet man deren noch an jener Stelle, kleine runde Kieselsteine, erbsengroß und erbsenfarben, wohl auch bisweilen etwas größer. Diese Sage der Erbsenverwandlung in Steine deutet, wenn man sie deuten will und darf, darauf hin, daß der Arme auch sein Letztes verliert, und an die versteinernde Kraft des Schmerzes. In der Sage von den Erbsensteinen ist die Versteinerung Strafe des Geizes, und in einer Sage aus Palästina wird sie zur Strafe der Lüge. Dort liegt, am Wege von Jerusalem nach Bethlehem, auch ein Erbsenacker, öde und unfruchtbar. Darauf säete ein Bauer Erbsen. Maria mit dem Christuskinde ging vorüber und fragte den Bauer: Was säest du? – Die Lümmelhaftigkeit des arabischen Bauers wollte ohne Zweifel der seiner deutschen Vettern nicht nachstehen, und er antwortete grob und kurz: Steine! So trage fortan dein Acker solche Frucht! rief Maria – und seitdem trägt jener Acker nur Erbsen von Stein, die kein Mensch genießen kann. Die alten Naturforscher nannten diese erbsengroßen Steingebilde Pisa bethlehemitica.

## *184. Von Ummerstadt*

Ummerstadt soll eigentlich den Namen Immerstadt haben, wie früher manche haben behaupten wollen, zum Zeichen, daß es stets und immer eine Stadt gewesen. Zu dessen Zeugnis habe vormals an einem Schwibbogen (man weiß nicht, an welchem Gebäude) das griechische Wort ἀεὶ gestanden, welches nichts anders als „immer" heißt. Doch ist die Stadtgerechtigkeit dieses Ortes erst vom Jahre 1394 an nachzuweisen, in welchem Jahre aber die Bürger beim Landgrafen Balthasar von Thüringen eingekommen waren, ihnen die verlornen und verwahrlosten Urkunden und Briefe über die Stadtfreiheit, Jahr- und Wochenmärkte zu erneuen, was auch geschah. Sonst ist Ummerstadt in der Gegend bekannt wegen der Schildbürgerstreiche, die seinen Bewohnern von den Nachbarorten aufgebürdet werden und die ziemlich gleichlautend mit denen sind, mit welchen man sich von der Stadt Wasungen trägt, sowie mit manchen derer des Dorfes Dittis an der Rhön und andern, wie solche des weitern nachzulesen sind.

Wie die Ummerstädter den Hasen gejagt, hören sie nicht gern erzählen; ihrer lustigsten Stücklein eines ist das mit dem Salzsack, und doch ist's nicht eigentlich ein Ummerstädter Streich. Ein Bauernknecht von Colberg fuhr durch Ummerstadt und wollte nach Coburg; da rief eine Ummerstädtsche ihn an, fragte ihn, wohin er fahre, und bat ihn, ihr einen Sack Salz von dort mitzubringen. Der Sack, den sie ihm gab, hatte am untern Zipfel ein Loch von ziemlicher Größe, welches die Frau mit einem Bindfaden zuband. Der Salzhändler in Coburg hielt diese zugebundene Öffnung für die richtige, knüpfte sie auf und füllte das Salz nicht ohne Mühe hinein. Jetzt zog er am Sack, damit das eingefüllte Salz sich recht setze und mehr hineingehe, da fiel alles Salz zur großen Öffnung unten heraus, und er hatte den leeren Sack in der Hand. – Na so was, so was! schrie der Coburger Mann, sollt' m'r denn meinen! Ihr seid gewiß aus Ummerstadt? – Auf diese Frage wurde das Knechtlein rot bis über die Ohren und stammelte verschämt: Nä, lieber Herr, iche nich, aberst der Sack. – Ein Bäcker ließ 1851 einen Backofen bauen, bei welchem ein Maurer während des Bauens in das Gewölbe sich legen und dasselbe von innen mit Lehm oder Kalk verstreichen mußte, während die andern Gesellen von außen mauerten. Endlich war der Ofen fertig, aber o weh!, das Ofenloch, aus welchem der inwendige Maurer nun herauskriechen sollte, war zu klein! Der arme Schelm konnte nicht heraus; sie hatten ihn eingemauert, und der Ofen mußte zum Teil wieder eingerissen werden, um den schlimmbesudelten Architekten ans Tageslicht bringen zu können.

## *185. Stelzen und die Riesen*

Über Eisfeld zum Walde hinauf am Fuß des Bleß liegt ein Dorf, heißt Stelzen; dort war ein Heilbrunn, der heilte Blinde und Lahme; letztere hingen um den Brunnen, dessen Lage, in einer erdfallähnlichen Grotte, von uralten Bäumen umstanden, lebhaft an einen heiligen Hain erinnert, ihre Krücken und Stelzbeine auf, daher kommt des Dorfes Name. Der Brunnen war weit und breit berühmt, aber da sich nun allmählich eine Ortschaft in seiner Nähe angesiedelt hatte, so verblendete der Teufel der Habsucht die Einwohnerschaft, daß sie gedachten, von dem Heilbrunnen Gewinn zu ziehen, und wollten jetzt von den armen Kranken und Heilungsbedürftigen, die oft weither gepilgert waren, Geld für das Wasser haben. Da versiegte zwar nicht die Quelle, aber es erlosch ihre Heilkraft, und das Wasser löschte bloß den Durst. Dieser Stelzenbaum ist die Quelle der Itz. In derselben Gegend um Eisfeld, Stelzen, Bachfeld und Burggrub haben vorzeiten gewaltige Riesen gewohnt. Die Sage vom Riesenspielzeug, wie sie so oft begegnet, im Elsaß, bei Blankenburg im Thüringerwald u. a., wiederholt sich getreu auch hier. Die Riesen über Stelzen spielten im Tossental, das eine halbe Stunde entfernt liegt, und kaulten (kegelten) miteinander; die Bahn hatte die Länge von Tossenthal bis Eisfeld. Riesen und Ritter – die Sage vermengt hier beide – warfen vom Schaumberg, darauf die Schaumburg stand, nach Burggrub einander ihre schweren Hämmer und Holzschlägel zu, oder sie bespritzten sich von einer Burg zur andern spaßeshalber mit Wasser, schleuderten einander auch goldne Kugeln zu.

Es ging auch die Sage, im Altar der Kirche zu Stelzen sei ein goldenes Hirschgeweih verborgen. Endlich öffnete man ihn, fand aber bloß ein kleines Trühlein von Kupfer, darin einige Heiligenknöchlein und ein altes vermodertes Blättchen Pergament. In Bachfeld ziehen, besonders zur Weihnachtszeit, Lichter in Prozession durch die ganze Kirche, ja sogar aus ihr heraus, aber niemand kann diejenigen erblicken, welche die Lichter tragen. Die Kirche zu Stelzen war sehr reich, das ganze Holz des mächtigen Bergstockes der Bleß gehört ihr, der Kirche, nicht der Gemeinde; daraus ist viel Prozessierens entstanden. Rechts am Bleß zieht sich eine schöne weite Waldwiese bis in die Ebene herab, die gehörte den Herren von Hanstein und war ein Asyl. Wer sie erreichte, den durften auf ihr weder Büttel noch Werber fassen, noch sonst jemand. In diesem Walde und auch sonst in den forstreichen Gegenden des Meininger Oberlandes geht die Sage von einer nächtlichen Säge, welche ganz allein arbeitet und schon manchen armen Holzarbeiter reich machte. Manche meinen, es seien Zwerge, die sie unsichtbar in Bewegung setzen, doch ist und bleibt solche Säge und ihr Segen ein unergründliches Waldesgeheimnis.

## *186. Zinselhöhle und Zinselmännchen*

Im Meininger Oberlande zwischen den Dörfern Meschenbach und Rabenäußig liegt eine ziemlich enge, aber sehr lange Tropfsteinhöhle, das Zinsel- oder Zinsenloch genannt, die hat ihren Namen von den Zinseln, Zinselmännchen oder Drigelein, das sind Bergzwerge, welche ehedem darinnen gewohnt haben. Nicht weit davon liegt eine andere unterirdische Grotte, welche die Zinselkirche heißt. Aber diese wurde, wie das Zinselloch, zu Anfang des vorigen Jahrhunderts von ihren Kirchkindern verlassen. Wie sich das zugetragen, wird unterschiedlich erzählt. Ein Bauer aus Meschenbach traf auf seinem Erbsenacker eine Menge Zinselmännchen; sie sprangen neckisch über die Furchen hin und her, verspeisten der grünen Erbsen aus den Schoten viele und ärgerten den Bauer sehr. Endlich glückte es ihm beim Haschen nach ihnen, einem sein Mützchen zu nehmen; da barmte das Zinselmännchen schrecklich, denn ohne das Mützchen konnte es nicht wieder nach Hause, und verhieß dem Bauer, wenn er ihm sein Mützchen wiedergebe, so wolle es ihm eine Wünschelrute auf seinen Acker stellen, mit deren Hilfe er einen großen Schatz finden solle. Darauf hat der Bauer dem Männchen sein Mützchen wiedergegeben, aber das falsche Drigelein hat sich als ein Trügerlein erwiesen und hat den ganzen Acker voll Ruten gesteckt, so daß der Bauer die Wünschelrute aus ihnen nicht heraus- und folglich auch keinen Schatz finden konnte. Andere sagen, der Bauer habe gleich anfangs, als er auf seinem Acker die Zinselchen gesehen, geschimpft und mit der Rute gedroht, wie man kleinen Kindern droht, und da habe das ganze Zwergenvolk ihm Ruten auf den Acker gepflanzt, daß er daran bei sotaner Prügellust keinen Mangel habe. Hierüber ergrimmt, paßte der Bauer, weil ihm sein Akker verdorben war, heimlich auf, und als er wieder einem Zinselmännchen das Mützchen genommen, wodurch dieses in seine Gewalt kam, schlug er das arme Männchen tot. Das betrübte die

Zinselmännchen gar sehr. Über Nacht wuchsen die Ruten zu Bäumen auf, und zwar zu den alten götterheiligen Eschen, und in derselben Nacht sind die Zinselmännchen fortgezogen, und hat sich niemals auch nur ein allereinziges wieder in dieser Gegend blicken lassen.

## *187. Poltergeist zu Schwickershausen*

Im Amte Heldburg liegt ein Dorf des Namens Schwickers-, vulgo Schweickershausen, darinnen wohnte ein Bauer, Hans oder Heinrich Kegel genannt, der hörte in der Woche vor Ostern des Jahres 1666 unter einem in der Kammer stehenden Bette etwas klopfen und ward eines Geiste ansichtig, der war geartet gleich dem Hinzelmann, hatte Kindesgestalt, trug aber eine goldne Krone auf dem Haupt, sagte erst, er sei ein Engel, und nachher, er sei der Geist einer kurz zuvor verstorbenen Frau. Einige Beherzte reichten ihm die Hand, da fühlten sie, daß sein Händchen eisigkalt war, und schauderten. Es verhieß aber einem jeglichen, der ihm die Hand reiche, einen Schatz von neunzigtausend Dukaten, das machte die Leute so beherzt, denn um solche erkleckliche Summe hätten sie dem Teufel und seiner Großmutter die Hand gereicht mit Freuden. Darauf ging das Rumoren und Poltern im Hause los, daß es niemand mehr darin aushalten konnte, und vom Hause verbreitete sich der Rumor und das greuliche Spuken im ganzen Dorfe, daß die Bäuerlein ihres Leibes und ihrer Seele keinen Rat wußten, liefen zu den Pfarrern von Hellingen und nach Heldburg, die gingen mitsammen, der Heldburger hieß Magister Buchenröder und der Hellinger Johann Hase. Die sagten den Schwickershäuser Bäuerlein, daß sie sich mit ihrem Handreichen um schnöden Geldes willen dem lebendigen Teufel zu eigen gegeben, des erschraken sich die Bäuerlein schier zum Tode. Nun hielten die Pastoren redlich an mit Beten und Predigen, was dem Geist nicht im mindesten zusagte; er rief: Gebt mir ein Kind, so will ich weichen! – Einen Dreck sollst du haben, aber kein Kind! rief der Pfarrer von Hellingen, und da sagte ihm hinwiederum der Geist auch keine Süßigkeit, katzbalgeten sich mit Worten ein langes und breites. Da der Geist nicht wich, so blieb auch der Hellinger Pfarrer, bis dessen äußerste Beharrlichkeit nach der Montagsnacht auf den Trinitatissonntag den Geist zum Weichen brachte. Hat also geklopft und gepocht, gepoltert und gelästert dreimal drei Wochen lang, dennoch überwand ihn endlich das Beten, dieweil die Prediger dem Schriftwort gehorchten: Wir aber wollen anhalten am Gebet und Amte des Wortes, und so mußte der Spukgeist aus Schwickershausen weichen; der Geist des Aberglaubens aber, dieser wahrhaft vielgestaltige Hinzelmann, wich nicht zugleich, denn noch in der allerjüngsten Zeit war und ist nach selbem Ort viel Zulauf zu einem Wunderdoktor und weisen Mann, der mehr kann als Brotessen.

## *188. Das Ackersteinkreuz bei Strauf*

Zwischen Heldburg und Hildburghausen erhebt sich ein hoher Waldberg mit der mächtigen Trümmer des Bergschlosses Strauf, insgemein Straufhain, auch Strauchhahn genannt. Es war dies ein althennebergisches Grafenschloß, das der Bauernkrieg brach. Ein alter hennebergischer Geschichtschreiber hat folgendes vom Straufhain aufgezeichnet: Im Jahr 1698 im April hörten die Leute, so im Felde waren, ein gräßliches Geschrei und Schießen auf diesem Schlosse und dasigem Gehölze, so zweifelsohne ein Teufelsgespenste oder das wütende Heer gewesen sein mag.

Nicht gar weit von den Ruinen der Burg Strauf und von Streufdorf ist eine Stelle im Waldgeheg, an welcher einst ein Jüngling seinen Tod fand und begraben wurde. Seine trauernde Geliebte wollte sein Andenken ehren durch ein bleibendes Gedächtnismal; doch fehlten ihr dazu die Mittel. Da gab ihr die Liebe einen Gedanken ein, den sie auszuführen nicht säumte. Sie legte mit sorgsamer Hand ein Kreuz von Ackersteinen auf die Trift. Und wie oft es geschah, daß Bosheit oder Mutwille das Kreuz auseinanderriß und zerstörte, die Hand der Liebe war restlos tätig, das Kreuz fort und fort zu erneuern, bis das Mägdlein starb. Darauf hat das Volk jenes Kreuzes Erhaltung wie ein stilles Vermächtnis übernommen und immerdar die Lücken wieder ausgefüllt, die durch Menschenhand oder sonstigen Zufall in dem Steinkreuze entstanden. So hat das Kreuz lange am Wege gelegen und ist zum frisch im Volksgedächtnis fortlebenden Sagenzeugen geworden. Auch von andern Orten her klingt Ähnliches. Bei Meiningen erneuen Schäfer und Hirten ein Rasenkreuz, das an der Stelle ein Hirt in den Rasen grub, an welcher ein Mann im Felde vom jähen Tod überfallen ward.

## *189. Der goldne Degen im Mordhügel*

Bei dem Dorfe Milz unweit Römhild liegt ein ganz runder, spitziger Hügel, darinnen soll noch ein goldener Degen bis auf den heutigen Tag stecken. Und zur Nachtzeit, wenn noch ein Wanderer am Hügel vorübergeht, erscheint ihm ein Reiter, dessen Pferd und er selbst ohne Kopf ist; der Wanderer eilt dann mit Grausen vorüber und erinnert sich an die schaurige Geschichte. Es war nämlich im Dreißigjährigen Krieg ein Hauptmann, der einen Bund mit dem Teufel gemacht hatte, und für das Verschreiben seiner armen Seele bekam er von ihm einen goldenen Degen, der in den Gluten der Hölle gehärtet war. Nie konnte er überwältigt werden, auch das größte Heer vermochte es nicht, solange er nur den Degen in der Hand hatte. Einst ritt dieser Feldhauptmann auf den obigen Hügel, um die Gegend zu überschauen, da nahte sich ihm ein Heer feindlicher Reiter und umzingelte den Hügel. Sie machten sich hinauf und hieben sich lange Zeit baß mit ihm herum; da traf sich's, daß endlich einer durch einen glücklichen Streich des Pferdes Kopf abhieb, der Hauptmann fiel, weil das Pferd stürzte, herunter, und im Fallen entfiel ihm der Degen. Da sprang der, so des Rosses Kopf abgehauen hatte, schnell hinzu, und durch einen zweiten Hieb sank auch der Kopf des Hauptmanns herab. Darauf beraubten sie ihn des Geldes und aller Kleinodien, die er, nebst vielen kostbaren Edelsteinen, bei sich trug, und begruben ihn endlich auf diesem Hügel. Den Degen aber steckten sie mit der Spitze auf den toten Reiter, als er auf seinem Roß in der Grube lag; denn keiner wollte ihn, da er vom Teufel stammte, behalten, und dann warfen sie alles tief mit Erde zu. Daher wird heute der Hügel noch der Mordhügel genannt und von ihm die Sage erzählt mit dem Reiter ohne Kopf.

## *190. Teufelsburg und Höllenmauer*

Weit sichtbar und weit berühmt sind die beiden Gleichberge, der große und der kleine, über Römhild. Wetterpropheten beide, sagt von ihnen das Volk, wenn Nebel ihre Häupter einschleiern: die Gleichberge kochen, es wird noch heute eine Suppe geben. – Die Sage geht, daß im großen Gleichberg so viel Wasser sei, um aus demselben einen schiffbaren Strom zu leiten. Unten ist eine Stelle, die heißt der Nebler, allda läßt sich bisweilen ein Feuermann sehen, oben aber ist ein Eisloch, das nennen sie die kalte Hölle.

Der kleine Gleichberg wird auch die Steinsburg genannt und hat den Namen von den drei mächtigen Basaltringwällen, die ihn umlagern, aber in der Nähe des Gipfels sich zu großen Strecken ausbreiten. Des Volkes Sage will, daß einst darauf eine Burg gestanden, welche jedoch nicht allzusehr fest gewesen. Ihr Besitzer war ein alter grämlicher Ritter, der aber eine sehr schöne und tugendsame Tochter hatte. Düster und zurückgezogen, hütete er mit einer alten Amme gemeinsam die Tochter, die aber denoch einen Liebesbund mit einem jungen Ritter anknüpfte, welcher Ritter aber von dem Alten schnöde zurückgewiesen wurde, als er um des Fräuleins Hand anhielt; denn der Alte sagte: Lieber gebe ich dem Teufel meine Tochter als dir! Da drohte der beleidigte Ritter dem alten Herrn mit feindlichem Überzug und schrieb ihm einen Absage- und Feindesbrief. Jetzt erfaßte Bangen den alten Burgherrn, und er rief den Bösen zu Hilfe und verhieß diesem die Tochter zum Lohne, wenn er ihm die Burg mit einem unübersteiglichen dreifachen Mauerring umgürte, bevor der nächste Hahnschrei den Tag verkünde. Der Böse willigte ein, und es begann nun in Hast der Bau; unzählbare dienende riesige Geister schleppten endlos Steine, und es wuchs die Umwallung von Minute zu Minute riesengroß. Die Amme aber, die dem Fräulein gar sehr zugetan war, hatte den Bund belauscht und schlich gegen das Frührot mit der Lampe zum Hühnerstalle, und wie der Hahn das Licht sah, meinte er, es werde Tag, und krähte überlaut. Da bricht das Höllengebäu samt der Burg in tausend und abertausend Trümmerbrocken zusammen, die noch heute den Berg umlagern; der Teufel, der noch einen Felsen zum Schlußstein schleppte, läßt ihn vor Schreck auf einen Berg über Themar fallen und errafft dafür des alten Ritters Seele. Dem jungen Paare stand kein Hindernis zu seiner Verbindung mehr im Wege. Immer noch sagen die Leute, man erblicke Treppen des alten Schlosses, und ein großer Schatz liege noch im Bergesschoße, der nur durch eine weiße Blume gehoben werden könne. In der Geisterstunde läßt sich auch droben eine wandelnde Jungfrau blicken.

Beim Dorfe Gleichamberg, das den Namen daher führen soll, weil es gleich am Berg, dem Gleichberge, liegt, beginnt ein weitfortstreichendes Steinlager eigentümlicher Art, das durch die Flurmarkung von Gleicherwiesen zieht und letzteres Dorf berührt. Dann geht es durch Linden und Haubinde, in die Trappstadter Markung, weiter zwischen Eschelborn und Sternberg und zwischen Alsleben auf die Heckenmühle in der Obereßfelder Markung und heißt beim Landvolk die Heidenmauer, nicht minder auch die Höllenmauer. Dieses Steinfundament wollten manche Gelehrte für den Rest einer Römerstraße halten, weil in dessen Nähe römische Münzen gefunden worden, das Volk aber schreibt es lieber dem Teufel zu. Das Steingeschiebe ist an den meisten Orten nur drei Schuh breit, doch dabei sehr tief; so fand man in der Nähe von Trappstadt in einer Tiefe von achtzehn Fuß noch kein Ende. Es läuft unter dem urbaren Felde hin und kommt nur zuweilen beim Umackern zutage. Bei der erwähnten Hekkenmühle breitet es sich zu einem Steinfelde von dreißig Schuhen aus und behält diese Breite auf sechzig Ruten Länge, hierauf verengt es sich wieder bis auf drei Schuh. Dort geht die zweite Quelle der fränkischen Saale über diese sogenannte Höllenmauer, welche nun über Brennhausen, zwischen Friesenhausen und Eichelsdorf, auf Hofheim und Rügheim bis zum Mainufer streicht. Selbst unter dem Mainbette soll sie durchziehen und sich im Steigerwald verlieren. Jener Stein, den der Teufel fallen ließ, heißt noch der Teufelsstein oder Feldstein und liegt auf einem Berge oberhalb Themar; es ist ein mächtiger Säulenbasaltfels, wie geklaftertes Holz geschichtet. Ein großer Schatz soll darunterliegen. Oben darauf aber wächst das Irrkraut, welches den, der darauftritt, irre führt, daß er lange umherlaufen muß und nicht Weg noch Steg findet. Wem das begegnet, der muß nur schnell sich aufsetzen und die Strümpfe wechseln, so kommt er wieder auf seine richtige Bahn.

## *191. Zwölf schlagen hören*

Zwischen den drei Orten Themar, Marisfeld und Oberstadt, nahe bei Dachbach, liegt ein weites Feld, das Gertles (Gertlitz) oder Gätles genannt, dort hat vor alters ein Dorf gestanden, und es ist darauf gar nicht geheuer. Ein Reisender wanderte über jenes Feld, da sah er plötzlich, wie jener Feldscher das wüste Germelshausen, ein schönes Dorf vor sich liegen. Es war gerade Sonntag, und in dem Dorfe läutete es in die Kirche. Als er hineinkam, schritten die Leute auch ganz ernst nach derselben hin; ihre Tracht war aber auffällig alt und sonderbar, gar nicht wie heutzutage die Mode. Der Reisende fragte einige der Vorübergehenden nach dem Namen des Ortes, aber wen er auch fragte, der gab ihm keine Antwort, und alle wandelten so ruhig und still, ja lautlos, unhörbaren Trittes an ihm vorüber, als ob sie ihn gar nicht sähen. Dabei starrten ihre Augen ganz gläsern, und es kam dem Reisenden ein übermächtiges Grauen an. Eilends verließ er den unheimlichen Ort, kam nach Themar und fragte gleich am Tor, was das für ein Dorf sei, und beschrieb es. Aber niemand wollte es kennen. Seitdem hat es auch keiner wiedergesehen. Die Sage geht, wer es im Gertles zwölf schlagen hört, der kommt zu großem Glück; ein solcher muß aber den Mut haben, jede der zwölf heiligen Nächte (vom Weihnachtsheiligabend bis zum heiligen Dreikönigtag) auf dem berufenen Felde zuzubringen. Ein Bauer aus Marisfeld war kühn genug zu diesem Wagnis, er ging jene Nacht in den Zwölften auf die öde Wüstung hinaus, und in einer derselben geschah, was er gewünscht, er hörte es plötzlich dicht neben sich zwölf schlagen, aber es schlug mit einem so über alle Maßen entsetzlichen Ton, daß er bei den ersten Schlägen vor Schreck und Grauen zu Boden geschmettert wurde. Wie ein Toter blieb er in dumpfer Betäubung auf dem Felde liegen bis zum Morgen, wo er erwachte, sich mühsam aufraffte und bis in sein Dorf schleppte. Dort packte ihn ein heftiges Fieber und fesselte ihn ein Vierteljahr lang an das Krankenbett. Endlich besserte sich's mit ihm, und er fing wieder an zu arbeiten. Was er aber nun anfing, das glückte ihm und schlug ihm zum Nutzen aus, seine Scheuern füllten sich wie von selbst, seine Saaten blieben unverhagelt, seine Taschen wurden vom Geld nimmer leer, ja er durfte Steine säen, und es ging der schönste Weizen auf. Er wurde der reichste Mann des Ortes, das war seines Mutes Lohn. Darum ist in dieser Gegend das Sprichwort entstanden, wenn einer schnell reich wird ohne sichtbare Ursache: Der hat es im Gertles zwölf schlagen hören.

## 192. *Die Jungfrau mit dem Zopf*

Über dem Wappen der Grafen von Henneberg-Schleusingen, der schwarzen Henne mit rotem Kamm auf drei grünen Bergen im goldnen Felde, steht der Helm mit seiner Zier, letztere darstellend die Büste einer gekrönten Jungfrau ohne Arme mit einem langen Zopf. Da unzählige Male dieses Wappen im Bereich der alten Grafschaft Henneberg an Mauern, Toren, Kapellen, Brücken usw. angebracht ist und diese Helmzier beim Volke mehr deutsam erschien als jede andere, so hat sich über dieselbe mehr als eine Sage gebildet und verbreitet, die sich mehr oder minder einander ähneln und ergänzen.

Ein Graf von Henneberg zog nach Italien und in das Heilige Land. Dort lernte er die Tochter eines Königs von Arabien kennen und gewann ihre Liebe, jedoch mußte er sie verlassen, schied sich mit Schmerz von ihr und reiste nach seiner Heimat zurück. Die arabische Prinzessin wurde darauf von der heftigsten Sehnsucht ergriffen, die sie eine Zeitlang zu überwältigen suchte, allein ihre Liebe war allzu mächtig, und vermochte nicht länger zu widerstehen, zog deshalb mit vielen Schätzen aus ihrem Vaterlande und dem Geliebten nach. Als sie in die Gegend des Klosters Veßra kam, hörte sie von den beiden Türmen der Kirche sowohl als auch von den umliegenden Ortschaften lange anhaltendes feierliches Geläute. Nun forschte sie, was das zu bedeuten habe. Da wurde ihr zur Antwort, sie müsse wohl sehr weit herkommen, daß sie nicht wisse, daß heute der Landesherr seine Hochzeit feiere, und man nannte ihr dessen Namen. Das war nun aber leider ihr Geliebter, die arme Prinzessin wurde fast unsinnig vor Schmerz. In ihrer Verzweiflung riß sie sich ihren starken Zopf ganz aus, dann nahm sie den Schleier und verwandte all ihr Geld und Gut und reichen Schatz zu frommen Werken, von diesen nennt man noch die Klostermauer um Veßra und die Brücken von Ober- und Untermaßfeld, in welchen Orten man auch diese Sage ganz so wie um Veßra erzählt, nur daß die Sarazenin über Henneberg gekommen sei. Den Grafen aber rührte tief die Liebe und der Schmerz der fremdländischen Jungfrau, er ließ ihr Bildnis als Helmzier auf sein Wappen setzen und allenthalben anbringen, daher kommt auf dem hennebergischen Wappen die Jungfrau mit dem Zopf, wie es in Veßra, an der Kapelle neben der Obermaßfelder Brücke und anderwärts häufig noch heute zu ersehen ist. In Veßra wurde die Araberin begraben, dort war ein Monument im obern Chor der Kirche, eine Jungfrau mit schwebenden oder zu Feld geschlagenen Haaren, in Stein gehauen, auf sechs Säulchen, welche Jungfrau, wie eine alte Nachricht aussagt, soll eine Königstochter gewesen sein und durch Heereszüge mit in dieses Land gekommen. Sie hat ihr Leben allda beschlossen und etliche Kleinod, so sie bei sich gehabt, ins Kloster gegeben. Sie hatte einen langen Mantel über dem untern innern Kleide oder Rocke, einen schmalen Gürtel, ein edel Gesprang vorn unter dem Halse auf der Brust hangen und einen Leidschleier oder Binde von dem Haupt bis auf die Füße hangen. An dem Kissen unter dem Haupt zu beiden Seiten zwei Engel, so dies Kissen hielten. Also war der Sarazenin Denkmal beschaffen.

Nach andern spielten zwei Grafen von Henneberg Kegel miteinander, entzweiten sich, und einer dieser Brüder schlug den andern tot und entfloh. Sein Geschick führte ihn in das Reußenland bis nach Moskau, da war denn die getäuschte, dem Liebsten nachgezogene Geliebte eines moskowitischen Kaufmanns Tochter, womit diese unfehlbar jüngere Sage immer noch nach dem Orient hinweist. Eine noch jüngere Abwandlung derselben läßt den Grafen nur bis Würzburg gelangen, dort der Kaufmannstochter Liebe und Treue geloben und die letztere brechen, weil seine Verwandten ihn allzusehr bestürmten, sich ebenbürtig zu vermählen. Da nun die Verlobte mit reichem Gut ihm nachzog und ihr Unglück erfuhr, riß sie den Zopf sich aus vor Schmerz und Gram, machte von ihrem Gute mehrere fromme Stiftungen, erbaute Brücken, und da sie in ein Dorf kam, allwo sie getröstet wurde, gründete sie daselbst ein Kloster und nannte ihres Trostes Stätte Troststatt.

## *193. Schleusingens Ursprung und Name*

Von dem Ursprung der Stadt Schleusingen wird eine Sage erzählt, die sich an das Wahrzeichen dieser Stadt, eine Sirene oder Wassernixe, knüpft, welches Wahrzeichen auf einem Schild am Rathaus noch zu sehen ist. Ein reicher Graf jagte in den Waldungen dieser Gegend, lange vorher, ehe die Stadt vorhanden war, und verfolgte unablässig ein weißes Reh, ohne dieses doch erjagen zu können. Darüber brach die Nacht herein, und der Graf, welcher von seinen Begleitern ganz abgekommen war, mußte die Ruhe auf bloßer Erde des Waldbodens suchen. Schon hatte er sich am Fuß eines felsigen Berges niedergelegt, als er einen ungewöhnlichen Glanz gewahrte und eine funkelnde Grotte erblickte, in welcher sich ein kristallenes Becken befand; drei silberne Quellen ergossen sich hinein, und auf den lichten Wellen wiegte sich eine reizende Wasserfei, die um ihre Stirne ein blitzendes Band trug, darauf die Zeichen SLVS zu lesen waren. Diese Fei erhob einen süßen und bezaubernden Gesang, und als sie geendet, winkte sie den Grafen zu sich hin und vertraute ihm, daß jenes weiße Reh, welches er verfolgte, ihre Tochter sei, die ein böser Zauberer verwandelt, der oben auf dem Berge über dem Quellbrunnen in einem gewaltigen und festen Turme wohne. Diesen Zauberer wolle sie in Schlaf singen, und der Graf solle ihn überwältigen und töten. Das werde ihm durch die Kraft der Worte gelingen, die ihr Stirnband zierten, welche bedeuteten: Sie (nämlich die Tochter der Wasserfei) Liebe Vnd Siege! Das alles geschah nun auch wirklich, und als der böse Zauberer getötet war, mußte der Graf das weiße Reh dreimal mit der Flut des Kristallborns benetzen, dessen drei Quellen die drei vereinten Bergwasser, die Schleuse, die Erle und die Nahe, bedeuteten, worauf das Reh sich in ein wunderschönes Fräulein verwandelte. Mit diesem vermählte sich der Graf und nannte sich und sein Geschlecht von der Brunstätt, gründete das Schloß und die Stadt Schleusingen, deren Name aus den drei geheimnisvollen Buchstaben SLVS sich bildete und welche zum Wahrzeichen die Sirene in ihrem Stadtwappen beibehielt. Die Wasserfei soll noch im Schloßbrunnen, dem klarsten und besten der Stadt, wohnen, das Geschlecht derer von Brunstätt aber artete aus und soll von dem Grafen von Henneberg aus dortiger Gegend vertrieben worden sein.

## *194. Die Totenmette*

Oberhalb Schleusingen liegt die Totenkirche, vor ihr stehen uralte schöne Linden. Einstmals blieb eine Frau aus Schleusingen, welche bei einem Leichenbegängnis die Predigt mit angehört hatte und eingeschlafen war, in der Kirche sitzen und mochte ziemlich lange geschlafen haben. Als sie erwacht, ist es Nacht, und die Kirche ist voll Menschen; es wird Mette gehalten, und es summt ein leiser Gesang. Die Frau will mitsingen, kann aber wegen der

Düsternis die Nummer nicht erkennen und rührt an ihre Nachbarin, sich die Nummer des Liedes zeigen zu lassen. Wie sie diese Nachbarin anblickt, hat dieselbe ein Gesicht wie eitel Spinnweben und ist eine ihr wohlbekannte längst verstorbene Frau. Diese erhebt ihre welke Totenhand, nur noch Gerippe, und zeigt mit dem gelben Fingerknochen auf das Lied – da erkennt die Frau Nummer und Buchstaben, es ist das Lied: O Ewigkeit, du Donnerwort. Die zum Tod erschrockene Frau kreischt vor Schreck laut auf, da schwinden mit einem Male die bleichen Schatten alle hinweg, und die Frau wankt zitternd nach der Türe und nach Hause, hat aber nicht gar lange mehr gelebt.

## *195. Die Nixe aus der Totenlache*

Nahe bei Rappelsdorf zwischen Schleusingen und Kloster Veßra liegt ein der Sage nach unergründlich tiefes, mit Wasser gefülltes Loch, über vierhundert Schuh lang und gegen hundert Schuh breit, merkwürdig und verrufen beim Volk der ganzen Umgegend und die Totenlache genannt. Dieser Name rührt ursprünglich daher, daß die in Rappelsdorf Verstorbenen, welche in Schleusingen beerdigt werden, gewöhnlich bis an diese Lache mit Leichenbegleitung getragen, dann aber ohne ferneren Kondukt nach der Stadt gefahren werden. Das Wasser ist außerordentlich hell und klar, friert niemals ganz zu, steht in unterirdischer Verbindung mit Höhlen und Klüften des nahen Berges, die Haard genannt, besonders mit einem Brunnen im Bärengraben, wie durch dort hineingeworfene leichte Körper, welche in der Lache zum Vorschein gekommen, erforscht sein soll, und wird auch von Jahr zu Jahr größer. Alte Leute haben erzählt, daß kurz vor dem Dreißigjährigen Krieg und besonders vor dem kroatischen Einfall in Schleusingen Wassermenschen aus der Lache hervorgegangen und unterschiedlich gesehen worden sind.

Einstmals geschah es, daß aus der Totenlache eine Nixe herauskam, anzusehen wie ein junges schlankes Mägdlein; um den Hals trug sie ein schwarzes Nüsterband, um den Leib ein schuppiges Mieder, so seegrün wie das Wasser der Lache, mit einem roten Busentuch und vorgestecktem Perlenstrauß. Um die Lenden schlang sich ein scharlachroter Schurz, hintennach schleifte sie aber einen häßlichen Fischschwanz. Auf der Hudelburg oder Ruderburg, einem Wirtshaus unweit Rappelsdorf, wurde soeben ein Hochzeittanz gehalten, dorthin eilte flugs das Nixlein, setzte sich hinter den Tisch zu einem frischen Junggesellen, der lange Frieder geheißen, und trieb mancherlei Kurzweil mit ihm, der sie bald liebgewann, tanzte auch fröhlich mit ihm um die Linde. Dabei vertraute sie ihm manches, unter andern auch, daß sie gar zu gerne seine Braut wäre, und herzte und küßte ihn. Darüber kam der Abend herbei und die Nacht, und nun sprach das Nixchen weinend zu ihrem Friedel: Nun muß ich mich von dir scheiden und wieder in jenes Wasser hineingehen, wo ich wohne. Zu lange bin ich schon hier geblieben bei dir, mein Geliebter, und da ich gegen meines Vaters Gebot hierhergekommen bin, werde ich wohl die hier und mit dir genossene Lust mit dem Leben büßen müssen. Wie weh tut mir der Abschied. Lebe wohl und gehe morgen hin zur Lache, findest du sie hell und grün, so lebe ich, findest du sie bleich und totenfarb, so ist's vorbei mit mir. Und gab ihm einen Kuß und entwich. Am andern Morgen ging der Frieder eilend hin zu dem kleinen See, fand ihn bleich und blutig, und voll Sehnsucht und Liebesgram sprang er hinein in die Totenlache, um sich durch den Tod mit der lieben Nixe zu vereinen.

Nicht weit unter Rappelsdorf, links am Wege, liegt auch noch ein kleiner See, im Sommer von Mümmelchen überblüht, dabei es nicht geheuer.

## *196. Wassermann Hackelmärz*

In Themar, einem uralten hennebergischen Städtlein, vor alters Dagamari geheißen, rufen die Kinder einander zu, wenn sie in der Werra baden und sich schrecken wollen: Hu! reiß aus! Der Hakkelmärz kömmt! – und denken sich unter dem Hackelmärz einen abscheulich langen dürren graugrünbärtigen Wassermann, der aus der Tiefe heraufsteigt und nach ihnen fängt. Solcher Hakkelmärze lassen sich im Werratale unterschiedliche sehen, sie heißen nur anders. Ihr Name erinnert an den Hackelbernd, der aber wilder Jäger ist, Luft-, nicht Wassergespenst. Zwischen der Rappelsdorfer Mühle und der Schwarzbacher Papiermühle muß die Schleuse, die unweit Themar in die Werra fällt, alle sieben Jahre einen Toten haben. – Auch in Themar sagen die Kinder, wenn im Winter so recht große dicke Schneeflocken fallen: Die Fra Holl schüttelt ihr Bett aus.

## *197. Die Hennenburgen*

Es ist eine alte Sage, daß vorzeiten ein Herr aus edlem Geschlecht in Deutschland umgezogen, der eine Stätte suchte, da er sich anbauen und guten Frieden haben könne. So kam derselbe auch nach Franken und fand allda einen Berg, der ihm baß gefiel. Wie er nun durch die Waldung zum Gipfel ritt oder schritt, fand er eine Wildhenne mit ihren Jungen, und da baute er allda eine schöne Burg und nannte sie Hennenberg und wurde der Stammvater des reichen und edeln Geschlechts der alten fränkischen Gaugrafen, die sich von Henneberg nannten und vom Grabfeld bis zum Thüringerwalde Besitzungen gewannen und Burgen erbauten. Zur Sage gesellte spätere Zeit vielgestaltig die Fabel, daher ist von der Erbauung der Burg Henneberg folgendes in einer alten Handschrift zu lesen: „Da die Wenden in Rom lagen und Roma und Italien fast zerstört und verderbt hatten, das war nach Christi Geburt vierhundertundachtundfünfzig Jahre, da zog ein reicher Römer aus Rom um Unfriedens willen, das war einer von der Säule geheißen, De columna, von dem großen Geschlecht, kam also in den Wald, da jetzo Henneberg liegt, mit seinen Dienern. Da behaget ihn, den Berg zu bauen. Da fand er ein Wildhuhn mit seinen Küchen an derselben Statt, darum nennte er das Schloß Henneberg."

Fast das gleiche ward auch gefunden in einer Chronik, wo es von einem Römer aus dem erwähnten Geschlecht heißt: „Er zog in diese Lande und kam an das End und Berg, da jetzt Henneberg liegt, und schlug sich allda nieder, da gefiel ihm die Gegend und der Ort so wohl, daß er anfing, ein Schloß darauf zu bauen, und als er das anfing aufzuschlagen und das Schloß zu bauen, da fand er an derselbigen Statt eine wilde Henne mit ihren jungen Hühnlein, davon gab er demselbigen Schloß den Namen Henneberg und führte davon die Henne in seinem Wappen, er und alle seine Nachkommen, und nennet sich der von Henneberg. Also sind sie herkommen."

Auf dem alten Schloß Henneberg ist eine Blende in der Mauer zu sehen, davon alte Leute erzählten, daß ein Maurer bei Aufbauung des Schlosses seinen Sohn verkauft habe, damit, wenn das Kind in jene Vertiefung lebendig eingemauert werde, die Burg fortan unüberwindlich bleibe. Und der grausame Vater habe das Kind selbst eingemauert. Dieses aß eine Dreierssemmel und rief weinend, als der letzte Stein aufgelegt wurde: O Vater! o Vater! wie wird es so finster! – Und wie das Kind also rief, da schnitt die Stimme dem Manne durchs Herz wie ein Messer, und er stürzte von der Leiter herab und brach den Hals.

Von den drei Schlössern Henneberg, Hutsberg und Landsberg (Landswehr) geht die Sage, daß das eben die drei grünen Berge seien, auf welchen im Wappen der Grafen von Henneberg die schwarze Henne steht, und daher sei das Sprichwort entstanden: Henne huts Land. – Die Henne hütet das Land. Jetzt liegen seit 1525 Henneberg und Hutsberg in Ruinen, und ebenso lange lag Landsberg öde, aber in der neuesten Zeit hat sich auf letzterem ein stattlicher Burgbau des Landesherrn in ritterlichem Stil erhoben, der eine wahre Zier der ganzen Gegend ist.

Auch über Rüdlingen, zwischen Münnerstadt und Kissingen gelegen, ist eine alte Burgstätte auf einem ziemlichen Hügel sichtbar, welche heute Huhnberg genannt wird, vor alters aber Henneberg genannt wurde, wie eine alte Urkunde deutlich aussagt. Den Namen soll Burg und Berg von einem zahmen oder Haushuhn erhalten haben, das zur Zeit, als man die erstere gründen wollte und für dieselbe noch keinen Namen wußte, droben ein Ei gelegt. Zur Unterscheidung des Namens von dem weit früher schon erbauten Stammschlosse Henneberg aber habe man es später nicht Henne-, sondern Huhnberg genannt und diese Burg durch das Bild eines Haushuhns von dem Wappen der ersteren, einer Wildhenne, unterschieden. Die Sage verkündet, daß, von Erbauung dieser Burg an, alle hundert Jahre mittags und mitternachts ein Huhn auf dem Schloßberge dreimal fröhlich schreiet, so das Jahrhundert verkünde und so den alten Chronikenspruch bewähret:

Hier hat gelegt das Huhn ein Ei,
Daß Burg und Berg benennet sei.

Noch soll unter den verschütteten Kellern und Gewölben der Huhnburg viel Geld und Wein verborgen sein. Die Leute erzählen, jeder, der den Schloßplatz besuche, finde bei seinem ersten Kommen, wenn er nicht an die Schätze denke und nicht auf deren Hebung ausgehe, eine kleine Öffnung, welche in die Tiefen hinabführe; benutze er dieses Glück, so könne er reich werden, doch nie werde zum zweitenmal diese Gelegenheit geboten. Wer die Öffnung finde und einen Stein in sie hineinwerfe, höre diesen nicht auf den Grund fallen, so tief hinab gehen Keller und Gewölbe, so tief ruhen die Schätze. Versuche, durch Nachgrabung sie zu heben, schlugen gänzlich fehl und mußten bald unterbleiben, denn die Grabenden sahen sich seltsam erschreckt und in ihrem Vorhaben gehindert. Auch wurden Versuche solcher Art obrigkeitlich untersagt. Daher harren die Schätze noch auf den, der, wenn er die Öffnung findet, ohne habsüchtige Absicht sich in sie hinabläßt.

Auf dem Schloßplatze bei dem vormaligen Brunnen der Huhnburg wurde lange nach der Zerstörung des Schlosses, so geht die Sage, eine große Glocke von Schweinen ausgegraben, und diese hing man dann in dem Turm der Kirche zu Nüdlingen auf. Dieser Glocke wohnte eine sehr wunderbare Eigenschaft bei: denn so weit in der Umgegend ihr heller Schall hörbar war, gab es weder Fröste im Winter noch Gewitter im Sommer. Später aber wurde die Glocke gegen zwei andere kleinere ausgetauscht und nach Würzburg gebracht, worauf sogleich die Umgegend dieser wohltätigen Wirkung mit verlustig ging. Nur an einem Teil des Schloßberges scheint noch der Segen zu haften, denn an dessen Ostseite bleibt niemals der Schnee liegen, sondern zerschmilzt, sowie er dorthin fällt.

Unter der alten Stammburg Henneberg führt die Land- und Heerstraße von Meiningen aus in das gesegnete Frankenland. Da kommt man bald in den Grund der Streu, die von Ostheim herrinnt und der fränkischen Saale ihr stillfließendes Gewässer zuführt. Dort liegt, nicht gar weit von Mellrichstadt, das Dorf Frikkenhausen und sein weitberufener See, ein stilles und tiefes Wasser, fast rundum von hohen Bäumen umschattet und von unergründlicher Tiefe, von steilen Bergen umgeben, der Frickenhäuser See. Sein Wasser ist hell, hat einen natürlichen Geschmack und wird ungeachtet des geringen Abflusses doch nicht faul. Wunderbar sind die Sagen und Mären, welche die Bewohner jener Gegenden über diesen See zu erzählen wissen oder doch wußten. So behaupteten einige, der See trage auf seiner Oberfläche durchaus keinen Körper, sondern verschlinge ihn urplötzlich, wie dort in Westfalen das Heilige Meer. Neue Versuche haben freilich gerade das Gegenteil dargetan. Andere wollen riesenartige Fische in ihm gesehen und von den Ahnen gehört haben, der See werde dereinst mit Gewalt ausbrechen und ganz Franken überschwemmen; denn er sei eine Ader des Meeres. Deshalb beten auch viele Bewohner der Gegend zu Gott, daß er sie diesen Ausbruch des Sees nicht möge erleben lassen, und in der Domkirche zu Würzburg würde, so sagen sie, alljährlich eine Messe gelesen, daß Gott die Überschwemmung Frankens durch den Frickenhäuser See verhüte. Darum getraue man sich auch nicht, mit einem Kahn das rätselhafte und verrufene Wasser zu befahren. Fische sollen darin sich aufhalten, aber nur selten zu Gesicht zu bekommen sein. Im Jahre 1793 erblickte ein Jäger aus der Nachbarschaft einen Fisch, der an Größe einem ausgewachsenen Schweine nicht viel nachgab. Die Kunde von diesem Fisch verbreitete sich weit umher und rief Leute in Menge herbei, um diesen großen Wunderfisch zu sehen und anzustaunen. Allein niemand sah ihn mehr. Ein anderer Jäger schlief einst an dem Ufer ein und hatte die mit einer Kugel geladene Büchse neben sich liegen. Ein heftiges Geräusch im See erweckte ihn, und hinblickend gewahrte er zwei riesige Fischungeheuer, die sich oben an der Seefläche zeigten. Sogleich ergriff er sein Gewehr, zielte und schoß nach einem der Riesenfische, worauf beide sogleich untertauchten. Aber einige Schuppen schwammen von dem getroffenen auf dem Wasser, die der Jäger auffischte und den Leuten zeigte; sie waren so groß wie ein zinnerner Teller. – Oft trübt sich das Wasser dieses Sees, wenn auch in der ganzen Gegend kein Regen ist, und bei der anhaltendsten Dürre nimmt er nicht ab, obwohl man glaubt, daß die bei Sturmwetter sich trübende starke Quelle, die im Streugrunde bei Mittelstreu mit starkem Brausen hervorbricht und gleich bei ihrem Ursprunge einige Mühlen treibt, dem unterirdischen Ausfluß des Sees ihr Wasser danke.

## *198. Vom wütenden Heer*

Alte Leute wissen noch etwas vom wütenden Heer und vom wilden Jäger zu erzählen, wie sie über Neubrunn und seine Berge und Täler gezogen sind, am meisten aber im Herbst, wenn recht finstere und schaurige Nächte waren; aber die jungen Leute wollen nicht daran glauben, sie belachen das, was die Alten gesehen und gehört haben. Wenn das wütende Heer nun einmal vorüberzieht und die Alten sprechen: Jetzt zieht das wütende Heer!, so sprechen die Jungen: Der Wind heult und pfeift, oder es kann sein, daß Schneegänse oder Kraniche schreien. – Es zieht aber doch. Sonst, sprechen die alten Leute, zog es immer in Neubrunn durch drei Häuser; das kam daher, weil in den Häusern drei Türen gerade hintereinander waren, nämlich vorne die Haustüre, in der Mitte die Küchentüre und hintenhinaus noch eine Türe, die alle in gerader Richtung gingen, da zieht, es mag sein, wo es nur will, das wütende Heer durch. Die Alten sagen aber auch, wenn man auf der Straße oder im Hof wäre und das wütende Heer zöge, so müßte man seinen Kopf zwischen die Speichen eines Wagenrades hineinstecken, dann könnte es einem nichts tun, und es müßte vorbeiziehen, sonst drehte es einem den Hals herum. So hört man auch in Maßfeld noch von alten Leuten, das wütende Heer sei den Zinkenstill (ein Teil des Waldes Still) herab über die Kreuzstraße bei der Reumeserbrücke, wo es überhaupt nicht geheuer sein soll, dann über die Berge nach Dreißigacker gezogen. Viele wollen es gesehen und gehört haben und bekräftigen es mit allen Eidschwüren.

Auch in Roßdorf im Rosagrunde zwischen Meiningen und Salzungen wird das nämliche erzählt; wer es höre, müsse sich schweigend zu Boden werfen, sonst werde er mit hinweggeführt über Wald und Wipfel. Und vernimmt man in diesen Gegenden stets aus der Landleute Mund nur den Ausdruck wüteninges (wütendes) Heer, nie, wie in andern deutschen Gauen, die Benennung wilder Jäger.

## *199. Die Haßfurtjungfrau mit der Glücksblume*

Bei Meiningen ist ein Bergwald gelegen, darinnen liegt eine alte wüste Burgstätte mit einem gar tiefen Felsenbrunnen. Das soll ein Raubschloß gewesen sein; dicht unter ihm zog die alte Frankenstraße hin, und das stand in Verbindung mit der alten Burg Landswehr, die nahe dabeiliegt. Im Schoße beider Burgen sollen noch große Schätze liegen. Dort läßt sich nun alle hundert Jahr die sogenannte Haßfurtjungfer sehen, in weißer Kleidung mit einem Schlüsselbund; ein schwarzer Hund folgt ihr bisweilen. Wenn die Zeit da ist, wo sie erscheinen darf, ist ihr vergönnt, ein ganzes Jahr lang zu wandeln, dann wird sie häufig erblickt auf der alten Burgstätte wie in der Waldung und unten im Tale und bemüht sich, Menschen zu finden, welche den Schatz heben, denn an die Hebung des Schatzes ist ihre Erlösung geknüpft. Vor mehr als hundert Jahren hatten einige Prinzen ein Jagen angestellt, und der Hofjäger war mit mehrern Burschen voraus, das Nötige anzuordnen. Als das geschehen, harrten die Jäger der Herrschaft an einer geeigneten Stelle, und zwar unter dem Berg, darauf damals noch die Trümmer der Haßburg standen, da wurden die Weidgesellen geworfen, erst mit Erde, dann mit Mörtel und kleinen Steinen. Sie glaubten, es seien Kameraden von ihnen da oben versteckt und neckten sie; aber das Werfen hörte nicht auf, und es kamen immer größere Steine geflogen. Da schalt der Hofjäger und eilte den Berg hinauf, mitten durch den Steinregen. Oben aber war niemand, und es warf nicht mehr und war alles totenstill. Und wie er sich umwandte, siehe, so stand schleierweiß die Haßfurtjungfrau vor ihm, nur einen Augenblick, und von ihrem Schlüsselbund fiel ein Schlüssel; schnell verschwand sie. Der Jäger sah zur Erde, da lag der Schlüssel wirklich, und zwei schöne goldgelbe Blumen standen da. Er hob den Schlüssel auf, achtete aber der Blumen nicht. Unterdes war die Herrschaft unten im Tale angekommen, und er eilte zurück und zeigte seinen Fund. Stand weiter nichts dabei? fragte gleich einer aus dem Zuge. – Ja, zwei gelbe Blumen, antwortete der Finder. – Hättet Ihr diese gepflückt, wäret Ihr glücklich gewesen! – Flugs eilte der Hofjäger wieder den Berg hinauf, die Blumen zu pflücken, sie standen aber nicht mehr da. Oft soll die Haßfurtjungfrau erschienen sein; der Schatz ist noch ungehoben, vergebens sucht man den Zugang zum Burgkeller. Einem fremden Schlossergesellen, der nie in diese Gegend gekommen war, träumte einst, daß unter den Ruinen der Haßburg ein großes Gewölbe sei voll Rüstzeug, Waffen und Gold; er solle hingehen und den Schatz heben. Zum Wahrzeichen werde er ein Messer mit hirschhornenem Griff finden. Er ging in den Wald, fand die Burg und das Messer, aber es lag auf einem Felsen, und er wußte weiter nichts damit anzufangen.

Ganz ähnlich wird dieselbe Sage vom Landsberg erzählt. Dort stand dem beglückten Hofjäger schon der Berg offen, er wollte eben hinein, da hörte er unten im Tale die Jagdhörner, die Herrschaft war da, und er glaubte vom Landesherrn seinen Namen laut rufen zu hören, steckte den Schlüssel ein, die Blume auf den Hut und eilte zurück. Als die Jagd vorbei und der Kammerherr des Dienstes ledig war, ritt er eilig wieder auf den Landsberg und suchte die Türe, die hinter ihm zugefallen war. Aber er fand sie nicht wieder und fand, daß er auch die Blume verloren habe. Keine zweite Glücksblume wuchs für ihn, und er zog traurig heim. Der alte Schlüssel, sagen einige, soll noch vorhanden sein und in einem Archiv liegen.

## *200. Vom Grimmenthal*

Wo sich vom Dorf Einhausen das von der Hasel durchflossene Tal über Ellingshausen nach Schwarza hin zieht, nannte man es ehedem das grüne Tal wegen seiner Grüne. Dort hat am Ausgang des grünen Tales in das Tal der Werra ein alter Bet- und Opferstock mit dem Bilde der Jungfrau Maria gestanden, unter einer mächtig großen Linde, vom Gestrüpp umwachsen und fast ganz vergessen. Nun trug sich's zu, daß ein Rittersmann, Heinz Teufel, der in Obermaßfeld wohnte, auf einem Jagdritt von schwerer Leibesschwachheit überfallen wurde, sich zu dem Bilde schleppte und dort um Hilfe flehte. Und da sein Gebrest alsbald ein Ende nahm, schrieb er es dem Bilde zu, verkündete dessen Wunderkraft, machte eine fromme Stiftung und baute eine Kapelle über das Holzbild. Darauf erhob sich eine große Wallfahrt, und der Ruf des wundertätigen Marienbildes breitete sich nach allen Seiten aus, so daß die Menschen aus allen Landen scharenweise gezogen kamen, Lahme, Blinde, Taube, Preßhafte aller Art, davon es vielen im Traum vorgekommen war, sie würden im Grimmenthal, wie man die Wunderstätte im grünen Tal hernach nannte, Hilfe und Genesung finden. Und vielen half der feste Glaube. Darum baute hernach der Fürstgraf Wilhelm von Henneberg an den Ort eine prächtige Wallfahrtkirche. Viele Wunder tat die Mutter Gottes im Grimmenthal, davon nur eins. In Meiningen saßen drei Gefangene in harter Verstrickung im großen Burgturm, die riefen die Maria vom Grimmenthal an, und siehe, sie erschien ihnen und erledigte sie ihres Gefängnisses, daß sie ohne menschliche Hilfe frei und ledig gingen, diese nahmen alsbald ihren Weg nach Grimmenthal, priesen und dankten. Es sind in Grimmenthal in einem Jahr vierundvierzigtausend Waller gewesen, und es klingt wunderbar, wenn man liest, daß 1503 zur Pfingstzeit auch gegen dreihundert mohrische Ritter, welche durch Schlesien hergezogen kamen, dort ihre Andacht verrichteten. Doktor Luther eiferte sehr gegen diese Wallfahrt, sprach und schrieb von ihr: Daher ist kommen der große Betrug des Teufels mit dem Wallfahrten in das Grimmenthal, da die Leute verblendet, als wären sie toll und töricht, Knechte und Mägde, Hirten, Weiber, ihren Beruf ließen anstehen und liefen dahin. Ist recht Grimmenthal, vallis furoris. – Und bald nach der Reformation nahm die Wallfahrt ein Ende. Jetzt steht an der alten Wallfahrtstätte ein schönes Hospital, und die Grimmenthalslinde, darunter das Muttergottesbild stand, grünt und blüht noch in jedem Sommer. Sie mißt sechsunddreißig Fuß im Umfang.

Anmerkung des Herausgebers: Über diesen früheren Wallfahrtsort hat Bechstein auch einen Roman geschrieben: „*Grimmenthal, Romantisches Zeitbild aus dem sechzehnten Jahrhundert*" (Hildburghausen 1833).

## *201. Der grünende Pfahl*

Nahe beim Dorfe Untermaßfeld erhebt sich der Hexenberg, so genannt, weil auf ihm die Hexen nicht etwa tanzten, sondern verbrannt wurden, und zwar sehr viele. So war auch ein armer Junge aus Leutersdorf namens Hans Schau der Hexerei angeklagt, wurde im Amt zu Maßfeld torquiert und mußte, wie sehr er auch seine Unschuld beteuerte, bekennen, daß er ein schädlicher Hex sei, und da kam es von Jena, daß er verbrannt werden sollte. Der Jüngling wurde zum Dorf hinausgeführt, über die Werrabrücke, die Hexentreppe, davon noch Rudera sichtbar, und den Berg hinauf; viel Volk lief mit. Als der arme Sünderzug den Berg etwa halb hinauf war, kam man an eine Stelle, wo ein Bauer Pfähle einschlug, um junge Bäume daranzubinden. Da wandte sich bei einem dieser Pfähle der Jüngling weinend nach dem Volke, hob seine gefesselten Hände gen Himmel und rief: So wahr ich unschuldig zum Tode geführt werde, so wahr wird Gott ein Zeichen tun und geben, daß dieser dürre Pfahl ausschlagen und zum starken Baume werden wird! Die Richter und das Volk aber lachten sein, und oben ward er verbrannt. Wie alles wieder herunterkam, blieben einige bei dem Pfahl stehen, und siehe, da sproßten grüne Blättlein heraus und braune Zweiglein, aus denen Knospen brachen, und lebendiges Grün sprang aus dem toten Holz. Des wunderte sich jedermann und ging nachdenklich nach Hause. Und seitdem ist keine Hexe und kein Hexenmeister mehr im Henneberger Land verbrannt worden. Der Pfahl aber wurde eine starke Buche, die einzige am Hexenberg, der mit Nadelholz bewachsen ist, und steht noch im ehemaligen Köhlers Berggarten, wo jeder sie sehen kann.

## *202. Das Gebet der Mutter*

Unweit des Schlosses Landsberg und dem Haßfurtwalde erhebt sich der hohe Gebaberg, an diesem auf der Seite nach Meiningen zu, nicht weit vom Dörflein Träbes, liegt ein tiefer Erdfall, insgemein das Träbeser Loch genannt, und unten am Fuß der Geba liegt das Dorf Seeba und nahe dabei ein kleiner See. Vor alten Zeiten war das Träbeser Loch bis an den Rand voll Wasser, und an der Stelle des Sees erblickte man die schönste und fruchtbarste Wiese im ganzen Tal. Diese war Eigentum einer reichen, hochbetagten Witwe. Die Witwe ward krank, und ihre beiden Söhne traten an ihr Lager, als sie in großer Schwachheit lag, glaubten, sie schlummere, und begannen sich untereinander über ihr Erbe zu besprechen und wie sie miteinander teilen wollten, wurden auch fertig miteinander, bis auf die Wiese, die wollte jeder ganz und ungeteilt besitzen, und von den leisen Worten kam es zu lauten, so daß sich die Brüder am Sterbebette der Mutter zankten und daß einer drohte, den andern totzuschlagen, worauf sie voll Zorn die Stube verließen. Die kranke Frau hatte alles gehört, ward schmerzlich bewegt in ihrem Herzen und richtete ein flehentliches Gebet zu Gott, daß er verhüten möge den Bruderzwist, vielleicht den Brudermord um einer Wiese willen und daß er doch möge die Hoffnung beider auf dieses Erbstück zu Wasser werden lassen. Und Gott erhörte das Gebet der Mutter, denn als der nächste Morgen anbrach, so war von der Wiese keine Spur mehr zu sehen, sondern an ihrer Stelle war ein großer Wasserspiegel ausgebreitet. Niemand wußte sich zu erklären, woher auf einmal die Wassermenge, bis Bauern aus Träbes vom Berg herunterkamen und berichteten, daß in der vergangenen Nacht ihr See verschwunden und an dessen Stelle ein furchtbar tiefer, trichterförmiger Kessel sichtbar sei. Da entsetzten sich die Brüder und versöhnten sich am Lager der Mutter, welche Gott und sie segnete und starb.

## 203. *Stein auf dem Herzen*

Im Rosagrunde liegen zwei Dörfer, Eckardts und Frittelshausen, nicht gar weit voneinander, da soll vorzeiten in jedem ein Graf gewohnt haben, und das sollen Brüder gewesen sein. Beide sollen um der Jagd willen uneins geworden sein, und der Eckardtser Graf soll den Frittelshäuser entleibt haben. Diese schwere Sünde zu büßen, sei der Eckardtser zu Fuße nach Rom gepilgert, und da habe der Papst ihm auferlegt, an der Stelle des Mordes ein Kloster zu begründen, von Eckardts bis zu jener Stelle den ersten Stein zum Koster auf seinem Herzen zu tragen und dann in dasselbe als Mönch einzutreten, damit er seiner Sünde los werde. Dieses habe er auch also alles vollbracht und das Kloster Sünderhaus genannt. Das war das später Sinnershausen genannte Wilhelmiterkloster, längst zerstört und jetzt eine herrschaftliche Besitzung. Noch steht alldort in einer Mauerblende, obschon arg verstümmelt, das hohe Steinbild eines Mannes von edler Gestalt, ritterlich, nicht mönchisch, mit gelocktem abwallenden Haupthaar, in der einfachen Gewandung des dreizehnten Jahrhunderts, auf der Brust, mehr nach der linken Seite zu, einen großen eckigen Stein, und geht die Rede von Kind zu Kind, das sei des Klosters Gründer. Nie aber hat das Kloster Sündershaus geheißen, dies ist spätere Namensverstümmelung; das Kloster hieß nach ältester urkundlicher Schreibart Syndeloshusen, darum, daß der büßende und bereuende Brudermörder seiner Sünde los geworden und mit dem Himmel versöhnt war.

## 204. *Die Wasunger Streiche*

Der deutsche Süden hat seine Wunderklugen wie der deutsche Norden; warum sollte das innere Deutschland leer ausgehen? Wer hätte nicht von Schwabenstreichen gehört oder von den Nordlands und Nordstrands witzreichen Leuten? So muß auch das Städtlein Wasungen im Meininger Lande, gleich Ummerstadt und gleich Schnett in demselben Lande, sich solche Streiche nachrühmen lassen und muß sich mit dem bekannten schlimmen Trost trösten: anders geht's nicht besser, denn er hat Genossen in Schilda und Schöppenstedt, Polkwitz und Borsheim, Tettera und Wesenberg, Hirschau und Amweiler, Trifels und Weilheim, Stockach und Karlstadt, Ahlen und Beutelsbach, Bopfingen und Reutlingen, Düren und Mühlheim, Ganslosen und Kasendorf, Venlo und Mecheln, Hotstrupp und Gabel, Romöe und Büsum, Kisdorf und Bishorst und an hundert andern. Das ist auch keine neue Sache und Geschichte, daß die Welt der Wasunger und anderer Lalenburger Streiche rühmt, schon vor mehr denn hundert Jahren ward also geschrieben: „Im übrigen ist niemandem leicht im Hennebergischen unbewußt, daß allerhand possierliche Schwänke und Historichen von denen zu Wasungen erzählt werden, welche eine ziemliche Verwandtschaft mit denen in Meißen berühmten Schildbürger Geschichten haben." Hohe Regierung machte es damals und noch früher gerade auch nicht besser, wie eben zu allen Zeiten und allenthalben ihre Lalenstreiche unter den Aktentischen hervorschlupfen – sie gestattete ausdrücklich und gnädiglich schon im Jahre 1578, daß zur Winterszeit der Wasunger Ziegenhirt mit den Ziegen den Schloßberg und die Hunnenburg betreiben möge – wahrscheinlich sollten die Ziegen Schneeblumen und Eiszapfen fressen. Die zu Wasungen litten nicht, daß ein fremder Dieb an ihren Galgen gehenkt werde, sie gaben ihm den Staupbesen und ein Stück Geld mit der Weisung, er solle hingehen und sich henken lassen, wo er wolle; machten es also sänftiglicher wie die Erfurter, die einem zuvor den Kopf abschlugen und erst dann ihn hingehen ließen, wohin er wollte. Und darüber braucht keiner zu lachen, selbiger Streich der Wasunger war klug und ist in neuer Zeit im lieben deutschen Vaterlande mit manchem Strolch, vornehmem und gemeinem, ihnen nachgetan worden. Auch Eselseier haben sie ausbrüten wollen, als welche ein Fuhrmann ihnen verkauft, es waren aber sotane Eier Quarkkäse – auch darin hatten und haben sie im lieben Deutschland viele Genossen, nur mit dem Unterschied, daß häufig die Esel selbst über dem Quark brüten und nichts Gescheites zutage fördern, daran auch nur ein vernünftiger Mensch seine Freude haben könnte; mit der Katze ging es ihnen schier wie den Gabelern, und von der tragbaren Ehrenpforte, von der Salzsaat, von der durch kluges Abschneiden eines Stiefelpaares bewirkten Verschaffung eines Paares Pantoffeln darf man nicht viel Redens machen, so wenig wie von denen letztbekannten Streichen des Jahres 1848, wo auch zu Wasungen die Werra brannte und die Milchtöpfchen überliefen, so daß aus den süßen eitel Sauertöpfe wurden.

## 205. *Stein vom Himmel*

In Frauenbreitungen, zwischen Wasungen und Salzungen gelegen, liegt ein großer schwarzer Stein, der fiel einmal vom Himmel herab ins Feld, und niemand konnte ihn wegbringen, so schwer war er. Da aber der Stein vom Himmel gefallen war, so wollten die zu Frauenbreitungen ihn gern in die Kirche haben. Und da hatten sie einen Gefangenen, der ein großes Verbrechen begangen, der war seines Zeichens ein Leinweber und zugleich ein starker Hans, was sonst die Leinweber nicht sind. Der vermaß sich, wenn man ihn sündelos machen wolle, so wolle er den Stein, wie der Eckardtser Graf den seinen, vom Felde herein ins Ort und in die Kirche tragen, wenn auch nicht auf der Brust und auf dem Herzen, sondern in seiner Schürze. Das ward dem starken Leineweber zugelassen, und er trug richtig den Stein in einem Gange bis nach Frauenbreitungen herein. Aber da er auf den Markt kam, riß die Schürze mitten entzwei, der Stein glitt heraus und fiel an die Stelle, wo er noch liegt, niemand brachte ihn weiter. Dem Leinweber fiel der Schreck in die Kniekehle. Zum Andenken trägt seitdem das ganze Handwerk kurze Schürzen. Der Stein liegt noch und heißt der Glittstein.

## 206. *Der vergrabene Kobold*

In Frauenbreitungen am steinernen Haus sollte eine Ausbesserung vorgenommen werden, und da geschah es, daß ein Steinhauergeselle in der Mittagsstunde müßig aus einer Luke des Hauses in einen Garten hinabsah. Da sah er eine Frau gegangen kommen, die ging unter einen alten Birnbaum, grub dort ein Loch und setzte eine Schachtel hinein, die sie unterm Mantel verborgen gehalten hatte, und deckte das Loch mit Rasen sorglich wieder zu. Nach dem Feierabend trieb den Gesellen zu sehen, was wohl die Frau dort möge vergraben haben, einen Schatz oder die Frucht eines Verbrechens. Er ging zum Baume, grub nach und erhob die Schachtel; als er sie öffnete, lag ein scheußlicher Kobold darin, eine halbe Elle lang, kohlschwarz wie der Teufel, Bockshörner am Kopf, Pferdehufe an den Füßen, jeder Zoll ein Teufel, und mit Telleraugen, welche glühten wie Feuer. Der Gesell ließ vor

Schreck und Entsetzen die Schachtel fallen, und wie sie hinplauzte, hüpfte der Kobold heraus, schlug eine helle, widerliche Lache auf, sprang um seinen Befreier mit höhnischen Grimassen herum und verschwand dann mit gellendem Gelächter, indem er dem großen Breitunger See zueilte, in den er sich stürzte. Den Gesellen packte ein Fieber, und er starb an dem Schreck. Nie hat man den Kobold wiedergesehen, auch nie die Frau erforscht, die solchen greulichen Schatz vergraben.

## *207. Die Teufelsmahden beim Schlosse Liebenstein*

Nicht weit von den Orten Frauen- und Herrenbreitungen, allwo Klöster waren, wie schon die Namen andeuten, gleich Herren- und Frauenchiemsee, und ein Gang unter der Werra weg, wie in Saalfeld unter der Saale und noch an gar vielen andern Orten, zu gegenseitiger Besuchsbequemlichkeit diente, liegt das alte Bergschloß Liebenstein, davon mancherlei Sagen gehen; zunächst die überall heimische von einem lebendig in den Bau vermauerten Kind, dessen Wimmern man noch hört und dessen Mutter noch um die Trümmer als ein Geist wandelt, dann von einer weißen Ahnfrau, welche einen Schatz hütet; absonderlich eigentümlich ist aber dem alten Liebenstein die Sage von den Teufelsmahden. Darauf, auf dem alten Schlosse, saß ein Ritter, das war gar ein wilder und wüster Gesell, einer von denen, die, wie das Sprichwort sagt, den Teufel haben barfußlaufen sehen, und ihm auch seine Seele verschrieben hatte, dafür mußte ihm der Teufel dienen nach der Schwierigkeit, wie dort zu Waerdenberg der Teufel Jost dem Doktor Faust, und mußte sich schinden und plagen und abrakkern, daß er gern aus seiner Teufelshaut herausgefahren wäre, wenn er nur gewußt hätte, in welch andere gute Haut er hätte fahren sollen. Immer neue Plagen ersann der Ritter für den dienstbaren Teufel, und so befahl er ihm denn auch, alle Frucht auf dem großen weiten Felde um die eine Seite der Burg, daran hundert Schnitter drei Tage lang zu mähen gehabt hätten, in einer Nacht abzumähen. Dem Teufel wurde drob angst und bange, denn vollbrachte er's nicht, so war der Ritter ihn los, und der Teufel hatte keine Gewalt nach dessen Tode über ihn und seine Seele. So machte er sich denn an die Arbeit und borgte sich die Sense vom Tod und mähte das ganze Getreide in mächtigen Mahden zusammen, bis ihm die Ohnmacht zuging und er es satt hatte und hinüber nach Salzungen in die Teufelskutte fuhr und ein Kühlbad nahm. Wie nun damals der Teufel das Getreide gemäht hat, einen Teil rechts, einen Teil links, denn der Teufel und seine Hinternlecker sind bald rechts, bald links, das ist eine bekannte Sache, so wächst es noch bis auf den heutigen Tag, und es mag das Getreide noch stehen oder abgehauen sein oder bloß noch die Stoppel stehen, so sieht es von weitem aus, als läge auf jenen Äckern das Getreide in ungeheuern Mahden zusammengemäht, und heißt bis auf den heutigen Tag die Teufelsmahden. Ob aber der Teufel aus seinem nachbarlichen Bad wieder zu dem Ritter zurückgekehrt ist oder nicht, das wird nicht gemeldet, denn: Nix Kwisses wäß mer nett! – sagt ein Hildburghäuser Sprichwort.

## *208. Bonifaziusfels und Lutherbuche*

Dicht beim Schlosse Altenstein ragt der Bonifaziusfels empor. Es ist unzweifelhaft mehr als Sage, daß der Thüringer Apostel an dieser Stätte und von diesem Felsen dem Volke die Christuslehre gepredigt, daß er in der Nähe Kapellen gründete; mehr als eine Wüstung und manche geschichtliche Wahrnehmung gibt davon Kunde. Vor mehr als hundert Jahren stand noch an dem Fels eine hohe runde Mauer ohne Dach, der Überrest einer Kapelle, welche schon damals aus Überlieferung allgemein der Bonifaziusturm genannt wurde und auf alten Abrissen des Schlosses Altenstein und seiner Umgebung also ausdrücklich benamt steht.

Über diese Höhe, am Bonifaziusfels vorbei, zog im Frühling 1521 Doktor Luther, als er von Worms kam und in seinem Heimatorte Möhra gerastet und gepredigt hatte, um nach Wittenberg zurückzukehren; da wurde er eine halbe Stunde weiter hinauf im Walde unweit den Trümmern einer Wallfahrtkapelle aufgehoben und auf Wartburg geführt, und zwar zunächst einer starken Buche über einer Quelle, aus welcher Luther trank. Man zeigt in des Glasbach Nähe noch einen Stein am Wege mit dem Abdruck eines Mannesfußes und nennt ihn den Luthersfuß. Die Aufhebung

Luthers geschah durch den Hauptmann Hans von Berlepsch, Amtmann auf Wartburg, und Burkhard von Wenkheim, Schenk-Landrentmeister und Amtmann zu Gotha, welche der Kurfürst von Sachsen heimlich dazu beauftragt hatte. Burkhard Hund von Wenkheim hatte hier auf Altenstein sein Stammschloß und väterliches Erbe, von seinem Geschlecht geht eine ähnliche Sage wie jene von den neun, und den zwölf, und den sieben Knäblein auf einmal und vom Ursprung der Welfen. Da soll die Frau von Wenkheim, die eine mit Drillingen gesegnete Bettlerin heftig ob ihres Kindersegens schalt, von dieser verflucht worden sein und dreizehn Knäblein auf einmal geboren haben. Die Magd, die zwölf der Knäblein in das Wasser tragen sollte, sagte zu dem ihr begegnenden Herrn auf seine fragende Anrede, sie trage Hunde, worauf er die Knäblein in heimliche Erziehung gab, die Mutter in ein Kloster verstieß und den Söhnen zu ihrem Familiennamen den Namen Hund beilegte. So entstand das nun ausgestorbene Geschlecht der Hund von Wenkheim, dessen Name in jener Gegend durch manche fromme Stiftung noch im Segen fortlebt.

## *209. Die Ringelsteine*

Tief im Walde hinterm Altenstein nach Wilhelmsthal zu lagen vordessen zwei Burgen, genannt Alt- und Neuringelstein, von denen sieht man nur noch ihre Stätten, aber Sagen hört man viele von ihnen, wie überhaupt dieser ganze Gau überreich an Sagen ist. Raubritter hausten dort, nächst der sogenannten Weinstraße, die heute noch diesen Namen führt und der alte Weg war, der vom Thüringer Walde niederwärts nach Franken und Buchonien sich lenkte. Einst hatten die Raubritter von Ringelstein eine Braut aus Salzungen entführt; sie schlugen den Pferden die Hufeisen verkehrt auf, damit ihre Spur verborgen bliebe, und kamen durch ihre Höhle in ihre Burg, die gar kein Tor hatte; der Maid gefiel es nicht in der Burg der Räuber, sie sprang von der Burg herab über einen Brunnengraben und entkam glücklich, der Bach fließt heute noch und heißt der Brautborn.

Noch immer geht die Sage, daß sich auf Altringelstein eine schöne Jungfrau mit einem Schlüsselbund zeige, die auf Erlösung harrt. Sie hat ein Tuch übern Waldboden gebreitet, darauf sie

Flachsknotten klengt. Da die Ritter der Weinstraße so nahe wohnten, so bestand auch die Mehrzahl ihres Raubgutes aus Wein, und sie haben, so viel sie tranken, denselben doch nicht alle trinken können: daher liegt er noch in den unterirdischen Höhlenwölbungen aufgeschichtet, die Dauben der Fässer sind längst verfault, und die eisernen Reife hat der Rost zernagt, aber der Weinstein hat das edle Naß mit einer Kristallhaut rings umkleidet. Einst, wenn die zweite große Sündflut über der Menschen sündiges Geschlecht hereingebrochen sein wird und der Herr kommen wird zu den Schrecken des Jüngsten Gerichts, zu richten die Lebendigen und die Toten, da werden diese Höhlen sich auftun und die Fässer sich öffnen, und der Herr in seiner Herrlichkeit wird sein großes Versöhnungsmahl halten und die Frommen und Gerechten mit diesem Wein tränken zum Zeichen des ewigen Lebens.

## *210. Berggeister um Altenstein*

Unterm Schloß Altenstein liegt Glücksbrunn, ein vormaliger Hüttenort. Lebhafter Bergbau wurde vormals von den hier und in Steinbach zahlreich wohnenden Bergleuten betrieben, jetzt wird nur noch wenig Ausbeute gewonnen. In den Schachten und Stollen gab es auch Berggeister und manchen versetzen Hort. Venetianer sind gar häufig gekommen und haben viel hinweggetragen. Am Löge, oberhalb Steinbach, hat ein goldner Hirsch sich oftmals sehen lassen. Einst ging ein junger Bergknappe aus Steinbach nach seinem Schacht auf der Windleite. Wie er nahe zur Winde kam, sah er ein ganzes Heer kleiner Bergmännchen an der Winde stehen, die waren gar tätig und eifrig mit Aufwinden und mit Gesteinpochen. Wie er nun mit offnem Munde näherschritt, ganz verwundert über die verwunderliche kleine Knappschaft, hui! da purzelten sie kopfüber allzumal in den Schacht, und es tat einen Kracher, als ob der ganze Schacht in sich zusammenbreche. Da grauste es dem jungen Bergmann mächtiglich, ging hin zum Schacht, schnallte sein Hinterleder ab und schmiß es samt dem Grubenlicht in die Teufe hinab und sagte: Mit euch fahre ich nicht an! Und ging hinüber in die Ruhl und wurde ein Messerschmied, und als er dies gute Gewerk gelernt hatte, kam er wieder nach

Steinbach, tat sich allda als Messermacher nieder und brachte so das Handwerk dorthin als erster Meister. Und da haben die Steinbacher es ihm nachgemacht und sind aus Bergleuten Messermacher geworden, und wohnen jetzt über anderthalbhundert Meister allda und kein einziger Bergmann mehr.

Einst arbeitete ein Häuer aus Glücksbrunn im Reginaschacht, da hörte er ein Rauschen und meinte, es fahre etwa ein Steiger an, und sahe eine Menschengestalt, anzuschauen wie ein Bergamtsoberer mit schwarzem Hut, grünem Oberkleid mit Manschetten, schwarzen Beinkleidern und Schuhen, weißen Strümpfen, in der Hand ein hellbrennend Grubenlicht, schönen Antlitzes und von glänzenden Augen, so groß, daß er am Ort, das über fünf Schuh hoch war, an den First anstieß. Der bestürzte Häuer schwieg und arbeitete angestrengt weiter, immer rascher und heftiger. Da wandte sich die Gestalt gegen Morgen und fuhr in der Strecke von dannen. Hätte der furchtsame Häuer nur den Bergmannsgruß Glück auf! gesprochen, so hätte sich ihm ohne Zweifel der reiche Stollen des Glückes erschlossen und aufgetan. So aber sah er nie wieder diese Bergerscheinung. Andern erschien der Berggeist im Grubenkittel, Kniebügel an den Beinen, einen schwarzen Schiefhut auf dem Kopf, mit großen glänzenden Augen und auch einem Grubenlicht in der Hand, auf sie zukommend, auch diese wichen furchterfüllt dem Geiste aus und fuhren wieder aus dem Schachte. Des Geistes Grubenlicht erhellte fast die Hälfte des aufwärtsgehenden Schachtes.

## *211. Der Wallfahrtgarten*

Droben überm Luthersbrunn unter dem Gerberstein hat vorzeiten, wie die Sage geht, ein Nonnenkloster gestanden, und da sind immer viele Wallfahrer hingezogen, und es ziehen noch heutigen Tages welche dahin, obgleich das Kloster längst zerstört ist. Die Nonnen aber haben vor der Zerstörung noch einen großen Schatz allda vergraben, und eine von ihnen hat sich zu dem Schatz verwünscht, seiner zu hüten. Viele Leute haben sie wandeln sehen, denn der Weg nach Ruhl geht dort vorbei, schloßschleierweiß, doch hat sie keinem Menschen etwas getan. Die aber dort nach Schätzen gegraben haben, haben nichts gefunden. Vor hundert

Jahren in einem Vorfrühling, da es noch keine Blätter und Blumen gab, sind Leute dorthinauf ins Reisig gegangen, die hatten ihr kleines Kind von fünf bis sechs Jahren bei sich und setzten das Kind zu ihren Körben und gingen in den Wald, ihrer Arbeit zu warten. Wie sie aber wieder hin nach den Körben kamen, da ging es wie der Frau auf Burg Epprechtstein, das Kind war fort, und vergebens riefen und suchten es die Leute im ganzen Walde. Doch wie sie es eine ziemliche Weile gesucht hatten, da kam das Kind gelaufen und war voller Freude und hatte rote Beeren und Blumen und Kirschen und sagte, wie sie fort gewesen wären und es so allein gewesen und sie so lange ausgeblieben, da hätte es sich gefürchtet und hätte geweint, und wäre auf einmal eine weiße Jungfer gekommen, die hätte ihm gesagt, es solle nicht weinen, sie kämen wieder, und es solle mit ihr gehen in ihren Garten, da gäbe es Beeren und reife Kirschen und Blumen. Und da hätte es davon nehmen dürfen, so viel es gewollt, und es sollte nur alle Tage zu ihr heraufkommen. Und nachher hätte die weiße Jungfer gesagt, nun solle es gehen, seine Mutter riefe ihm – und da sei es wiedergekommen, aber seine Leute sollten nur einmal mitkommen in den hellig schönen Garten. Und ob das alles den Leuten ganz unglaublich dünkte, so folgten sie doch dem Kinde und kamen auch wirklich an den Garten, sahen darin die Blumen und Blüten, die Beeren und Kirschen und auch die weiße Jungfer. Und die weiße Jungfer winkte ihnen, hereinzukommen in den Garten, aber sie fürchteten sich und enteilten samt dem Kinde. Aber alle Tage ankerte das Kind nach dem Garten und nach der weißen Jungfrau und wollte hin zu ihr, und weil es nicht fortgelassen ward, so weinte es beständig und härmte sich und wurde krank bis zum Sterben. Da saß seine Mutter an des Kindes Bettchen und weinte zu Gott im Himmel hinein, daß sie das Kindchen verlieren sollte, und betete. Da hob sich mit einem Male das Kind im Bettchen in die Höhe und streckte die Händchen aus und lachte mit dem ganzen Gesichtchen und rief: Siehst du, Mutter – die weiße Jungfer – wie sie mir rote Beeren (Erdbeeren) bringt und Johannisbeeren? Und – da starb's. – Niemals hat jemand auf der Wallfahrt und dortherum den Garten der weißen Jungfrau wiedergefunden.

# 212. *Die Männer im Flußberg*

Hoch über Liebenstein im Gebirge erhebt sich ein Bergkopf mit zerklüfteten Flußspatfelsen, der Flußberg genannt; dort hat es gespukt und die Wanderer geneckt seit undenklichen Zeiten. Von unsichtbaren Händen wurden dort Ohrfeigen ausgeteilt; das Weinen eines kleinen Kindes ward dort vernommen, wer ihm aber nachging, fand es nie, sondern verirrte sich im Waldesdikkicht. Auch das wütige Heer hat dahinten im Flußberg seinen Sitz; das kommt über den Gerberstein und den Hirschpalz dahergezogen und läßt sich im Flußberg nieder, und wen es erwischt, der ist verloren. Wenn man es durch die Luft kommen hört, muß man sich nur gleich auf den Bauch und auf das Gesicht der Länge lang auf den Erdboden legen und ein Vaterunser beten, da zieht es vorüber und kann einem nichts anhaben, weil es immer in der Luft bleiben muß, solange es sich nicht in ein Bergloch niedertut wie hier im Flußberg oder im Hörseelenbergsloch oder sonstwo. In den Flußberg geht das Loch ganz tief hinunter, und in dasselbe sind, gleichwie in der Berghöhle im Zobten, auch drei Männer gebannt, welche aber nicht lesen im liber obedientiae und auch nicht lateinisch sprechen. Der eine das ist ein Wirt und Metzger aus Steinbach bei Liebenstein, der hat den Leuten immer das Fleisch zu knapp gewogen und das Bier zu knapp gemessen, und wie er gestorben war, hat er alsfort wandern müssen und hat im Keller und in der Fleischkammer immer herumgepoltert und gerufen: Drei Kartel für e Kann! Drei Viertel für e Pfoind! – so lange, bis ein Jesuiter geholt wurde, der diesen Geist bannte, in einen Sack steckte und in den Flußberg trug. Der zweite, das war ein Müller drunten in den Sauerbrunns-Grumbach bei Liebenstein, der hat die Leute beim Mahlen betrogen und gemetzt, daß ihnen die Augen übergingen, und hat auch Grenzsteine verrückt. Nachher hat er auch wandern müssen und hat in der Mühle herumgepoltert und ist als feuriger Mann auf seinen Äckern und Wiesen herumgeschwebt, wo er die Grenzsteine verrückt hat. Da hat ihn auch ein Jesuiter bannen und hinten in das Flußloch tragen müssen. Nachher war noch einer in Schweina, der hat die Grenzsteine so geschickt verrückt, daß seine Äcker alle Jahre größer geworden sind; darauf hat er gar arg gespukt, daß sich die Leute, wenn es kaum anfing dunkel zu werden, nicht mehr auf den Weg von Schweina nach Steinbach trauten, denn dort lagen seine Äcker, und da wanderte er. Selbiger Mann ist ebenfalls durch einen Pöpelsträger hinauf in den Flußberg getragen worden. Und da sitzen nun die Drei, und zu ihrer Unterhaltung haben ihnen die Jesuiter ein eisernes Kartenspiel gegeben, und weil sie im Leben allzeit gern gekartet, karten sie nun auch fort und fort Solo und betrügen einander und werden uneins und wamsen sich eine Weile und machen einen Lärm und Spektakel wie das wütige Heer. Wer um Mitternacht am Flußloch vorübergeht, der kann sie drunten gellen, schreien und zanken hören, das geht durcheinander: Drei Kartel für e Kann! Drei Viertel für e Pfoind! Trumpf aus! Drei Metze für e Maß! Trumpf aus! – und so immer fort, und prügeln sich, daß der ganze Flußstein wackelt.

## *213. Wer weiß, ob's wahr ist?*

Zwischen Liebenstein und Salzungen liegt ein Dörflein, das heißt Ettmarshausen, früher hat es Ottmarshausen geheißen, dort war ein Garten, der wurde ummauert, und als die Mauer samt der Eingangstür fertig war, so schrieb der Maurermeister in den einen Türpfeiler die Jahrzahl und seines Namens Anfangsbuchstaben also ein:

A. D. 1548, M. A. L.
C. F.

Weil aber nicht derselbige Meister, sondern der Gesell die ganze Arbeit gemacht und vollbracht hatte, so grub der Geselle in den andern Pfeiler die Worte ein:

Wer weiss ob's wahr ist?

Darauf ist in der ganzen Gegend das Sprichwort entstanden, wenn einer sich eines Dinges rühmt, das nicht er vollbracht hat, sondern ein anderer: Wer weiß, ob's wahr ist, stand an der Ettmarshäuser Gartentüre – oder man sagte ihm wohl auch ins Gesicht: Du – denk an die Ettmarshäuser Gartentüre. Und dieses Sprichwort lebt noch, obschon Garten und Tür, Mauer und Schrift längst nicht mehr vorhanden.

## 214. *Die Salzunger Seen*

Dicht bei Salzungen liegt ein sehr schöner See, ihm ganz nahe war ein kleinerer, jetzt nur noch ein tiefer Tümpel, der hieß die Teufelskutte. In der Gegend liegen noch einige kleinere Seen; von allen gehen Nixensagen. Im großen See zu Salzungen hielt sich eine Wasserfrau auf, die kam häufig durch die Seespforte herein zu den Fleischbänken, die ganz nahe bei dieser Pforte standen, jetzt aber weggerissen sind, deren Gewandsaum war immer naß, und ihr Haar war grünlich. Einst kam sie, brachte ein Kind mit, ließ es zurück und kam niemals wieder. Wie das Kind beschaffen war und was aus ihm geworden, weiß niemand. Dicht am See steht eine alte Kemnate, der hünische (haunische) Hof genannt, dahinein kamen zwei Seejungfern zum Tanze, weilten zu lange, und als sie wieder in den See sich gestürzt, wurde er blutrot. Im Jahre 1670 ist es geschehen, daß einmal mitten im Winter der ganze See blutrot gefärbt erschien, und im Jahre 1755, am 1. November, zog das Wasser plötzlich strudelnd, wie in einem Trichter, in die Tiefe und kam dann wieder, donnergleich brausend, und überschwoll schäumend den Uferrand. Es war der Tag, da Lissabon durch ein Erdbeben verheert ward.

In der Teufelskutte oder Grube hat sich nach alten Nachrichten der fliegende Drache oft eingelassen. Einem Kutscher, der über ihr dahinfuhr, als sie noch fast den ganzen Erdball ausfüllte, der jetzt die Grube heißt, wurden durch ein Gespenst die Rosse so geschreckt, daß sie mit Mann und Wagen sich in den Abgrund stürzten. Nicht weit von Salzungen, nach Wilprechtroda zu, liegt der Buchensee oder Büchensee; dort hat vorzeiten gar ein stattliches Schloß gestanden, darinnen war immer Saus und Braus, und da ging es wie bei dem Kloster bei Neuenkirchen im Odenwalde. Es kamen zwei müde hungrige Wanderer und baten flehentlich um Einlaß und um Trank und Speise und ein geringes Nachtlager. Es ward ihnen aber mitnichten aufgetan, und mit Hohn und übeln Scheltworten wurden sie zurückgewiesen. Da verwünschten sie das Schloß, und es versank auf der Stelle, und an seine Stelle trat der kleine unergründliche See, welcher der Buchensee heißt. Es waren aber, wie dort die eine gütige Nonne, hier drei Fräulein im Schlosse gewesen, die hätten gern die Armen eingelassen und hatten keinen Teil an der Härte und dem Hohn, womit jene abgewiesen wurden, gleichwohl versanken auch sie zusamt dem Schloß, aber es blieb ihnen vergönnt, alle Jahre einmal zur Wilprechtrodaer Kirmsezeit den Tanz zu besuchen, mußten aber jedesmal pünktlich vor zwölf Uhr des Nachts zurückeilen. Ein Jäger aus Wilprechtroda sah sie einst auf seinem Heimweg von der Schnepfenjagd in ihrem altmodischen Wagen fahren und erstaunte über ihre jugendliche Schönheit und das uralte Gefährt, meinte aber, die fremde Herrschaft wolle seine Herrschaft besuchen, und setzte sich, um schneller fortzukommen, hinten auf den Kutschentritt. Mit einem Male aber hörte er es rauschen, und Wasser spritzte über ihm zusammen: geschwinde sprang er herab und rettete sich mit Mühe. Der Wagen war in den Buchensee hineingefahren, und der Schnepfenjäger kam naß wie ein Pudel nach Hause. Nachher hat auch die drei Fräulein das Nixenlos ereilt, sie verspäteten sich einmal, wurden von ihren Tänzern zum Buchensee begleitet, und diese sahen, wie jene in den See sich stürzten und Blutstrahlen aus dem Wasser stiegen. Niemals kamen die Fräulein wieder zum Tanze.

Etwas weiter ab von Salzungen, nach Frauensee zu, liegt der kleine Döngessee oder Hautsee mit einer schwimmenden Insel. Fast die gleiche Sage geht von ihm; zwei Nixenfräulein entstiegen ihm, erlustigten sich auf dem Tanzboden des nächsten Dorfes, Dönges, öfters, bis ein Bursche einer derselben den Handschuh raubte und über dem ängstlichen Suchen danach die Mitternachtsstunde herbeikam, worauf erfolgte, was die Sage bei der Nixenverspätung stets erfolgen läßt. In den Döngessee ist auch einstens eine Wehmutter von einem Reiter mit Gewalt geführt worden, sah darin große Schätze und ward reich beschenkt entlassen und wieder an ihren Ort gebracht, mußte aber heilig schwören, niemandem davon ein Wort zu sagen. Als sie viele Jahre darauf erkrankte, konnte sie nicht sterben, bis sie dem Pfarrer ihren nächtlichen Ritt und Gang gebeichtet hatte.

So liegt auch bei Wilhelmsthal ein See und fließt ein Flüßchen hindurch, die Elne, darin die Elnennymphe wohnt; ein junger Jäger sah sie, liebte sie, verlobte sich ihr, ward ihr aber treulos, und sie strafte ihn – er mußte ihr folgen, bis sie ihn hinunter in die Tiefe zog und ihn totküßte, dann warf sie ihn wieder aus, in Unkenroda – wie schaurig klingt der Name dieses Dorfes – liegt er begraben.

## *215. Das Spielhaus*

Zu Tiefenort steht ein steinern Haus, wie ein kleines Schlößchen. Vorzeiten besaß es ein Ritter, der über alle Maßen das Spiel liebte. Einst spielte dieser mit einem andern Ritter und verlor Geld und Gut. Zuletzt stand auch das Haus auf einem Kartenblatt, und der Gegner gewann das Haus durch ein Trumpfblatt, die Rot-Sechse. Erfreut nahm der die Karte in sein Wappen auf, legte sich den Beinamen Spielhaus zu und nutzte sein Eigentum. Doch kam es nachderhand in andere Hände, und es sind keine Nachrichten von des Gewinners Familie und Nachkommen zu Tiefenort vorhanden. Das Gut heißt aber immer noch das spiel-hausische, und am Gebäude ist das steinerne Wappen des glückhaften Gewinners zu sehen. Nicht minder hängt sein ritterlicher Schild in der Kirche und zeigt auf einem in die Länge geteilten Felde, dessen Tinkturen Schwarz und Silber, die Rot-Sechse. Auf dem Helm hält ein Arm dieselbe Karte empor. Wenn der Pfarrer predigt, kann er gerade auf die Karte sehen.

## *216. Die steinerne Wiege*

Als die alte Burg Krainberg über Tiefenort durch die Herren von Frankenstein erbaut wurde, ward ein lebend Kindlein in eine steinerne Wiege gelegt und mit ihm vermauert, auf daß die Burg unüberwindlich sei. So ward die Wiege zum Sarge. Landleute haben in der Mittagsstunde bisweilen in den Ruinen ein Wimmern vernommen, das aus der Mauer zu kommen schien, auch wollen manche ein weißes Kind ganz allein im Schloßhof haben mit Blumen spielen sehen, das verschwunden, wenn man ihm genaht. Jetzt aber hört und sieht man nichts mehr, und das mag daher kommen, weil vor mehren Jahren die eine Mauer entzweigebrochen ward, um die Steine größtenteils zu Ökonomiegebäuden in Tiefenort zu verwenden, und dabei in einem steinernen Särglein das Gerippe eines Kindes wirklich gefunden wurde.

## *217. Die Tulipane*

Auf dem beraseten Burghof des ringsum bewaldeten Krainbergs hütete einst ein Schäfer und fand an einer sichern Stelle eine schöne Tulipane. Das dünkte ihm wunderbar, solche Blume hier zu finden, pflückte sie ab und steckte sie auf seinen Hut. Das hatte er kaum getan, so stand ein bildschönes, aber sehr blasses Jungfräulein vor ihm da und winkte, mit ihm zu gehen; er bedachte sich auch nicht lange, sondern folgte, und die Gestalt führte ihn an das alte Schloß, wo eine Öffnung ins Gemäuer führte, die der Schäfer früher nicht gesehen hatte. Es ging tief hinab in eine geräumige Halle, da stand Goldes genug umher, und das Fräulein gebot ihm, sich davon so viel zu nehmen, als er wolle und tragen könne. Seine Taschen hatten aber alle Löcher, so daß wieder hindurchfiel, was er hineinsteckte; da nahm er seinen Hut und füllte den voll, darüber fiel die Blume herab, und es geschah, was stets erzählt wird, wo Ähnliches sich soll begeben haben, das Jungfräulein bat beweglich: Vergiß das Beste nicht – aber der Jäger achtete der Blume keinen Deut, da er des Goldes so viel hatte; als er jedoch wieder aus dem Kellergewölbe heraustrat, schlug eine eiserne Türe, die er erst gar nicht gesehen hatte, hinter ihm mit Heftigkeit zu, und all sein Gold verschwand. Darüber ist er so heftig erschrokken, daß ihm eine große Schwachheit ankam, und nach drei Tagen ist er tot gewesen.

Selten erwähnt die örtliche Sage, wo sie der Wunderblume gedenkt, einer Tulipane, fast immer ist es eine gelbe Schlüsselblume, eine blaue Glockenblume oder eine weiße, auch purpurrote Lilie.

## *218. Der Farrensamenfinder*

Manche mühen sich um den Farrensamen, auch Fahrsamen geheißen, und suchen ihn zu erlangen durch böse Kunst und höllischen Beistand, wie der Jäger zu Benshausen, und andere, die ihn nicht suchen, finden ihn. Der Farrensame, zu rechter Zeit und Stunde gefunden und gesammelt, hat nicht nur die Eigenschaft, Glück zu bringen, unfehlbare Schüsse auf Wild und anderes, sondern er macht auch unsichtbar. Einem Manne zu Berka an der Werra ging es damit gar wunderlich. Sein Fohlen hatte sich im

Walde verlaufen, und er suchte es und trat unversehens auf der Waldwiese auf reifendes Farnkraut, und es fiel ihm etwas von dem Samen in die Schuhe. Er lief lange im Wald herum, fand das Füllen nicht, kam erst früh am Morgen wieder nach Hause, ging in die Stube und setzte sich verdrießlich und müde hinter den Kachelofen auf den Lehnstuhl. Frau, Kinder und Gesinde gingen ab und zu, hantierten und plauderten, und keins sprach guten Morgen zu ihm, das nahm ihn wunder; endlich sprach er: Ich habe das Fohlen nicht gefunden! Alle erschraken, niemand wußte, woher plötzlich die Stimme kam; alle sahen einander an, ihn sah niemand. Jo Mann, wo steckst du denn? rief fragend die Frau. Da erhob sich der Mann, trat mitten in die Stube und sagte: Da bin ich ja, närrische Frau, ich stehe ja vor dir! Nun erschraken die Seinen noch mehr, denn sie hatten ihn aufstehen und gehen hören und sahen doch noch immer nichts von ihm. Da merkte der Mann, daß er unsichtbar geworden, wünschte aber nicht, solches zu bleiben, entsann sich, daß ihm etwas in die Schuhe gefallen war, das ihn drückte wie Sand, zog die Schuhe alsbald aus und klopfte sie aus, und da fiel der Wünschelsame heraus, aber niemand sah ihn, weil seine Finderstunde vorüber war, der Finder aber stand wieder sichtbarlich vor allen da.

## *219. Die Fleischer zu Gerstungen*

Zu Gerstungen hat sich eine seltsamliche Mär zugetragen, indem es den Fleischern allda fast genauso ging, und zwar mit dem Grafen von Brandenburg, wie den Metzgern der Stadt Osnabrück mit dem Grafen von Tecklenburg. Der Graf von Brandenburg hatte dasselbe Recht, den Fleischern ihre Taxe zu setzen, und der Fleischbote, welcher Limpert hieß, war, wie dort von der Tecklenburg herab ein Zwerg, so hier von der Brandenburg herab ein lahmer Krüppel, der seine Freude daran hatte, sich samt seinem Esel nicht zu eilen, bis endlich die Geduld der Fleischer zu Gerstungen zu Ende war und der Gildenmeister, ein zorniger Mann, den langsamen Krüppel eine unglaublich schnelle Reise machen ließ, nämlich die in die Ewigkeit, indem er ihn totschlug. Dann zerhackten ihn die Fleischer, luden die Stücke in des Esels Körbe und jagten diesen wieder zur Brandenburg hinauf. Das verdroß nun freilich den Grafen auf der Brandenburg, den bisherigen Schutz- und Schirmherrn der Gerstunger, gar sehr, und befehdete fortan die Stadt, daß sie keinen guten Tag mehr sah, so daß endlich flehentlich um Gnade gebeten ward. Und da machte der Graf von der Brandenburg, gerade wie der Tecklenburger, auch drei harte und schwere, schier unerschwingliche Auflagen. Er heischte einen Scheffel von Silberheller, alle von einem und demselben Gepräge, auch drei himmelblaue Windhunde und drei mannshohe Eichenstecken ohne Knoten. Wenn binnen Jahresfrist diese Stücke nicht beigeschafft wären, so müsse die Stadt die ganze Metzgerzunft dem Grafen gebunden überliefern, und dann wolle er sehen, ob ihre Gliedmaßen härter wären als die seines zerhackten Fleischboten. Da war guter Rat teuer im Städtlein Gerstungen an der Werra, doch endlich ward er gefunden, ganz so wie die Osnabrücker ihn auch fanden; Agiotage für die Silberheller, wobei die Juden gute Geschäftcher machten, Glasröhrchen für die Eichenstecken und ein himmelblaues Zimmer mit Zubehör für die Paarung schneeweißer Windhunde. So gelang das schwere Kunststück, und so ward des Grafen Zorn gesühnt, nächstdem wurde der Fleischscharrn in ein Pflegehaus für arme Krüppel verwandelt, und auf den Platz, wo die Fleischer den Limpert zerhackt hatten, ward ein breiter Stein gelegt, der heißt noch heute der Limpertsein. – Die genaue Wiederholung dieser Sage aber mit allen Umständen und ganz geringen Verschiedenheiten an so weit voneinander entfernten Orten und Burgen ist sehr merkwürdig. Von der Brandenburg schmückt heutzutage nur noch die umfangreiche Trümmer das friedliche Werratal, und an Gerstungen zieht die thüringische Eisenbahn hin.

## 220. *Das Lindigsfrauchen*

Außer der Brandenburg, auf der noch eine wandelnde Jungfrau mit Knotten umgeht, soll bei Gerstungen noch eine Burg gelegen haben, das Lindigsschloß genannt. Darauf wohnte ein wunderschönes Fräulein, dessen Schönheit sprichwörtlich wurde im ganzen Gau, das hatte aber gar seltsamlichen Verkehr mit den Geistern der Elemente, mit den Nixen des Talflusses und mit den Kobolden und Wichtlein im Reichelsdorfer Bergwerke; dieserhalb taten die Eltern ihre Tochter in ein Kloster unter dem Arnsberge, welches der heilige Bonifazius angelegt haben sollte, aber aus diesem Kloster ließ sich das Fräulein durch einen jungen Ritter von der Brandenburg entführen, der sie zur Gemahlin nahm. Doch auch als solche konnte sie sich des Umganges mit den Hexen nicht ganz entschlagen; sie verlobte ihren einzigen Sohn einer Wasserfeine, und diese holte ihn frühzeitig in ihr nasses Reich, das heißt in der Alltagssprache: der junge Knabe ertrank in der Werra. Von einem dunkeln Sehnen ruhelos umhergetrieben, fand die junge Frau kein Glück; sie gehörte nur halb der Oberwelt an, und als ihr früh das letzte Stündlein schlug, schied sie ohne Beichte, dieweil sie nicht Lust und Neigung hatte, dem Pfaffen auf die Nase zu binden, welche wonne- und wundersamen Geheimnisse ihren tief verschlossenen Jungfrauen- und Frauenbusen bewegt und erfüllt hatten. Derohalb mußte sie auch ohne Absolution hinübergehen und kam nicht in den Himmel, sondern in das Mittelreich der umgehenden Geister, welches ihr vielleicht nicht unangenehm war. Da hat sie nun alle sieben Jahre zu erscheinen, und zwar einmal zwischen der Brandenburg und Gerstungen auf der Stätte der ehemaligen Lindigsburg und zum andernmal auf dem Wege von Gerstungen nach dem ehemaligen Kloster im Kolbacher Tale. Sie trägt einen Schlüsselbund und ein Matronenkleid und hat die unglückliche Neigung, sich den Leuten auf den Rükken zu setzen, auch soll sie, trotz ihres früheren Umganges mit ätherischen Wesen, gar nicht unbeträchtlich schwer sein. Wer aber sie geduldig hockelt bis an ihr Ziel, dem soll und wird sie mit ihrem Schlüsselbunde reich angefüllte Burg- oder Klostergewölbe erschließen, davon soll er die eine Hälfte für sich behalten, für die andere Hälfte soll er ein Kirchlein in Rom bauen. Ein solcher hat sich noch nicht, wohl aber haben einige vom Aufhocken des Lindigsfräulein den Tod gefunden, wie der Ackermann Öhme, der Fleischer Rösing und andere Biedermänner, andere sind vor der bloßen Erscheinung schon so erschrocken, daß sie in schwere Krankheit gefallen. So wird das arme Lindigsfrauchen wohl fort und fort unerlöst und im Mittelreich bleiben, denn gesetzt, es bekäme einer wirklich den Schatz, so würde er doch denken, eine Kirche in Rom bauen, das hieße Wasser in die Werra tragen.

# *221. Die Wichtlein im Werratale*

Im Werratale, in der Gegend, wo die Hörsel, die unterm Hörseelenberge still vorüberrinnt und an Eisenach hinfließt, in die Werra ausmündet, gab es ehedem viele Wichtelmänner, ja bis Gerstungen und über Berka hinauf waren sie verbreitet. Daselbst wohnten sie unter dem Pferdestalle im Schlosse, und es hielt kein Pferd in diesem Stalle aus, sondern sie hatten sich wie rasend, zerrissen die Ketten, zerschlugen und zerbissen alles, das machte, weil die Tiere eher als die Menschen Geister sehen, hören und wittern. So ging es auch einem Bauer zu Dankmarshausen über Berka, dem fiel ein Pferd nach dem andern, und war nahe daran, dadurch gänzlich zu verarmen. Eines Abends spät ging der Bauer über seine Hausflur und hörte unter einer umgestülpten Wanne ein Flüstern. Er lugte hin und sah bei einem matten Schimmer vier Wichtlein unter der Wanne, die kneteten Brot aus dem Teige, den sie aus einem Backtrog genommen hatten, der auf dem Flur stand. Knete zu, knete zu! sprach eins der Wichtlein zum andern, und als sie den Bauer gewahrten, der sie nicht stören wollte, sprach ein Wichtelmann: Weißt du, warum deine Pferde sterben? Weil wir unter dem Stalle wohnen. Tue sie in einen anderen Stall, und es soll dir keins fallen. Diesen Rat hörte der Bauer gern, befolgte ihn, und es fiel ihm kein Pferd mehr. Die Wichtlein machten ihn durch ihre Hilfe reich, weil er sie nicht gescholten, daß sie von seinem Teige sich Brot kneteten.

Unterhalb Spichra zieht sich am rechten Werraufer der Spatenberg hin, an dem öffnet sich ein Erdloch, das heißt noch heutzutage die Wichtelkutte, darinnen wohnten die Wichtlein in großer Anzahl und lange Zeit. Aber an einem schönen Morgen kamen zum Fährmann Beck zu Spichra zwei kleine Männlein, die verlangten, daß er sie überfahre, und gingen mit ihm zum Flusse und zur Fähre. Da sie nun auf letzterer waren und der Fährmann vom Strande stoßen wollte, baten sie ihn, noch einige Augenblicke zu warten, es komme noch jemand; das tat der Mann, er wartete, es kam aber niemand, gleichwohl senkte sich die Fähre tiefer und tiefer in das Wasser, wurde schwerer und schwerer, und da der Ferge endlich abstieß, deuchte ihm, er habe noch nie so schwere Last übergeschifft. Am rechten Ufer aber ward die Fähre zusehends leichter. Nun sage, Fährmann, welchen Lohn begehrst du für unsere Überfahrt? fragte das eine der Männlein. Willst du nach den Köpfen Geld oder einen Scheffel Würz (Salz)? Dieweil nun ein Scheffel Salz dem Fergen ein ungleich reicherer Lohn dünkte als das Fährgeld für zwei Personen, so heischte er diesen.

– Nach Köpfen wärst du besser gefahren, Mann! Sieh mir einmal über die rechte Schulter! sprach das zweite Männlein, und wie der Ferge das tat, so sah er ein zahlloses kleines Volk, das aus dem Schiffe gestiegen war und noch immer herauswimmelte, indem so stiegen auch die beiden ersten aus, und alles verschwand vor des Fährmanns Blick, ein vollgehäufter Scheffel reinsten Salzes aber stand auf der Fähre, und dieses Salz nahm im Scheffel nie ein Ende.

In den Bergklüften um Spichra finden sich auch kleine, runde, platte Steinchen, die sind gerändert wie die nummi serrati der Alten und heißen im Volke Wichtelpfennige. Die Wichtlein aber sind fortgezogen, niemand weiß wohin.

## *222. Der Weiber Wetzstein*

Nicht weit vom Auersberg in den Vorbergen der Rhön liegt das Dorf Kaltenwestheim, das ist weit und breit berühmt wegen seines Weiberwetzsteins, der schon in alten Schriften erwähnt wird wie folgt: „Wann man oben zu dem Dorff hinein reitet, so steht lincker Hand der Straße ein Sandstein, wie eine viereckigte Säule gehauen, etwa drei Ellen hoch, welcher vor wenig Jahren neu aufgerichtet worden, weil ein Schalck zu Nachts von vorigen heimlich weggetragen hatte. Und das ist der Wetzstein, an welchem aber Niemand zum Schabernack oder raillerie wetzen darf. Denn wo einer dieses thut, und man wird deßen inne, so kömmt von Stund an die ganze Schaar der Weiber im Dorffe, denen eine Frau als Oberhaupt commandiret, die Stein-Schulzin genannt, welche ausdrücklich zu diesem Amte erwehlet wird, herbei gelauffen, mit ihrem Gewehr, wie sie es nennen, von Holtz gemacht, darunter eine große lange Beiß-Zange, Gabeln und dergleichen militairische Werckzeüge; diese verfolgen nun den Thäter so lange, bis sie ihn erhaschen, da er denn mit der Zange angefaßt, zum Wasser geführet, und gebadet wird, er mag nun wollen oder nicht; wehret er sich, so bekömmt er noch Stöße dazu, und muß doch hernach diese vexirerey mit einer Geld-discretion ablösen. Ihm wird überdieß ein Stroh-Crantz aufgesetzt, und ein Bund Heu vorgelegt; und mit solchen Possen legitimiren die Weiber ihr vermeintes Privilegium, bey muthwillig veranlaßeter Gelegenheit, welches, der gemeinen Rede nach, sie daher erlanget, weil zu der Zeit, da obbenahmter Fürst Henrich von Henneberg mit seinen Vettern in Unfriede gelebt, diese aber einst das Schloß zu Kalten Northeim belagert, unter andern auch die Weiber von Kalten Westheim daßelbige dermaßen wohl defendiret, daß die Feinde unverrichteter Sachen abziehen müßen. Dahero als Fürst Henrich ihnen eine Gnade zu thun angebothen, sie nichts mehr als dieses seltzsame Privilegium verlanget, und auch erhalten. Der Brief selbst aber, saget man, wäre im Dreyßigjährigen Krieg verlohren worden. Einmahl ist gewiß, daß es niemand noch bis dato wagen darf, an den Stein zu wetzen, will er sich nicht gezwungen sehen, wenn man es gewahr wird, der obbeschriebenen vexation zu unterwerffen, immaßen denn, wie von glaubwürdigen Augen-Zeugen versichert worden, des Höchstseel. Herzogs zu Sachßen Eisenach Herrn Johann Georgen Hochfürstl. Durchl. zu mehr mahlen dergleichen Ergötzung mit einem oder andern von Dero Svite, angestellet hat. Nebstdem hat der Wetzstein auch dieses vor sich, daß ihn niemand weder loben noch schelten darff, so lange man im Dorff ist; denn wer das thut, der hat ein gleichmäßiges Tractament zu gewarten. Dahero sagt man im Sprüchwort: Man muß ihn nur gehen laßen, wie den Kalten Westheimer Wetzstein, das ist, weder loben noch schelten. Item, sagt man von einem wunderlichen und morosen Menschen, dem es niemand recht machen kann: Bistu doch wie der Wetzstein zu Kalten Westheim; als welchen man nicht krumm ansehen, viel weniger loben oder schelten darff.“

## *223. Die goldnen Erbsen*

Hohe Basaltgipfel stehen wie Warttürme vor der Rhön in der Gegend, wo dieses Gebirge nordwärts endet, und mancherlei Sagen gehen von ihren Gipfeln bis in die Talgründe. Über dem Dorfe Geismar erhebt sich der bewaldete Rockenstuhl, der einst ein Bergschloß trug. Darauf erscheinen Berggeister in Gestalt grauer Männer, und der wilde Jäger fährt oft über den Berg mit seinen Hatzhunden und Gefolge dahin. Ein buchonischer Gaugraf des Namens Roggo, der sich stets tragen ließ, soll sich gern auf diesen Berg haben tragen lassen und darauf seinen Sitz als Stuhl gehabt haben, daher der Name Roggos-Stuhl – aber Rokkinstuhl schon 1186 geschrieben.

Auf dem Oechsenberge auch nur eingebildete Reste einer dort nie vorhandenen Burg mit Wunderblumenfundsage und Fässern voll gelber Erbsen, mit der wandelnden Jungfrau und einem blöden Schäfer, der so albern war wie andere seinesgleichen und das Beste vergaß. Sehr übel soll es einem armen Esel auf dem Oechsenberge ergangen sein, der zum Wasserholen gebraucht wurde. Da das Wasser droben so rar war, so wurde vorausgesetzt, der Esel saufe sich drunten satt, wenn er das Wasser hole, und gaben ihm droben wohl zu fressen, aber nichts zu saufen. Unten aber dachten sie, wenn sie überhaupt an des Esels Verköstigung dachten, nicht anders, als wo der Esel frißt, daselbst säuft er auch, das ist natürlich, und ließen ihn nicht trinken. Und da ist der arme Grauschimmel zwischen zwei Wasserfässern Durstes verblichen und war weniger glücklich wie sein Vetter, der zwischen Heubündeln Hungers starb – wer weiß, ob's wahr ist! – denn letzterer konnte doch zulangen, wäre er nicht ein Esel gewesen.

Des Oechsen Nachbar ist der Baier, der ist besonders sagenreich. Noch quillt an ihm der Goldborn, wo ein Venetianer viel reiches Gut hinwegtrug. Lengsfelder Bürger fanden droben edle Gesteine und güldiges Erz unter schreckenden Erscheinungen. Am Baier, am Oechsenberge, am Dietrichsberg und an der Sachsenburg waren vorzeiten Bergwerke im Betrieb.

Ein Korbmacher ging einst am Baier da vorüber, wo man es bei der Schacht nennt, da fand er eine Blume von ausnehmender Schönheit. Er pflückte sie ab, und da er an die Wand der Schacht kam, so öffnete sich eine Türe zu einem weiten und geräumigen Gewölbe. Der Mann trat hinein und sah eine Menge Fässer, die, mit Erbsen, Korn, Weizen, Gerste und anderen Feldfrüchten gefüllt, in Reihen standen. Er legte die Blume, die er in der Hand hielt, auf ein Faß und steckte sich seinen Brotsack voll Erbsen, die ihm ein willkommenes Gericht abgeben sollten. Als er sich genug und sehr verwundert in dem Gewölbe umgeschaut, schickte er sich an herauszugehen, da hörte er plötzlich eine Stimme laut rufen: Vergiß das Beste nicht! Darüber erschrickt der Kützenmacher so sehr, daß er eilend herausspringt, und hinter ihm schließt sich mit Donnerkrachen der Bergeseingang und schießt jählings ein schwarzer Hund her. Voll Angst schüttet der Mann seinen Sack mit Erbsen wieder aus, und der Hund frißt sie alle auf und bleibt zurück. Zu Hause angelangt, klingelt noch etwas im Sack. Er schüttelt ihn aus, und es rollen einige goldne Erbsen auf die Diele. Hätte er die Blume nicht im Berge vergessen, konnte er überreich werden.

## 224. *Die Schwerbeladenen*

Unter der Stoffelskuppe, auch einer basaltgekrönten Erhebung zwischen der Rhön und dem Werratale, ist es nicht sicher; eine große Blöße heißt die Kuheller; dort hüten die Roßdorfer Hirten. Eines Abends wandelt der Roßdorfer Schulze über diese Bergestrift, da erblickt er auf der Waldblöße im Dämmerlicht zwei dunkle Männer, die in einiger Entfernung voneinander gleichmäßig schritten, war froh, Gesellschaft zu finden, und näherte sich ihnen eilend. Jetzt entdeckte sein Auge, daß die beiden Männer einen übergroßen und mächtigen, baumartigen Balken auf ihren Schultern trugen, unter dessen Laste beide fast erlagen, und daß kaum zu begreifen war, wie ihrer zwei eine so entsetzliche Last zu tragen vermochten. Das wunderte den Mann gar sehr, daß in so später Stunde an so einsamer Stelle noch jemand also bemüht war, und er rief die Tragenden an mit lautem: Hollah! Wer seid ihr? Wohinaus? – Die Männer hörten ihn nicht und antworteten ihm nicht. Noch einmal rief er: Wer seid ihr, worauf geht ihr zu? – Tiefes Schweigen. Nun rief der Schulze zum drittenmal noch lauter: Heda, ihr Männer? Wo wollt ihr hin? – Da scholl gleichzeitig von beiden wie aus einem Mund und mit überaus schrecklicher Stimme die Antwort: Nach Ungnadhausen! – Und die Männer wandelten hin und verschwanden in die Nacht. Dem Frager aber kam ein übermächtiges Grausen an, und er konnte, solange er lebte, welches nicht gar lange mehr war, jenen Ton und jenes Wort nicht vergessen, das wie eine Stimme des Jüngsten Gerichtes erklungen war. Auch andere haben bisweilen jene Schwerbeladenen über die Waldblöße wandeln sehen, doch sich wohl gehütet, sie fragend anzureden.

## 225. *Die fliegenden Knaben*

Es war am Ende des siebzehnten Jahrhunderts, als an einem Spätherbsttage drei muntere Knaben unweit des Städtchens Lengsfeld und zwischen diesem und dem Baier auf immergrüner Waldwiese eine Anzahl Rinder weideten. Kaum war die Sonne gesunken, die noch ihre letzten goldnen Strahlen auf den hohen nachbarlichen Berg warf, so fachten die Knaben nach ihrer Weise ein Feuer an und stachen Rasen ab, um sich eine Bank zu bauen, auf welcher sie vertraulich und sich am Feuer wärmend sitzen wollten. Wie es nun oft zu geschehen pflegt, daß heitre unbedachte Jugend in lächerliche Wünsche ausbricht, deren Erfüllung schier unmöglich dünkt, so auch hier. Einer sprach: Wäre nur dieses Stück Rasen ein Stück Eisenkuchen! Kaum war dieser Wunsch laut geworden, so trat schon ein unbekannter Mann auf die Trift, begrüßte die jungen Hirten und sprach: Hört, ihr habt Eisenkuchen gewünscht! Hier habt ihr solche, laßt sie euch schmecken! – Und teilte Eisenkuchen unter sie aus. Freudig und begierig ward die Spende angenommen und verzehrt, und der Mann erbot sich, sie täglich mit solchen Kuchen zu erfreuen, wenn er nur wüßte, auf welchem Hutplatz sie immer anzutreffen wären. Die Knaben nannten den Platz, wo sie am nächsten Tage hüten würden, und der Unbekannte hielt sein Wort und brachte das für die Knaben so leckere Mahl am nächsten Abend ihnen wieder. Als das verzehrt und der Mann hinweggegangen war, trat eine alte Frau aus Lengsfeld den Knaben nahe und bat sie, doch einmal mit ihr zu dem nahen Talbrunnen zu gehen, sie wollte ihnen dort etwas zeigen. Die Knaben willfahrten ihr, wurden aber nichts gewahr, als daß die Alte sie mit dem Wasser des Brunnens besprengte und unverständliche Worte dazu murmelte, weshalb sie ihr bald entliefen und mit Gelächter zu ihrer kleinen Herde zurückkehrten und diese wohlgemut nach Hause trieben. Am dritten Tag trafen sich die Knaben frühmorgens auf dem Weg zur Schule, grüßten sich munter, und der eine sprach zu dem andern: Höre, ich fühle mich heute so federleicht, daß ich meine, ich müßte fliegen können wie ein Vogel! – Ich auch, ich auch! riefen die beiden andern, und da hoben alle drei die Arme empor und flogen. Sie flogen auf die kleine runde Mauer, die den Marktplatz umzog, und über dieser gegenseitig hin und her, zum größten Erstaunen aller ihrer indes sich zahlreich versammelnden Schulkameraden. Die Kunde dieses wunderbaren Ereignisses durchdrang mit Blitzesschnelle das Städtchen und kam auch zuletzt zu den Ohren des Kantors, der nach beendigter Schulstunde die drei Knaben aufrief, ihre Kunst auch in der geräumigen Schulstube zu üben. Sie traten auf den Tisch und flatterten von ihm herab und schwebten auf und nieder. Den Kantor überfällt ein Grausen, und er entsendet eilig einen Boten zum Oberpfarrer und Inspektor und läßt den geistlichen Hirten bitten, zur Schule sich zu bemühen und selbst Zeuge eines nie erhörten Wunders zu sein. Der Geistliche kommt und staunt und nimmt die Knaben scharf in das Verhör, denn er wittert Satans Trug und Tücke. Diese erzählen treuherzig alles, was sich mit ihnen begeben, und fügen noch dieses hinzu: In der vergangenen Nacht machten wir uns den Spaß und setzten uns zu dritt auf einen Schimmel, der in unsers Nachbars Scheuer stand. Kaum spürte uns das Pferd, so setzte sich's gegen unsern Willen in Trab und brachte uns an den Ort, allwo es uns sehr wohl gefiel; dann brachte es uns wieder nach Hause, und darauf fühlten wir uns so leicht. – Der Oberpfarrer ging bestürzt hinweg, um dem Gerichte Anzeige zu tun, damit dieses sich der sicherlich Behexten bemächtige und ihnen den Prozeß mache, denn fliegen zu können schien ihm ein arges Verbrechen.

Mittlerweile kamen die Knaben arg- und sorglos und ihrer Fliegekraft froh nach Hause, den Ihrigen das Wunder selbst zu verkündigen oder zu bestätigen. Der Vater des einen Knaben war der Scharfrichter, hieß Michael Weber, erzürnte sich sehr über die Kunde, die er schon vernommen, glaubte, sein Kind sei ein Teufelsbündner, und beschloß, den Sohn zu opfern. Daher schwang er, als dieser vor ihn trat, das Richtschwert und schlug ihm das Haupt ab. Zwei weiße Ströme Milch sprangen statt des Blutes zur Decke, und dem Scharfrichter entsank das Schwert.

Die zwei andern fliegenden Knaben, als sie das gesehen, hoben sich auf und davon, und niemand hat sie jemals wieder erblickt, und so kam keine Aufklärung über den tiefrätselhaften Vorfall zutage. Er ward vergessen, verklang zur Sage, und nur der Brunnen, wo das alte Weib die Kinder besprengt, heißt von jener Zeit an der Hexenbrunnen.

# *Quellenhinweis*

Die vorliegende Sammlung vereinigt in sich sämtliche der in Ludwig Bechsteins „Deutschem Sagenbuch“ (Leipzig 1853, Verlag von Georg Wigand; Neuausgabe von K. M. Schiller: Meersburg und Leipzig 1930) enthaltenen Sagen des ehemaligen Landes Thüringen.

Sagennummern der Originalausgabe: 422-427, 433, 428-431, 409, 397, 398, 434-440, 399, 441, 443-445, 448-556, 559-563, 565, 568, 569, 571-573, 575-608, 713-729, 732, 730, 731, 735-756, 773-776.

# *Nachwort des Herausgebers*

Es gibt kaum eine deutsche Provinz oder Landschaft, die seit der Romantik nicht wenigstens *einen* ihr eigentümlichen Dichter hervorgebracht hätte. Es seien nur folgende Namen genannt: Storm und Groth für Schleswig-Holstein; Reuter für Mecklenburg; Arndt und Meinhold für Pommern; Alexis und Fontane für die Mark Brandenburg; Raabe für das Weserland; Immermann und Droste-Hülshoff für Westfalen; Simrock für das Rheinland; Kerner, Uhland, Schwab, Hauff und Mörike für Schwaben; Scheffel für Baden; Auerbach für den Schwarzwald; Zschokke, Gotthelf, Keller und Meyer für die Schweiz; Rosegger für die Steiermark; Anzengruber für Österreich; Stifter und „der Waldschmidt“ für den Böhmerwald; Ganghofer und Thoma für Oberbayern. Und als literarischer Repräsentant Thüringens, des „grünen Herzens Deutschands“, tritt uns der Spätromantiker Ludwig Bechstein (geboren am 24. 11. 1801 in Weimar, gestorben am 14. 5. 1860 in Meiningen) entgegen. Er ist zugleich der nächst den Brüdern Grimm bedeutendste deutsche Sagen- und Märchensammler. Rückblickend schreibt er in dem auf seinen 51. Geburtstag datierten Vorwort zu seinem „Deutschen Sagenbuch“: „Auf mein eignes Leben warf schon frühzeitig der Sage süßer wunderbarer Reiz seine Morgenstrahlen. Als Jüngling wanderte ich in einem sagenreichen Gau Thüringens umher und freute mich am Duft der schönen Wunderblume Poesie. Ilm und Gera, die Fluren von Arnstadt und Erfurt, der Drei Gleichen nachbarliche Burgen und sagendurchklungene Haine boten in Fülle ihren Stoff, doch lange nachher lernte ich der Sagen Geheimnis, ihren ganzen Zauber, erst recht kennen, und lernte daran niemals aus.“ Der Themenkreis Thüringen – Landschaft, Volkstum und Geschichte – hat ihn sein ganzes Leben hindurch fasziniert und ist Gegenstand eines beträchtlichen Teils seines Œuvres, wie nachstehende chronologische Übersicht seiner Thuringia-Bücher zeigt:

1823: *Thüringische Volksmärchen;*

1833: *Grimmenthal. Romantisches Zeitbild aus dem sechzehnten Jahrhundert* (ein Roman über den gleichnamigen thüringischen Wallfahrtsort);
*Das tolle Jahr. Historisch-romantisches Gemälde aus dem sechzehnten Jahrhundert* (ein Roman über die revolutionäre Bewegung des Jahres 1509 in Erfurt);

1834: *Der Fürstentag. Historisch-romantisches Gemälde aus dem sechzehnten Jahrhundert* (ein Roman über den Schmalkaldener Konvent von 1537);

1834/35: *Chronik der Stadt Meiningen von 1676–1834;*
1835/38: *Der Sagenschatz und die Sagenkreise des Thüringerlandes* (1.–4. Tl.);
1838: *Wanderungen durch Thüringen;*
1839: *Grumbach* (Roman über die Grumbachschen Händel im 16. Jhdt.);
1840: *Sophienlust. Novelle* (handelt im thüringischen Rokoko);
1842: *Meiningen und Umgebungen. Ein Führer für Fremde und Einheimische;*
*Liebenstein und Altenstein. Ein Fremdenführer;*
1842/47: *Hennebergisches Urkundenbuch* (zusammen mit Brückner und Schöppach herausgegeben);
1843: *Thüringen in der Gegenwart;*
1844: *Schloß Landsberg bei Meiningen;*
1844/45: *Historisch-statistisches Taschenbuch für Thüringen und Franken* (1. u. 2 Jg., zusammen mit Brückner herausgegeben);
1850: *Berthold der Student oder Deutschlands erste Burschenschaft. Romantisches Zeitbild* (Roman über die Jenaer Burschenschaft);
ca. 1853: *Der Sängerkrieg auf Wartburg* (ein Volksbuch);
ca. 1854: *Der treue Eckhart* (ein Volksbuch über die gleichnamige thüringische Sagengestalt);
1855: *Dr. Johann Matthäus Bechstein und die Forstakademie Dreißigacker;*
*Großes thüringisches Mysterium oder das geistliche Spiel von den zehn Jungfrauen. Aufgeführt zu Eisenach am 24. April 1322* (eine Übertragung des genannten Mysterienspiels ins Neuhochdeutsche);
1856: *Mitteilungen aus dem Leben der Herzöge zu Sachsen-Meiningen und deren Beziehungen zu Männern der Wissenschaft;*
1858: *Thüringer Sagenbuch*;
1859: *Schloß Wartburg, in Liedern und Romanzen gefeiert;*
1865: *Thüringens Königshaus. Sein Fluch und Fall* (postum erschienenes Epos).

Bechsteins Vorliebe für thüringische Volksüberlieferungen hat auch in der Stoffauswahl des „Deutschen Sagenbuches“ von 1853 ihren Niederschlag gefunden: ca. ein Viertel der darin gesammelten 1000 Sagen sind thüringischen Ursprungs[1] (Kein anderes deutsches Gebiet ist auch nur annähernd so stark vertreten!) Das von mir vorgelegte Buch „Aus dem Sagenschatz der Thüringer“ bietet sämtliche in Thüringen[2] angesiedelten Sagen des „Deutschen Sagenbuches" und damit einen repräsentativen Querschnitt durch Bechsteins Thüringer Sagenopus.

[1] Im Vergleich dazu die jeweilige Anzahl der Sagen in den beiden oben aufgeführten Thüringer Sagensammlungen: „Der Sagenschatz und die Sagenkreise des Thüringerlandes": 464, „Thüringer Sagenbuch": 433.

[2] In den Grenzen des 1945-52 bestehenden Landes Thüringen (dessen Fläche heute in etwa von den Bezirken Erfurt, Gera und Suhl eingenommen wird).

## *Inhaltsverzeichnis*